特别感谢浙江省自然基金重点项目（LZ21G030003）、教育部人文社科基金项目（22YJC790016）、国家社会科学基金一般项目（18BJY107）、浙江理工大学基本科研业务费专项资金（22096208-Y、22096201-Y、2021Y007）和浙江省高校重大人文社科攻关计划（2021QN057）对本研究的支持。

THE MISALLOCATION OF
PRODUCTIVE SERVICE RESOURCES
IN CHINA

EVOLUTIONARY MECHANISMS AND
OPTIMIZATION PATHS

中国生产性服务资源错配

演进机理与优化路径

陈晓华 刘 慧 徐梦周◎著

ZHEJIANG UNIVERSITY PRESS
浙江大学出版社
·杭州·

图书在版编目（CIP）数据

中国生产性服务资源错配：演进机理与优化路径 / 陈晓华，刘慧，徐梦周著. — 杭州：浙江大学出版社，2022.12

ISBN 978-7-308-22720-9

Ⅰ．①中… Ⅱ．①陈… ②刘… ③徐… Ⅲ．①生产服务－服务业－资源管理－研究－中国 Ⅳ．①F726.9

中国版本图书馆CIP数据核字(2022)第100695号

中国生产性服务资源错配：演进机理与优化路径

陈晓华 刘 慧 徐梦周 著

策　　划	吴伟伟	
责任编辑	陈思佳（chensijia_ruc@163.com）	
责任校对	沈巧华	
封面设计	雷建军	
出版发行	浙江大学出版社	
	（杭州市天目山路148号　　邮政编码　310007）	
	（网址：http://www.zjupress.com）	
排　　版	杭州林智广告有限公司	
印　　刷	广东虎彩云印刷有限公司绍兴分公司	
开　　本	710mm×1000mm　1/16	
印　　张	14.75	
字　　数	220千	
版 印 次	2022年12月第1版　2022年12月第1次印刷	
书　　号	ISBN 978-7-308-22720-9	
定　　价	68.00元	

前　言

　　大力提高经济增长质量和效益、推动经济科学健康发展是中央推动当前经济发展的重大战略思路，也是中国经济在 30 多年高速增长之后突破结构性矛盾和资源环境瓶颈的必然选择。经验表明：转变和优化制造业发展方式是中国经济成功实现上述目标的关键所在。生产性服务资源被认为是促进制造业发展方式转变、提升制造业全球价值链分工位置和实现核心技术（零配件）突破的中坚力量与核心工具。然而，中国生产性服务资源以过于偏好上游环节的形式嵌入制造业，存在"上游环节过多积聚"型环节偏好错配特征，这不仅使得生产性服务资源配置效率偏低，造成本已稀缺的生产性服务资源浪费，甚至还成为制造业增长质量和效益提升的重要瓶颈，不利于中国经济长期健康发展。为此，迫切需要深入分析中国生产性服务资源错配现象出现的内在机理和可能的优化路径方向，为制定生产性服务资源促进制造业增长质量提升、走出生产性服务资源低效配置困境方面的政策提供科学的经验和理论支持。

　　有鉴于此，本书以揭示中国生产性服务资源错配的演进机理和探寻中国生产性服务资源配置效率的优化路径为主线，在构建生产性服务资源错配新型测度工具的基础上，从跨国和省际双层面细致分析了生产性服务资源错配的演进机理和影响效应，并基于上述结论和国际经验，构建了提高中国生产性服务资源配置效率的策略。本书拟通过上述分析达到以下目标：一是首次从嵌入环节视角剖析中国生产性服务资源错配的演进机理和影响因素，并深入分析生产性服务资源错配的经济效应，为中国制定生产性服务资源融合发展、生产性服务资源服务制造业水平提升和经济高质量发展方面的政策提供全新的经验依据，也为该领域的理论发展提供有后发型大国特征的经验证据；二是构建生产性服务资源错配新型识别方法，既为该领域的理论发展提供全新的测度工具，也使得环节视角下生产性服务资源错配的实证分析成为可能，更为该领域提供更为科学的经验证据和特征事实；三是基于各章结论和国际经验，构建破解生产性服务资源错配问题的路径，以为中国制定生产性服务资源配置效率提升方面的政策提供科学的依据和参考，助力中国经济高质量发展。

本书所得到的结论主要有以下几点：一是中国生产性服务资源存在较为严峻的错配特征，多表现为过于偏好制造业上游环节，这不仅使得制造业核心环节未能得到足够的生产性服务资源支持，还造成了生产性服务资源的低效使用和浪费。为此，消除和减少生产性服务资源错配已经迫在眉睫。二是经济发展水平、出口规模、出口技术复杂度、外国直接投资、经济效率和人力资本水平等的提升、扩大有助于生产性服务资源错配程度的降低，资源禀赋和工业规模变量会加剧生产性服务资源错配，嵌入制造业高技术环节和增加高技术企业数量（比例）则有助于生产性服务资源配置效率提升。三是生产性服务资源错配不利于经济增长，也不利于中间品出口技术复杂度升级，还会加剧中间品进口依赖，生产性服务资源配置效率与经济增长的部分支撑因素的关系具有"一荣俱荣，一损俱损"特征。四是生产性服务资源集聚、生产性服务业与高端制造业联盟式发展均有助于生产性服务资源配置效率和增长质量提升，优势生产性服务企业跨界进入制造业环节和优势制造业企业跨界进入生产性服务领域均有助于生产性服务业与制造业良性互动，推动生产性服务业和制造业配置效率协同提升。鼓励生产性服务业在高端基础性环节形成优势，不仅有助于生产性服务企业配置效率提升，还有助于其成为同行业的领头羊。为此，应积极引导优势生产性服务企业流向高端基础性环节。

综合各章研究结论和研究过程，本书认为可以通过以下措施来提高中国生产性服务资源的配置效率：一是引导生产性服务资源流向制造业具有高技术含量的中游环节，以逐步扭转中国生产性服务资源上游偏好型错配。二是培养、引进更多高技术企业，鼓励传统优势制造业"蛙跳"介入具有高技术复杂度的生产环节或高技术新兴行业，为生产性服务资源配置效率的提升提供更多的优质嵌入对象，形成生产性服务资源与高技术企业（生产环节）良性互动机制。三是逐步淘汰落后产能和优化原料依赖型企业运转模式，实现产业结构、制造业增长效率和生产性服务资源配置效率同步优化、提升，以制造业和生产性服务业高质量发展为出发点，加大高素质、专业化人才的引进和培养力度，为生产性服务业与制造业良性互动机制的构建提供强大的人才支撑。四是充分发挥政府的"引路人"功能，引导生产性服务业优势企业专攻行业发展的基础性环节和高技术环节，既推动中国生产性服务资源从低效率环节向高效率环节转变，也推动中国生产性服务业从全球价值链的尾随者向主导者转变，助力以国内大循环为主体、国内国际双循环相互促进的新发展格局。五是以国内国际双循环新发展格局为契机，以国内大市场为依托，推动中国生产性服务业基础性环节和高技术环节做大做强。六是大力搭建生产性服务资源集聚区，推动生产性服务企业与制造业企业以联盟的形式发展，推动生产性服务业与制造业融合型集聚区建设，为生产性服务资源高效率配置提供坚实的集聚型平台支持。七是营造良好的出口环境，助力生产性服务资源配置效率的提升，立足稳增长，着眼提质量，努力推动经济平稳高质量发展。积极推进"借船出海"策略，以外力推动中国生产性服务资源配置效率提升。八是以生产性服务资源与制造业良性互动为出发点，借助高端生产性服务业对高技术制造业过程进行优化升级，实现高技术产业从"中国制造"向"中国智造"转变，以高端生产性服务业为支撑，构建和形成主导性产业国内生态体系，推动制造业从"外源动力依赖型"赶超向"内源动力依赖型"赶超转变，推动制造业和生产性服务业配置效率协同提升。

目　录

1

引　言

1.1　背景和意义

大力提高经济增长质量和效益、推动经济科学健康发展是中央推动当前经济发展的重大战略思路，也是中国经济在 30 多年高速增长之后突破结构性矛盾和资源环境瓶颈的必然选择（张卓元，2017；李扬，2018；刘伟，2017）。经验表明：转变和优化制造业发展方式是中国经济成功实现上述目标的关键所在（杨高举和黄先海，2013；高培勇，2018；金碚，2017）。在全球价值链分工体系下，跨国公司通过配置全球资源的方式将制造业生产环节置于不同的国家和地区，使得制造业生产过程呈现出国际分散化特征，而生产性服务业是这些生产环节的"衔接器"和"助推剂"。生产性服务资源以高度专业化的人力资本和知识资本的形式介入生产过程，从而促进工业的技术进步与效率提升（陈晓华等，2019；于斌斌，2018；唐晓华等，2018）。不仅如此，生产性服务业还具有专业性强、创新活跃、产业融合度高、带动作用显著等特点，是全球产业竞争的战略制高点。为此，提升生产性服务资源配置效率，使之更好地发挥促进制造业发展方式转变功能至关重要。

虽然生产性服务资源具有扩大就业机会、激发国内消费需求、提高民众生活水平和引导制造业向全球价值链高端转移等重要功能，然而，中国生产性服务业不仅发展水平滞后于经济发展水平，还具有结构不合理、对制造业高质量发展促进作用相对有限等问题。生产性服务业植根于制造业（赵伟和郑雯雯，2011），为此，生产性服务资源的发展水平不仅取决于其内生发展水平，还取决于制造业的发展水平。快速提升中国制造业技术水平，缩小与发达国家的技术差距，甚至赶超发达国家（杨高举和黄先海，2013），成为近些年制造业发展的重要主题。为此，大量中国企业执行了以产品技术含量提升为目标的技术蛙跳战略（杨汝岱和姚洋，2008），使得中国制造业最终品的技术含量在短期内达到了与经济发展水平若干倍于自身的发达经济体相似的水平（Rodrik，2006；黄先海等，2010）。然而中国这种"快而不精，最终产品的技术含量与基础支撑产业升级不同步"的技术蛙跳存在明显"瑕疵"，出现了严重依赖国外核心中间品（陈晓华等，2011；杨高举和黄先海，2014）与高端技术设备（黄先海和宋学印，2017；马述忠等，2017）的瘸腿型技术蛙跳。这一现象不仅使得中国制造业容易陷入"缺乏主导的被动跟随型技术蛙跳陷阱"和"标兵渐远，追兵渐进"的窘境（张建忠和刘志彪，2010），还使得中国生产性服务资源无法匹配到足够多的高端制造业环节，最终导致高端生产性服务资源过多地流向中低端制造业环节，进而造成生产性服务资源的错配，不仅使得生产性服务业发展方式转变的核心要义难以实现，还使得生产性服务业难以做强，成为经济发展方式转变的潜在短板，更成为实现"提升经济增长质量"、"补短板，强弱项"和"推动经济增长动力变革"等目标的重要障碍。

提高经济增长质量和效益、转变经济增长方式、深化供给侧结构性改革和构建以国内大循环为主体、国内国际双循环相互促进的新发展格局[①]是中国当前经济发展的主基调。提升生产性服务资源服务制造业的效率（配置效率提升），不仅有助于制造业做大做强，使得制造业和生产性服务业充分利用国内超大规模的市场，从而促使以国内大循环为主体、国内国际双循环相互促进的新发展格局快速形成，还有助于中国

---

① 对于国内循环与国际循环的关系，国内主流的说法为：逐步形成以国内大循环为主体、国内国际双循环相互促进的新发展格局。

经济增长水平的提升。根据 Hsieh and Klenow（2019）的研究，如果中国的要素资源配置效率达到美国的水平，那么中国全要素生产率将提升30%~50%。生产性服务资源以高端知识、高端人力资本和高端技术等形式存在于制造业生产过程中（陈晓华等，2019），不仅能提高制造业的生产效率和生产水平（刘慧等，2020），更代表着未来的先进生产力和综合竞争力。

有鉴于此，深入分析生产性服务资源错配的形成机制，并在细致分析生产性服务资源错配的影响效应的基础上制定相应的优化策略，可能具有重要的理论和现实价值。具体可能体现为：①从生产性服务资源与制造业环节融合视角，剖析中国生产性服务资源错配的特殊演进机制，揭示生产性服务资源配置效率优化的方向和障碍，并进一步揭示生产性服务资源错配的经济效应，提炼出生产性服务资源错配的负向效应，为制定促进生产性服务业高质量发展方面的政策提供科学的经验依据，助力中国生产性服务业与制造业并驾齐驱式高质量增长；②以培育经济增长新动能和提升生产性服务业增长质量为出发点，探索中国生产性服务资源错配的原因，为生产性服务资源走出当前配置效率偏低和不当配置困境提供一定参考；③将环节偏好的研究引入生产性服务资源与制造业的耦合研究，探索生产性服务资源错配的演化机理与经济效应，不仅为生产性服务资源错配的研究提供一个全新的视角，更为产业经济学和发展经济学关于产业转型升级与配置效率的理论发展提供全新的经验证据。

1.2 思路与结构

本书以生产性服务业、资源错配和生产环节偏好三个领域的文献梳理为切入点。首先，通过构建包含技术赶超国、技术领先国以及上游原料生产部门、中游中间品生产部门、最终产品生产部门、物质资本生产部门和生产性服务资本生产部门的两国五部门生产模型，刻画了生产性服务资源错配演进的一般规律。在构建生产性服务资源错配新型测度方法的基础上，从跨国和省级区域双层面测度出生产性服务资源的错配程度，并分析生产性服务资源错配的特征。其次，基于机理分析和特征分析结论，借助多元计量方法，从跨国和省级区域双层面剖析生产性服务资源错配演化的影响因素与机制，在此基础上，从跨国和省级区域双层面剖析生产性服务资源错配的经济效应。最后，在综合分析生产性服务资源配置效率提升的国际经验的基础上，提出中国生产性服务资源配置效率提升的优化路径与策略。本书拟通过上述研究达到如下目标：一是从嵌入环节视角剖析中国生产性服务资源错配的演进机制和影响因素，并深入分析生产性服务资源错配的经济效应，为中国制定生产性服务资源融合发展、提升生产性服务资源服务制造业水平和经济高质量发展方面的政策提供全新的经验依据，也为该领域的理论发展提供有后发型大国特征的经验证据；二是构建生产性服务资源错配的新型识别方法，既为该领域的理论发展提供全新的测度工具，也使得环节视角下生产性服务资源错配的实证分析成为可能，更为该领域提供更为科学的经验证据和特征事实；三是基于各章结论，构建破解生产性服务资源错配问题的路径，为中国制定生产性服务资源配置效率提升方面的政策提供科学的依据和参考，助力中国经济高质量发展。基于上述研究目的和思路，本书一共分为七章，除本章外，其余六章的内容具体如下。

第 2 章为文献综述。本章在细致梳理生产性服务业、资源错配和生产环节偏好三个领域已有研究的基础之上，归纳了已有研究的不足和可以改进的方向，为研究奠定扎实的文献基础。

第 3 章为生产性服务资源错配的测度与分析。本章在修正 Antràs et al. （2012）的测度方法的基础上，从跨国和省级区域双层面测度了生产性服务资源的错配程度，发现：中国生产性服务资源存在较为严重的错配情况，在跨国层面测度结果中，中国的错配程度在所有样本国中是最高的，而这种错配很大程度上是由中国生产性服务资源过于偏好上游环节造成的。

第 4 章为生产性服务资源错配演进机理的实证分析。本章借助多种计量分析工具，从跨国和省级区域双层面细致分析了生产性服务资源错配演进的影响因素，发现经济发展水平和经济增长质量提升均有助于降低生产性服务资源错配程度，而工业规模和资源禀赋优势则会对生产性服务资源错配产生消极影响。为此，快速增长的工业在一定程度上使得中国生产性服务资源流向上游环节，进而导致中国生产性服务资源错配程度偏高。

第 5 章为生产性服务资源错配演进的影响效应分析。本章运用多种计量方法从跨国和省级区域双层面挖掘生产性服务资源错配演进对经济发展的深层次影响，发现生产性服务资源错配对经济的"量增"和"质提"均会产生不利影响。为此，快速改变生产性服务资源现状对中国而言具有重要的现实价值。

第 6 章为国际经验借鉴。本章细致梳理了美国金融业、韩国航运业和美国信息服务业的发展经验，为中国生产性服务资源配置效率的提升提供了一定的经验与启示。

第 7 章为结论与政策启示。本章在综合梳理测度结果分析（特征分析）、演进机理实证分析、演进经济效应分析和国际经验与企业调研所得结论的基础上，勾勒出本书的基本结论和提升中国生产性服务资源配置效率的基本路径与策略。

1.3　可能的创新点

本书在细致梳理生产性服务业、资源错配和生产环节偏好三个方面研究文献的基础上，通过实证分析、测度结果统计分析、国际经验分析等方式，试图揭示生产性服务资源错配演进的影响因素和经济效应，并构建优化生产性服务资源错配、提升生产性服务资源配置效率的路径与策略。基于本书的研究过程、结论与启示，可能的创新点体现在以下几个方面。

一是通过适度拓展 Antràs et al.（2012）的模型，从环节视角构建生产性服务资源错配的新型测度方法，并从跨国和省级区域分析了中国生产性服务资源的基本特征。一方面为生产性服务资源错配研究领域提供了一个相对较新又实用的测度工具（该测度方法考虑了制造业的序贯生产过程）。为此，所得结论相对科学可靠，丰富了资源错配研究领域的"测度工具箱"。另一方面从跨国和省级区域双层面细致分析了生产性服务资源错配的现状，刻画出了中国生产性服务资源错配的基本特征，为该领域的理论与实证研究提供了全新的事实依据。

二是从跨国和省级区域双层面细致分析了各经济因素对生产性服务资源错配演进的影响，厘清了各经济变量对生产性服务资源错配演进的作用机制。此外，还进一步分析了生产性服务资源错配演进的经济效应。生产性服务资源错配演进机制和经济效应的相关结论，不仅为中国制定经济增长质量提升、制造业与生产性服务业发展方式转变方面的政策提供了有益参考，还为生产性服务业、资源错配和生产环节偏好等领域的理论研究提供了全新的经验证据。

三是构建了生产性服务资源配置效率优化的路径与策略，不仅考虑了现状分析、实证分析和国际经验分析所得的结论，还进一步考虑了中国经济发展的实际和固有优势，也注重生产性服务资源与制造业良性互动、生产性服务业与制造业的动态优势增进。这一路径和策略不仅为中国提升生产性服务资源配置效率提供了可参考的路径和方向，还能在一定程度上为该领域类似政策的构建提供有益的借鉴。

2

文献综述

　　生产性服务业的概念起源于国外，最早由 Machlup（1962）提出，其认为生产性服务业就是供给知识的产业。在此基础上，Greenfield（1966）从服务对象角度出发，认为服务业可分为服务于消费者和服务于生产者两类。生产性服务业不是服务于最终消费，而是服务于商品或者服务于中间生产过程的产业，Grubel and Walker（1990）也提出了相似的观点。Browning et al.（1975）从生产性服务业提供的服务种类入手来对其内涵进行解释，认为生产性服务是为了保证制造业连续生产的一种服务，所以生产性服务业主要是金融、经纪服务等知识密集型产业。Coffey et al.（1989）从投入层面对生产性服务业进行定义，认为生产性服务业作为中间投入要素的一种，与其他投入要素一起共同作用于生产过程。整体而言生产性服务业立足于制造业，以知识、技术密集型的中间品的形式融入制造业的生产环节（Markusen，1989；Markusen et al.，2005）。刘慧等（2020）指出，生产性服务业有效地拓展和延伸了制造业产品的技术内涵与使用价值，更在很大程度上引领了制造业未来的前进方向。为此，生产性服务业成为近些年学界探讨和研究的热点。然而生产性服务资源错配的研究相对较少，更无嵌入制造业环节视角的生产性服务资源错配研究。与本书密切相关的已有研究主要有以下三个方面。

2.1 生产性服务业研究文献的评述

生产性服务业领域的大量研究始于 Markusen（1989）清晰界定生产性服务业内涵之后。生产性服务业的本质是为制造业生产网络的衔接和运转提供各种知识密集型中间服务（Markusen et al., 2005），可谓制造业生产的"衔接器"和"润滑剂"，融入制造业既是生产性服务业的立足之本，也是生产性服务业发挥其各项功能的主要途径（赵伟、郑雯雯，2011；谭洪波，2015）。为此，学界在该领域进行了长期的耕耘，已有的研究主要集中于以下三个方面。

2.1.1 生产性服务业集聚的研究

生产性服务业集聚的研究源于产业集聚理论，Marshall（1920）开启了产业集聚理论系统研究的先河，认为产业集聚主要是由共享劳动力市场、中间产品的投入和专业化市场这三个因素造成。Kolko（2007）认为面对面接触和直接贸易关系是服务业共同集聚的原因。学界普遍认为：生产性服务业集聚作为产业集聚的一个分支，其集聚动力除传统因素外，还受其他因素的影响，例如劳动力市场的流动性和溢出效应（Shearmur and Doloreux, 2008）、外国直接投资（Nadia and Merih, 2011；王晶晶和张昌兵，2015）、城市规模（Hanson and Scale, 2015；柯丽菲，2016）、土地租金（张志斌和公维民，2019）、制度因素（邱瑾和张灿灿，2015）、交通设施水平（艾小青和张雪薇，2019）以及信息化水平（熊萍萍和王邹辉，2017）等。生产性服务业集聚的研究主要集中于以下两个方面。

第一，生产性服务业集聚的测度。科学测度生产性服务业的集聚程度是研究生产性服务业集聚的关键所在（刘慧等，2019）。为此，大量研究专注于生产性服务业集聚测度方法。代表性测度方法有：①区位熵。如曹聪丽等（2018）、曾庆均等（2019）和原毅军等（2018）分别用区位熵方法分析了生产性服务业集聚对城市经济绩效、区域创新效率与制造业技术创新的影响。②赫芬达尔系数。如刘军跃等（2014）和刘奕等

（2017）在研究生产性服务业集聚对制造业升级的作用时，采用赫芬达尔系数指数进行了测度。然而赫芬达尔指数没有考虑不同地区的地域面积差异和其他行业的分布状况，因此难以反映产业集聚与分布的实际情况（关爱萍和陈锐，2014）。为此，运用该方法分析生产性服务业集聚的文献相对较少。③空间基尼系数。该方法由 Krugman（1991）借鉴衡量收入分配公平性的洛伦茨曲线和基尼系数的原理构建而得。该方法在一定程度上考虑了空间分布情况，因此，在实际应用中，比赫芬达尔系数法更为广泛。如陈建军等（2009）和刘书瀚等（2018）都曾采用空间基尼系数来测算服务业的集聚水平。④EG 指数，又称为地理集中度指数。该方法是 Ellison et al.（1997）在追求利润最大化的企业定位选择概率模型和产业内溢出效应模型的基础上建立起来的，该方法不仅考虑生产性服务业分布的区域差异，还能兼顾企业规模，有效弥补了空间基尼系数的不足，使得产业集聚的测度结论更为科学可靠。为此，该方法一经提出，即备受学界欢迎，如唐红祥（2018）、刘慧等（2019）、于斌斌（2019）、陈建军等（2016）都曾运用 EG 指数或改进的 EG 指数研究生产性服务业集聚。

第二，生产性服务业集聚的经济效应。生产性服务资源发展趋势呈现出典型的空间集聚分布特征（刘慧等，2019），因此，集聚成为生产性服务业存在和支持制造业发展的重要途径，在 Ellison and Glaeser（1997）和 Duranton and Overman（2014）构建了集聚的测度方法之后，这一领域成为学界关注的焦点。已有研究主要集中在以下几个方面。①生产性服务业集聚对创新的影响，如：Macpherson（2008）对美国生产性服务业企业密集度最高的三个区域进行了研究，发现这些集聚区的溢出效应与该区域内制造业的创新能力呈明显的正相关关系；曾庆均等（2019）认为生产性服务业基于自身知识密集型优势，其集聚发展使关联性企业共享人才市场和信息等要素，加强知识和技术溢出效应，进而促进区域创新能力提升；吉亚辉等（2017）通过构建生产性服务业空间集聚推进创新发展的理论分析框架，认为生产性服务业集聚可以通过专业化集聚和多样化集聚两种形式促进区域整体创新能力的提升；原毅军等（2018）基于 2008—2015 年省级面板数据进行实证后发现，生产性服务业集聚可显著促进技术创新水平提升。②生产性服务业集聚对经济增长的影响，如：Giacinto et al.（2009）发现服务业特别是生产性服务业不仅推动了发达国家的就业，还可以提高区域竞争力，进而推动和促进本地经济增长；Taylor et al.（2013）通过研究美国 175 个企业 APS（高级计划与排程管理软件）的供求关系，认为生产性服务业通过给跨国企业提供专业技能知识和服务来促进经济全球化，推动本国经济增长；曾艺等（2019）则认为生产性服务业集聚不仅显著提升了本地区经济增长水平，还有助于提升经济增长质量；韩峰等（2014）认为生产性服务业空间集聚对经济增长具有的技术溢出作用的有效空间作用距离为 100 公里，有效距离范围内城市间生产性服务业专业化集聚对经济增长的影响由东部向西部依次增强，而多样化集聚的作用由东部向西部依次减弱。③生产性服务业集聚对全要素生产率的影响，如：宣烨等（2017）在控制行业、地区和时间变量后，发现城市生产性服务业空间专业化集聚和多样化集聚都显著提升了工业企业的全要素生产率水平，且城市生产性服务业空间多样化集聚相对于专业化集聚更能促进城市工业企业生产率提升；韩增林等（2018）认为，生产性服务业集聚对全要素生产率具有显著的空间影响，两者之间呈现倒 U 形关系，且中国尚未达到最佳集聚程度。④生产性服务业集聚对产业结构的影响，如：于斌斌（2019）发现生产性服务业集聚主要通过波特（Porter）外部性促进产业结构升级，马歇尔（Marshall）和雅格布（Jacobs）外部性会抑制产业结构升级，但这种抑制效应受城市规模调节，当城市超过一定的规模时，抑制效应会转变为促进效应；惠宁等（2016）基于 2010—2014 年面板数据进行分析后发现，生产性服务业对中国产业结构表现出显著的促进效应，且对东部的作用效果强于中西部，动态来看，作用效果也不断增强。

2.1.2 生产性服务业对制造业作用机制的研究

生产性服务业以中间品的形式融入制造业的各个环节，是衔接制造业不同生产环节的桥梁（Markusen et al.，2005），其本质是为制造业生产网络和环节间更合理的协作提供知识技术密集型中间品（Markusen，1989；Eswaran and Kotwal，2002）。生产性服务业对制造业不仅具有"量"的提升功能，还具备"质"的提升功能（刘慧等，2016；刘慧等，2020），可以成为制造业技术升级和价值链分工地位攀升的"加速器"。为此，提升生产性服务业对制造业的服务水平和效率被提升到了国家层面，生产性服务业对制造业的作用机理也成为学界关注的问题。已有研究主要集中于以下三个方面。

第一，生产性服务业对制造业生产效率的影响。Banga（2005）的实证研究结果显示，生产性服务业不仅对制造业生产效率表现出显著的提升作用，还对经济增长具有显著的乘数效应；Javorcik et al.（2016）基于印度 1993—2005 年服务业改革的事实特征进行分析后，发现电信服务业、保险服务业、银行业等生产性服务业对制造业企业的生产效率具有显著的提升作用；宜烨（2012）认为生产性服务业主要通过分工深化和专业化、降低交易成本以及技术外溢效应等促进制造业效率提升，还发现生产性服务业不仅能够提升本地区制造业效率，还能通过空间外溢效应提升相邻地区的制造业效率；程中华等（2017）也得出了相似的结论；谢众等（2018）研究发现生产性服务业对制造业的生产效率具有显著的提升作用，且这种提升效应在经济发达的东部地区尤为明显。

第二，生产性服务业对制造业转型升级的影响。生产性服务业已经成为制造业转型升级的重要推动力量（苏晶蕾等，2018）。盛丰（2014）指出，生产性服务业会通过竞争效应、专业化效应、规模经济效应及学习效应来促进制造业的转型升级；Wolfmayr（2008）认为生产性服务业可以通过降低制造业的生产成本和交易成本的方式促进制造业转型升级；陈晓华等（2019）发现，当生产性服务资源流向高技术、高利润生产环节时，能有效地促进制造业从低端环节向高端环节转变；詹浩勇等（2016）基于 2006—2012 年中国城市数据的空间面板模型进行分析后发现，东部地区生产性服务业对制造业转型升级具有显著的促进作用和空间溢出效应，而西部地区的上述效应并不明显。整体而言，学界的研究多表明，生产性服务业对制造业转型升级具有显著的促进作用。

第三，生产性服务业对制造业技术升级的影响。近些年中国提出了高质量增长的发展战略，也提出了提升生产性服务业服务实体经济水平的发展战略，这在很大程度上激励了学界考察生产性服务业是否具备技术升级功能。如：宣烨和陈启斐（2017）分析55国生产性服务产品进口技术复杂度和高技术产业数据后发现，高技术复杂度生产性服务品进口能有效地提升高科技产业的创新能力；陈晓华等（2016）基于跨国层面的实证研究表明，生产性服务资源能较好地促进制造业出口技术复杂度升级和技术创新水平提升，但如果生产性服务资源能有效地支持制造业中游生产环节，其所具备的创新功效是最大的；刘慧等（2020）得到了类似的结论，即生产性服务资源能有效地促进制造业中间品出口技术复杂度升级，而且生产性服务资源流向中游时这种促进效应是最明显的。

2.1.3 生产性服务业与制造业的互动机制研究

生产性服务业对制造业所具备的正向功能已经被学界所熟知，其能对制造业的长期可持续健康发展起到有效的"呵护"和"促进"作用。随着生产性服务业发展水平的提升（袁志刚和饶璨，2014；赵伟和郑雯雯，2011）、企业跨界发展和跨界企业数量递增（李海舰和陈小勇，2011）以及生产性服务业和制造业的技术融合、生产融合及创新融合的快速推进（孙耀吾等，2013），生产性服务业和制造业互为支撑、互相促进的互动关系日益清晰（袁志刚和饶璨，2014；李江帆等，2014；贺正楚等，2015），生产性服务业和制造业相互作用的耦合机制成为学界的关注焦点。

学界研究多认为：生产性服务业与制造业的耦合具有功能互补、创新节奏同步同频效应（李江帆等，2014；Ramasamy and Yeung，2010；高觉民和李晓慧，2011），是推动两种产业价值创造和创新效率提高的重要机制（于斌斌，2016；孙耀吾等，2013）。生产性服务产业所具备的衔接管理功能（衔接器、润滑剂）、促进功能（推进器）和战略功能（加速器）均需立足于制造业（Markusen et al.，2005；Andrea，2016；于斌斌，2016；赵伟和郑雯雯，2011），而将生产性服务业从制造业中剥离出来将导致全球价值链生产模式冻结，甚至中断（Arnold et al.，2017；刘慧等，2016），为此，两者的关系属于"荣辱与共"的融合互存型耦合，其复杂程度远比一般的因果关系高，因而剖析这一耦合机制对系统性的要求更为苛刻。为此，该领域的学者多采用耦合共轭模型（如孙耀吾等，2013；贺正楚等，2015）进行研究，以避免变量漏选、样本选择偏误等因素给分析结论带来的偏误。

2.2 资源错配研究文献的评述

资源错配是经济未能以帕累托最优形式运行而出现的一种扭曲现象（Haberler，1950）。资源错配的研究可以追溯到 Haberler（1950）、Bhagwati and Ramaswami（1969）、Meade（1955）和 Hargen（1958）等对经济扭曲的产生原因和表现形式的研究。由于资源错配程度降低往往意味着在同等投入的情况下产出得以提升，因而降低资源错配程度被视为提升经济增长质量的重要途径，这也使得要素资源错配成为学界研究的热点。综合已有文献，可以发现该领域的研究主要集中于以下三个方面。

2.2.1 资源错配测度方法的构建

精确测度资源错配的程度是科学剖析资源错配演进机理与经济效应的关键所在，为此，学界对资源错配的测度方法进行了深入的分析。已有的测度方法主要有以下几类。

第一，投入产出法。很多学者的研究从投入产出关系出发，构建资源错配的分析方法，如：蒋含明（2013）选取三次产业增加值为总产出，固定资产净值的年平均余额和年末从业人员数为要素投入，利率为资本投入的价格，应付职工薪酬总额除以员工总数为劳动力投入的价格，来测算要素价格扭曲的严重程度，发现中国地区要素价格扭曲的变化历程呈现 V 形波动；刘满凤等（2019）以上市企业的营业总收入为产出指标，以消除价格影响后的年平均固定资产净值、年末从业人员数及企业营业总成本为投入指标，并将其主营业务分为上、中、下三大类别，采用

DEA（数据包络分析法）测算了企业的资源配置效率，发现资源错配极易阻碍产能的释放，优化产能过程有赖于资源的更有效配置。

第二，生产函数法。Hsieh and Klenow（2009）开启了生产函数法识别资源错配的系统性研究先河，基于全要素生产率（TFP）离散度构建了核算要素错配水平的模型和生产率缺口的理论框架，分别测算出中国和印度的资源错配水平。在 Hsieh and Klenow（2009）之后，大量的研究尝试从生产函数视角来分析资源错配，如：施炳展和冼国明（2012）采用 C–D 函数方法测算要素扭曲，发现要素的边际产出明显高于实际收入，中国总体要素扭曲程度均有所提高；盖庆恩等（2013）通过引入劳动力市场的扭曲程度，发现劳动力市场扭曲会对中国经济结构的调整产生重要影响，其效率的提升能够有效激发经济潜在效率的提升；Bartelsman et al.（2013）基于企业层面要素最优配置时全要素生产率与企业规模的正相关性，利用美欧七国数据核算了资源错配造成的损失；王文和牛泽东（2019）在 Hsieh and Klenow（2009）函数法的基础上，同时将所有制、地区及行业等因素纳入核算过程，考察了类型内与类型间资源错配的经济效应，发现地方国有企业、制造业的要素错配程度相对较高。

第三，增长率分解法。Syrquin（1984）基于 Solow（索罗）的核算模型，通过分解全要素生产率来源的形式提出了要素配置效应模型，发现全要素生产率的提升并不只取决于技术的研发和使用效率，各要素在产业的合理投入与有效配置也同样决定了经济增长的质量和产出水平。为此，其认为可以通过判断资源是否有效配置来判断资源错配情况。Dollar and Wei（2007）基于增长率分解法对中国资源错配情况进行分析后指出，一旦中国的资本价格扭曲程度得以降低，即使不增加投入，中国的 GDP 也可以增加 5 个百分点，进而更大化地激发中国经济的活力。Restuccia and Rogerson（2008）利用美国企业数据拆分全要素生产率，研究资源错配对经济增长的作用机制，发现企业政策扭曲导致的价格差异会对全要素生产率造成不利冲击。陈永伟（2013）在传统的增长核算框架中纳入关于资源错配和效率损失的讨论，发现了中国实际和潜在产出之间 15% 的缺口是由制造业内部各个子行业之间的资源错配造成的，并提出了测量由要素价格扭曲造成的资源错配对于全要素生产率和产出变动影响的办法。

2.2.2 资源错配的影响因素

资源错配产生的原因一般认为是经济运行机制未能达到帕累托最优状态。引起资源错配的因素很多，资本市场扭曲、劳动力市场扭曲和政府过度干预被视为引起错配的三个最基本动因。学界针对上述三个动因进行了大量而深入的解析。

第一，资本市场扭曲。资本市场扭曲不仅会影响企业正常的融资、借贷等成本，还会在很大程度上造成企业无法获得最优资本配置（Buera et al.，2011；Ziebarth，2012）。为此，资本市场扭曲被学界视为造成资源错配的重要影响因素（Wu，2018）。Song and Wu（2014）研究发现：资本扭曲的存在造成了20%的中国企业存在收益损失。鲁晓东（2008）认为资本市场扭曲容易导致大量金融资源和资金资源流向低效企业，而经营活力和潜力大的民营企业容易出现严重信贷不足，进而导致资本资源和金融资源的错配。张佩和马弘（2012）指出，资本市场和金融市场的扭曲不仅会造成资源错配，还会推动那些相对容易获得资金的企业进行过度投资，进而有加剧产能过剩的风险。李欣泽和陈言（2018）指出资本市场影响资源错配的主要途径是信息不对称、借贷约束、企业决策和部门间资源再配置等，从而使得资本资源无法得以最优配置。

第二，劳动力市场扭曲。相比于发达国家，发展中国家的劳动力市场扭曲带来的负面影响更严重。严格的劳动力市场管制不仅会导致大量的劳动力错配，而且会进一步提升企业的劳动力成木（Sahin et al.，2012），带来全要素生产率不同程度的损失（Ho，2010；Micco and Repetto，2012）。劳动力资源错配包含了劳动力在不同部门、区域、行业的不匹配和劳动者所从事的工作与自己的技能不匹配，而这些不匹配多源于市场配置能力的不足和市场扭曲。此外劳动力资源错配受薪酬、地区、受教育水平等因素的影响，教育错配（含垂直错配和水平错配）是导致劳动力资源错配的主要因素。此外，由于政府干预的影响，部门间的相对报酬结构会产生扭曲，市场部门和政府部门的人力资本也会发生错配（纪雯雯和赖德胜，2015）。

第三，政府过度干预。政府部门对大型企业的严格限制、对中小企业的优待扶持、对新进入者的管制以及对不同地区的差别政策等人为因素会造成资源的不同流向，大企业无法获得更多的资源，而低效的中小企业则积压错配资源，带来全要素生产率和产量的严重损失（Guner et al.，2008），而优胜劣汰的阻碍会进一步导致外延型错配的产生（Yang，2011）。如：地方政府干预金融体系的资金走向会影响金融资源的配置效率，冲击本地区的资源投入的回报率（李青原等，2013）；李力行等（2016）指出，过度的支持和保护容易导致大量低生产效率企业持续经营，进而使得资源出现低效运行型错配；李勇刚和罗海艳（2017）指出，地方政府常常低价过度出让工业用地，高价限制性出让商业和住宅用地，这种土地资源的配置模式容易导致土地资源配置扭曲，且扭曲系数会随着企业用地规模的扩大而增大（张雄等，2017）。

此外，贸易壁垒、不良的产权保护状况、企业所有制差异、信息不完全等因素也会造成资源错配。例如：在对外贸易中，垄断势力与高产品价格加成率在关税壁垒、地方保护主义等行为下极易形成资源无法实现跨地区有效配置的局面（Lileeva and Trefler，2010），从而造成资源错配；某些地区对产权的保护不强，因此企业资源很容易陷入被攫取的困境，当企业资源面临被攫取的威胁时，可以通过贿赂等非正式途径购买保护来减少损失，此时企业间的要素使用成本会存在内生扭曲（陈永伟，2013）；国有企业往往会因与权力结合而形成行政垄断，政府部门通过对价格的管制、设定进入壁垒以及支配银行体系为国企带来相对较低的融资成本，最终导致资本要素和劳动要素的错配（靳来群等，2015）；不完全信息会显著影响信息质量，所带来的逆向选择会直接导致人才等资源的配置效率（Jovanovic，2014）和总产出的损失（David et al.，2016）。

2.2.3 资源错配的经济效应

资源错配容易造成一定的资源浪费，不利于经济增长质量的提升，而提高经济增长质量和效益一直是各国政府发展经济的重要出发点。为此，资源错配的经济效应成了学界长期关注的热点问题。已有研究主要集中于以下几个方面。

第一，资源错配对经济增长的影响。一个国家的经济增长不仅取决于该国的全要素生产率，也和资源在不同企业、行业、地区间的有效配置密切相关。资源在产业以及企业之间的错配不利于整体产出水平和生产率水平的提高（Klenow and Hsieh，2009；Restuccia and Rogerson，2008）。在跨国研究方面，较发达国家而言，发展中国家由要素错配形成的效率损失更为严重（陈晓华等，2019）。为此，从经济增长的视角而言，发展中国家消除生产性服务资源错配的需求远大于发达国家。Klenow and Hsieh（2009）对中国、印度和美国进行研究后发现，中国和印度都存在劳动力与资本配置扭曲，如果中国能够达到美国的配置水平，则中国全要素生产率和经济发展水平可以得到一个较大幅度的提升。在跨行业方面，周新苗和钱欢欢（2017）认为，要素扭曲导致的行业资源错配会损失效率，使得实际产出偏离有效产出，而要素价格扭曲在依靠廉价要素的行业中更为严重。聂辉华和贾瑞雪（2011）发现，制造业内部的资源重置效应接近于零，且在中国市场经济越发达的地区，资源错配程度越低，全要素生产率越高，各地区的全要素生产率水平和资源配置程度表现出显著的收敛趋势。马颖等（2018）认为，人力资本的错配将导致各行业始终无法达到最优产出水平，从而对经济增长产生不利影响。盖庆恩等（2013）发现，如果劳动力市场的扭曲得到消除，可大约增加中国20%的劳均产出。在微观企业层面，戴小勇（2016）对工业企业的研究发现，在位企业之间的资源错配经常表现为边际收益产品的离散化分布，这将直接导致宏观层面的全要素生产率损失。李静等（2012）指出，如果能够有效减少甚至消除资本和劳动力资源错配，那么可提高超过51%的全要素生产率。王文和牛泽东（2019）对上市公司的研究表明，不同类型内部资源错配和不同类型之间的资源错配大约分别可以解释总体工业上市公司全要素生产率损失的一半。

第二，资源错配对创新的影响。资源配置效率是制约创新和生产率进步的重要因素（李德山和邓翔，2018；Acemoglu et al.，2002），资本和劳动力错配势必会影响到企业的生产效率与研发能力，研究显示，资源错配对制造业企业创新能力的影响显著为负，错配情况下企业生产效率并非最优，企业要素成本上升，经费研发投入不足，致使创新能力被削弱（罗良文和张万里，2018）。学界普遍认为资源错配会抑制企业创新（如：康志勇，2014；周卫强，2016；房子琳等，2017），Acemoglu et al.（2002）认为，要素市场扭曲缓解有助于提升创新水平，其发现金融中介的发展能缓解企业外部融资扭曲，进而促进企业创新。王湘君（2018）认为，土地资源错配会对创新产生显著的负面影响，主要表现在企业专利申请数量和授权数量的急剧下降，此外，企业政府补助越少，土地资源错配的抑制作用越强。靳来群等（2019）基于 2005—2015 年工业数据的研究结果表明：创新资源的区域结构性错配导致了约 17% 的创新效率及产出损失。也有学者指出，打破行政垄断有助于缓解要素价格扭曲，从而提高各生产要素在企业间的配置效率，进而提升企业的自主创新能力（李勇等，2017）。

第三，资源错配对出口的影响。资源错配能在一定程度上激励企业出口决策，有利于企业出口（陈晓华和刘慧，2014）。大多数企业在出口决策上还是遵循"自选择"效应的，但是由于存在要素市场扭曲，企业的"出口 - 生产率"关系会发生改变，从而强化劳动力密集型企业出口动机（刘竹青和佟家栋，2017）。另外，本土企业的激励效应要明显强于外资企业，因而外资出口企业在中国本土市场的竞争力也会有所提升（张杰等，2011）。祝树金和赵玉龙（2017）的研究结果表明：资本扭曲会大大提高企业出口概率，同时融资约束与资源错配对出口选择存在交互影响，随着融资约束的收紧，企业会加大出口的力度。陈乐一等（2016）、陈晓华和刘慧（2014）指出，由于劳动力错配的存在，中国工业行业出口净技术复杂度的升级受到了严重制约，同时两者之间存在门槛效应，即劳动力错配程度超过门阀值时，将不利于出口净技术复杂度的提升。陈晓华等（2019）则认为资源错配不利于高技术产品的出口。

第四，资源错配对环境福利的影响。资源错配不仅会对经济增长发挥阻碍作用，其错配环节所产生的资源浪费会对环境污染产生负外部性。如：林伯强和杜克锐（2013）发现，要素市场的扭曲明显限制了中国能源效率的提升，扭曲造成的能源损失量占总能源损失的 25%~33%，一旦纠正要素市场扭曲，每年约能提高能源效率 10%，可以减少 14.5 亿吨煤的浪费；葛继红和周曙东（2012）、宋马林和金培振（2016）指出，由价格管制、补贴政策、地方保护等因素引起的资源错配也会进一步导致污染物的排放，降低环境福利绩效。余泳泽等（2018）指出土地资源错配会加重水污染、空气污染等环境污染，究其原因在于政府以低廉价格将土地转让给工业企业，中低端企业以低的生产成本挤占新兴企业资源并得以继续生存，该现象也在一定程度上阻碍了企业进行清洁生产领域的技术创新，使得生产环境无法持续改善。

2.3 生产环节偏好的研究

生产环节偏好属于经济学领域相对较新的研究方向，其产生的本质原因是全球价值链分工背景下，跨国公司通过配置全球资源将生产过程进行片段化和分散化处理，从而使得资源在嵌入制造业时，在利润最大化驱动下（陈晓华和刘慧，2016），存在一定的选择偏好。由于生产性资源的环节偏好一定程度上说明了生产资源在全球价值链的分工位置（刘慧等，2016），即反映了生产资源的获利能力和影响国际分工的能力，为此，这一方向的研究在近期成为学界关注的焦点。已有研究主要集中于以下几个方面。

第一，生产环节偏好测度方法的构建。生产环节偏好的研究源于 Jone and Kierzkowski（1988）提出的国际分散化生产模式，但早期的研究多局限于推测和描述性统计，如学界构建了微笑曲线，将生产过程简单地分为设计、生产组装和销售等过程（陈晓华和刘慧，2016）。为了更细致地分析生产环节偏好，Fally（2011）进行了一定的尝试，并开创性地提出了上游度的概念，即以生产要素投入环节与最终产品的距离来衡量资源的生产环节偏好，该指数越高则说明资源越偏向上游生产环节，反之则越偏向下游生产环节。Fally（2011）基于生产工序数视角，在假设产业历年无存货（inventory）的基础上，构建了一个封闭经济体条件下识别企业生产环节偏好的系统方程，并分析了美国制造业的环节偏好。Antràs et al.（2012）则将 Fally（2011）的方法拓展到了开放经济层面，上游度指数为学界研究全球价值链分工地位提供了一个全新的工具，使得实证研究成为可能，弥补了以往描述性统计和推导性研究所得结论的不足。为此，该工具一提出便得到了学界的青睐。沿着 Antràs et al.（2012）和 Fally（2011）的假设与方法，Antràs and Chor（2013）、王金亮（2014）和 Ju and Yu（2015）等从多个层面分析了不同经济体的制造业环节偏好，也有部分研究尝试对 Antràs et al.（2012）的测度方法进行优化，如陈晓华和刘慧（2016）、刘慧等（2016）等通过加入存货量的形式对 Antràs et al.（2012）的研究方法进行了改进。

第二，生产环节偏好影响因素的研究。得益于 Antràs et al.（2012）与 Fally（2011）构建的环节偏好度量方法，学界开始尝试探索制造业环节偏好演进的机制。如 Antràs and Chor（2013）、Hagemejer and Ghodsi（2014）和 Hillberry and Fally（2015）等研究发现，要素禀赋、收益率、成本、特定政策（或冲击）在制造业环节偏好演化中发挥着重要的作用。何祚宇和代谦（2016）基于 WIOD（世界投入产出数据库）提供的 40 国投入产出表，借助 Antràs et al.（2012）的方法测度出各国制造业的上游度后发现，发达国家的上游度往往低于发展中国家，即发达国家偏好制造业下游环节而发展中国家则偏好上游环节，中国的上游度指数与巴西、印度等国相似。由此可见，一方面中国的生产环节仍处于相对低端的位置，另一方面经济发展水平在很大程度上影响了一国的生产环节偏好。Ju and Yu（2015）在测度出中国制造业 2002 年和 2007 年的上游度指数后认为，资本存量和资本流量是影响制造业生产环节上游度的重要因素，资本存量和资本流量越大的行业，其制造业上游度往往越高。苏庆义和高凌云（2015）认为，鼓励性政策、抑制性政策和经济发展水平是左右制造业上游度的重要因素。为此，可以通过特定政策来提升一国的制造业分工地位。马风涛（2015）在对中国制造业上游度进行测度与分析后指出，劳动力素质、研发强度和核心产品的生产能力是影响一国制造业上游度与生产环节的重要因素。陈晓华和刘慧（2016）在修正 Antràs et al.（2012）测度方法的基础上，分析了生产环节偏好的影响因素，发现上游度指数的高低并不代表一国制造业在全球价值链分工中地位的高低，经济发展水平、技术复杂度和贸易地理优势均会对制造业上游度产生影响。

第三，生产环节偏好的经济影响。Antràs et al.（2012）与 Fally（2011）提供的测度方法不仅开启了生产环节偏好影响因素研究之门，而且使得生产环节偏好经济效应的研究成为可能。学界在该领域进行了一定的尝试，如：刘慧等（2016）发现，金融资源过于偏好上游环节或过于偏好下游环节将对高技术产品出口产生不利影响，而偏好中游生产环节则能最大限度地促进高技术产品出口；陈晓华和刘慧（2016）发现，生产性服务资源偏好中游生产环节将最大限度地促进制造业出口技术复杂度升级，而过于偏好上游生产环节会在一定程度上造成生产性服务资源的浪费；沈鸿等（2019）分析了生产环节上游度对成本加成的影响效应，发现上游度越高的企业成本加成率越高，而出口净上游度越高则成本加成率越低；吕越等（2020）基于中国海关数据和中国工业企业数据研究发现，上游度越高的企业在金融危机冲击下面临的风险越大，且上游度越高的企业出口倾向越弱，出口额越少，为此，适度降低上游度可以成为降低风险的重要途径。

2.4　文献简评

提升生产性服务业服务制造业的水平、降低资源错配程度和优化生产环节偏好是中国实现经济增长质量提升、做大做强制造业和生产性服务业、提升产业国际分工地位和充分利用要素资源等目标的关键所在。学界也对三个领域分别进行了细致而深入的研究，已有研究虽为本书从生产环节偏好视角研究中国生产性服务资源错配提供了深刻的洞见，但仍存在以下不足：一是虽然有大量的学者分别对生产性服务业和资源错配进行了深入的研究，也形成了相对丰富的理论体系和经验证据，然而生产性服务资源错配领域的研究几乎为空白，已有研究多基于简单推理和情景型统计分析，缺乏科学的数理分析和严谨的弹性估计，甚至用制造业资源错配的研究结论来构造生产性服务业的对策，而制造业资源错配的机制和生产性服务资源错配的机制可能存在较大差异，为此，所得结论的参考价值相对有限。二是生产环节偏好虽然是判断制造业国际分工地位的重要工具，但已有研究多局限于制造业领域，鲜有学者从生产性服务业视角剖析环节偏好。在全球价值链分工模式下，生产性服务资源嵌入制造业环节是生产性服务业服务制造业的关键手段，令人遗憾的是，目前尚无学者从嵌入环节偏好视角研究生产性服务业。三是生产性服务业和生产环节偏好均为当前研究的热点，学界也意识到生产性服务资源在选择所支持的制造业时会进行环节选择，以使得生产性服务资源利润最大化，很少有学者关注到生产性服务资源嵌入"不当"的生产环节很容易造成生产性服务资源错配，即生产性服务资源与制造业生产环节的配置不当也会造成生产性服务资源的错配，然而鲜有学者从嵌入生产环节视角研究生产性服务资源错配。弥补上述不足，并更为科学地揭示生产性服务资源错配的演进机理和优化路径成为本书的重点努力方向。

3
生产性服务资源错配的测度与分析

　　科学测度生产性服务资源错配程度是分析中国生产性服务资源错配演进机理的关键所在，也是掌握生产性服务资源错配未来趋势的必由之路。目前学界已经在制造业资源错配领域（如劳动力要素资源错配、资本要素资源错配和制造业整体性错配）进行了大量而深入的研究，也形成了许多不错的测度方法，如 Hsieh and Klenow（2009）、施炳展和冼国明（2012）、Bartelsman et al.（2013）、陈晓华和刘慧（2014）、王文和牛泽东（2019）等均构建了相应的测度方法。然而令人遗憾的是，生产性服务资源错配的测度方法相对匮乏，为此，本书在回顾资源错配已有测度方法的基础上，从嵌入环节视角构建生产性服务资源错配的测度方法，并从跨国和国内（省级区域）双层面测度生产性服务资源错配，并运用核密度（kernel）估计等方法对跨国和国内测度的结果进行分析，以判断出中国生产性服务资源错配的事实特征，进而为中国制定生产性服务业与制造业协调发展、提升生产性服务资源配置效率和转换经济增长方式方面的政策提供科学的事实依据。

3.1 生产性服务资源错配测度方法的构建

3.1.1 资源错配测度方法的简单回顾

虽然目前测度资源错配的方法有很多种，这些测度方法也得到了学界的认可，但比较常用的方法主要有两类。一类是生产函数法。生产函数法测度资源错配则多基于 C-D 生产函数，如 Hsieh and Klenow（2009）、施炳展和冼国明（2012）、陈晓华和刘慧（2014）等多采用该方法进行测度。该方法首先构建以下 C-D 生产函数：

$$Y = AL^{\alpha}K^{\beta} \tag{3-1}$$

其中，K 为资本投入量，L 为劳动力投入量，α 和 β 则为两类要素的弹性，A 为技术进步情况，Y 为总产出。此时劳动力和资本的边际产出可以表示为

$$\mathrm{MP}_l = A\alpha L^{\alpha-1}K^{\beta} = \alpha Y / L \tag{3-2}$$

$$\mathrm{MP}_k = \beta AL^{\alpha}K^{\beta-1} = \beta Y / K \tag{3-3}$$

其中，MP_l、MP_k 分别为劳动力和资本的边际产出。结合 Hsieh and Klenow（2009）、施炳展和冼国明（2012）、陈晓华和刘慧（2014）的方法可知，要素价格扭曲程度可以表示为要素的边际产出与要素的实际报酬之比。则有

$$\mathrm{DL} = \mathrm{MP}_l / w = \alpha Y / (wL) \tag{3-4}$$

$$\mathrm{DK} = \mathrm{MP}_k / r = \beta Y / (rL) \tag{3-5}$$

其中：DL、DK 分别为劳动力和资本要素价格扭曲程度；w、r 分别为劳动力和资本的价格，即工资和利息。综上可知，核算资本和劳动力价格扭曲的关键在于测算出弹性系数 α 和 β。由于用传统 OLS 方法（两步最小二乘法）核算弹性系数时，所得结果可能受到内生性冲击，为此，部分学者采用半参数法来计算弹性技术（如 Levinsohn and Petrin，2003），以降低内生性带来的有偏影响。首先，本书对式（3-1）进行对数处理，并将其拓展成计量方程形式：

$$\ln Y = \ln A + \alpha \ln L_t + \beta \ln K_t + \omega_t + \varepsilon_t = \alpha \ln L_t + \varphi(K_t,\ \omega_t) + \varepsilon_t \quad (3\text{-}6)$$

$$\varphi(K_t,\ \omega_t) = \ln A + \beta \ln K_t + \omega_t \quad (3\text{-}7)$$

其中：ω_t 为方程的状态参数，用来刻画求解过程中不可观测的因素；ε_t 表示方程的残差。进一步将 $\varphi(K_t,\ \omega_t)$ 拓展成三阶段多项式，此时式（3-6）可以表示为

$$\ln Y = \delta_0 + \alpha \ln L_t + \sum_{i=0}^{3} \sum_{j=0}^{3-i} \delta_{ij} K_t^i \omega_t^j + \varepsilon_t \quad (3\text{-}8)$$

对式（3-8）进行回归则可得系数 α 和 δ 的估计值，在实际估算过程中需用代理变量来刻画不可观测变量 ω_t。Levinsohn and Petrin（2003）建议用中间投入品替代，陈晓华和刘慧（2014）则不仅考虑了中间投入品，还将企业的管理费用和财务费用同时作为不可观测变量的代理变量。在测算出 α 后，β 也可以算出，进而最终核算出制造业的劳动价格扭曲和资本价格扭曲程度。

另一类是投入产出法，即以要素投入向量核算出线性的生产可能性边界（生产可能性前沿），以特定要素价格与生产可能性边界条件下均衡价格的偏离来核算要素价格扭曲。如蒋含明（2013）基于投入产出构造了相应的测算方法，该方法测度资源错配的最终核算方程如下：

$$\ln Y_{iN} = \beta_i + \sum_{n=1}^{N} a_n \ln \frac{p_{in}}{p_{iN}} + \sum_{m=1}^{M} a_m \ln v_{im} + \frac{1}{2} \sum_{j=1}^{N} \sum_{k=1}^{N} \gamma_{jk} \ln \frac{p_{ij}}{p_{iN}} \\ + \sum_{j=1}^{M} \sum_{k=1}^{M} a_{jk} \ln v \ \ln v_{ij} + \sum_{n=1}^{M} \sum_{m=1}^{M} a_{nm} \ln \frac{p_{ij}}{p_{iN}} \ln v_{im} + \mu_i \quad (3\text{-}9)$$

$$Y_{iN} = \zeta_i + \sum_{m=1}^{N} w_m v_{im} - \sum_{n=1}^{N-1} p_n Y_{in} \quad (3\text{-}10)$$

其中，Y_{iN} 表示区域 i 某部门的总产出额，p_N 为 N 维价格，v_{im} 则为 M 维的要素投入。式（3-9）衡量的是区域的 N 个部门使用 M 种要素投入品生产 N 种商品所对应的可能性边界（蒋含明，2013），其主要功能是测度技术扭曲（又称为非价格扭曲），具体则由系数 β_i 来决定。式（3-10）是对要素配置效率的整体性测度，其衡量的是区域总体扭曲状况，具体

由 ζ_i 表示，根据蒋含明（2013）的研究，此时要素价格扭曲（要素资源错配）可以以整体扭曲与技术扭曲之差表示。

虽然测度资源错配的方法还有很多，如参数化随机前沿分析法（SFA）、非参数化数据包络分析法（DEA）、参数化和非参数化的影子价格法、可计算一般均衡模型法（CGE）等，但最受学界欢迎的还是生产函数法和基于随机前沿的投入产出法。然而，令人遗憾的是，上述方法均针对制造业，目前仍缺乏生产性服务资源错配科学测度方法，虽然有学者尝试用生产函数法测度生产性服务业中金融业的资源错配情况，但由于其他生产性服务业缺乏如金融银行业这样健全的数据，生产函数法难以测度金融服务业（特别是银行）之外生产性服务资源的错配程度，使得生产性服务资源错配的研究一直属于资源错配研究界试图突破的关键领域，这也成了我们努力的方向。

3.1.2 生产性资源错配测度方法的构建：环节嵌入视角

文献综述表明：学界对资源错配、生产性服务业和环节偏好均进行了较为系统的研究。资源错配领域也针对制造业形成了相对科学的测度方法，但尚无学者深入分析生产性服务资源错配。造成上述研究缺憾出现的本质原因则在于缺乏生产性服务资源错配的科学测度工具。有鉴于此，本书在拓展和修正 Antràs et al.（2012）的模型的基础上，首次形成生产性服务资源环节错配的科学测度方法，后文将基于 WIOD 与中国投入产出表核算出跨国和中国省级层面的生产性服务资源错配程度。

虽然运用已有方法结合生产性服务业的统计数据能测度出部分生产性服务资源错配（如金融银行业等），但单纯基于生产性服务业数据所得的测度结果无法纳入生产性服务业与制造业互动信息，也无法体现生产性服务资源融入制造业环节偏好，更无法测度所有生产性服务资源环节错配。为此，本书基于环节偏好视角构建生产性服务资源错配的新型测度方法，以更科学地洞察生产性服务业与制造业耦合存在的问题。

Antràs et al.（2012）提出的上游度模型能有效识别不同要素投入环节与最终产品的距离，进而体现要素投入的环节偏好。为此，本书通过拓展 Antràs et al.（2012）的模型识别生产性服务要素环节错配。首先摒弃 Antràs et al.（2012）的模型的无存货假设，此时在封闭条件下生产性服务业的产出（Y_s）等于其存货变动额（I_s）、作为非制造业的中间投入（L_s）、作为制造业的中间投入（Z_s）与最终消费投入（F_s）之和，即

$$Y_s - I_s - L_s = Z_s + F_s \qquad (3\text{-}11)$$

假定制造业 j 增加 1 单位产出，需要第 s 类生产性服务业投入 d_{sj} 单位，根据 Antràs et al.（2012）可知，式（3-11）可以变化如下：

$$Y_s - I_s - L_s = F_s + Z_s = F_s + \sum_{j=1}^{N} d_{sj}(Y_j - I_j - L_j) \qquad (3\text{-}12)$$

其中，N 为制造业的种类数，制造业 j 的部分产品往往会被其他制造业行业作为中间品使用（Antràs et al., 2012；Antràs and Chor, 2013），为此，式（3-12）可以表示为

$$Y_s - I_s - L_s = F_s + \sum_{j=1}^{N} d_{sj}F_j + \sum_{j=1}^{N}\sum_{k=1}^{N} d_{sk}d_{kj}F_j + \sum_{j=1}^{N}\sum_{k=1}^{N}\sum_{l=1}^{N} d_{sl}d_{lk}d_{kj}F_j + \cdots \qquad (3\text{-}13)$$

根据 Antràs et al.（2012），生产性服务资源融入制造业的环节与制造业最终产品的距离可以表示为

$$U_s = 1 \times \frac{F_s}{Y_s - I_s - L_s} + 2 \times \frac{\sum_{j=1}^{N} d_{sj}F_j}{Y_s - I_s - L_s} + 3 \times \frac{\sum_{j=1}^{N}\sum_{k=1}^{N} d_{sk}d_{kj}F_j}{Y_s - I_s - L_s} $$
$$+ 4 \times \frac{\sum_{j=1}^{N}\sum_{k=1}^{N}\sum_{l=1}^{N} d_{sl}d_{lk}d_{kj}F_j}{Y_s - I_s - L_s} + \cdots \qquad (3\text{-}14)$$

其中，U_s 为生产性服务资源 s 投入制造业的环节与最终产品的距离，即上游度。式（3-14）的计算过程较为复杂，Antràs et al.（2012）提供了一个相对简便的线性处理方案 [①]，将生产性服务资源投入制造业的上游度表示为

$$U_s = 1 + \sum_{j=1}^{N} \frac{d_{sj}(Y_j - I_j - L_j)}{Y_s - I_s - L_s} U_j \qquad (3\text{-}15)$$

[①]　具体的处理过程可见于 Antràs et al.（2012）的附件。

其中，$d_{sj}(Y_j - I_j - L_j)/(Y_s - I_s - L_s)$ 为生产性服务业 s 总产出中被制造业 j 购买的份额（除去存货和非制造业中间投入），U_j 为制造业 j 中间品投入的平均上游度。将式（3-15）从封闭状态完善为开放状态，可得

$$U_s = 1 + \sum_{j=1}^{N} \frac{d_{sj}(Y_j - I_j - L_j) + X_{sj} - M_{sj}}{Y_s - I_s - L_s} U_j = 1 + \sum_{j=1}^{N} \delta_{sj} U_j \quad （3-16）$$

$$令 \; \delta_{sj} = (d_{sj}Y_j - d_{sj}I_j - d_{sj}L_j + X_{sj} - M_{sj})/(Y_s - I_s - L_s) \quad （3-17）$$

其中，X_{sj} 为生产性服务业 s 出口额中被海外制造业 j 购买的价值，M_{sj} 为生产性服务业 s 进口中投入到国内制造业 j 中的金额。由于细化的 X_{sj} 和 M_{sj} 数据难以获得，借鉴 Antràs et al.（2012）和 Antràs and Chor（2013）的处理方法，本书令 $\delta_{sj} = X_{sj}/X_s = M_{sj}/M_s$，可得

$$\frac{d_{sj}(Y_j - I_j - L_j) + \delta_{sj}X_s - \delta_{sj}M_s}{Y_s - I_s - L_s} = \delta_{sj} \Rightarrow \delta_{sj} = \frac{d_{sj}(Y_j - I_j - L_j)}{(Y_s - I_s - L_s - X_s + M_s)} \quad （3-18）$$

综合式（3-16）和式（3-18）可得

$$U_s - \sum_{j=1}^{N} \frac{d_{sj}(Y_j - I_j - L_j)}{Y_s - I_s - L_s - X_s + M_s} U_j = 1 \quad （3-19）$$

式（3-19）中 $d_{sj}(Y_j - I_j - L_j)/(Y_s - I_s - L_s - X_s + M_s)$ 所需核算数据均可从各国投入产出表中获得，此时要获得生产性服务业的上游度值相当于求解线性方程，则式（3-19）可以线性化为

$$U - DU = I \quad （3-20）$$

其中，$\boldsymbol{D}$ 为式（3-19）中 U_j 前系数的矩阵，$\boldsymbol{U}$ 为包含生产性服务资源和制造业上游度的矩阵，基于式（3-20）我们可以核算出生产性服务资源投入制造业的上游度 U_s（环节偏好）。由于 U_s 是一国生产性服务资源融入异质性制造业不同环节的综合加权平均值，为此，通过对比本国融入的环节偏好加权值与生产性服务资源利用效率较高国的环节偏好值，可以刻画出本国生产性服务资源环节错配的程度。为此，构建如下核算方法：

$$CP_s = U_s/U_s* \quad （3-21）$$

其中，CP_s 为生产性服务资源环节错配程度，U_s* 为生产性服务资源利用

率较高国家的上游度。值得一提的是：当 CP_s 大于 1 时，其值越大，不仅表明生产性服务资源错配程度越高，还表明其越偏好上游环节；当 CP_s 小于 1 时，其值越小，不仅表明其资源错配程度越高，还表明其越偏向于下游环节；CP_s 值越接近于 1，其错配程度越低，此时核算错配的关键在于确定好生产性服务资源利用效率较高的参照国。生产性服务业具有促进制造业生产性技术革新的功能，而技术水平越高的制造业越需要高效率生产性服务资源的支持，为此，借鉴唐海燕和张会清（2009）选择参照国的方法，本书同时以美国和德国生产性服务资源上游度为参照，以确保研究结论的可靠性。

3.2 跨国层面生产性服务资源错配的测度与分析

3.2.1 产业层面的测度结果与分析

考虑到发展中国家生产性服务资源面临的环节错配问题往往比发达国家更为严峻和显著（刘慧等，2016）。根据前文所提供的测度方法，在测度出各国生产性服务资源的错配程度之前，需先核算出各国各类生产性服务资源嵌入制造业环节的上游度，在核算出上游度后，本书进一步借用式（3-21）核算出各类生产性服务资源的错配程度。本书以 WIOD 中的发展中国家为研究对象（具体有马耳他、墨西哥、印度尼西亚、罗马尼亚、保加利亚、拉脱维亚、波兰、斯洛文尼亚、土耳其、巴西、斯洛伐克、捷克、爱沙尼亚、印度、俄罗斯和中国等国家），参照陈晓华等（2019）的做法，以 WIOD 中 C20—C28 产业为生产性服务业，识别了上述 9 种生产性服务资源的环节错配指数[1]（见表 3-1）。

---

[1] 9 个生产性服务业分别为：C20 批发和中间商服务业、C21 零售服务业、C22 住宿和餐饮业、C23 内陆运输服务业、C24 水运服务业、C25 空运服务业、C26 其他交通支持和辅助服务业、C27 邮电服务业、C28 金融服务业。

表3-1 1997—2011年样本国异质性生产性服务资源环节错配值（以美国为参照国）①

年份	C20	C21	C22	C23	C24	C25	C26	C27	C28
1997	0.9897318	1.4665530	0.9861446	0.8837607	0.8878117	1.0021250	0.6910201	0.9719906	1.0216220
1998	0.9898394	1.4603860	0.9515159	0.8821507	0.8889254	1.0079480	0.7007844	0.9664901	1.0132260
1999	1.0025650	1.4745780	0.9350487	0.8849876	0.9062985	1.0085300	0.7106091	0.9468767	1.0014790
2000	1.0127990	1.4900100	0.9249790	0.8899803	1.0478380	1.1362580	0.7552393	0.9657402	0.9777295
2001	1.0208070	1.4890080	0.9138224	0.8897214	1.0158080	1.1681250	0.7829223	0.9737660	0.9763112
2002	1.0488330	1.5136520	0.9279033	0.9197045	1.0558170	1.2212970	0.7926625	1.0040320	0.9807269
2003	1.0493190	1.5235270	0.9385448	0.9154608	1.1628550	1.1643530	0.8262251	1.0041230	0.9740642
2004	1.0268960	1.4832860	0.9338119	0.9194835	1.1892920	1.1723120	0.8282376	1.0095800	0.9803184
2005	1.0486640	1.5008860	0.9490328	0.9298466	1.3416260	1.1920740	0.8328239	1.0111400	0.9663454
2006	1.0310160	1.4830240	0.9567448	0.9370913	1.2834650	1.1664030	0.8115789	1.0205280	0.9536199
2007	1.0185070	1.5107430	0.9698368	0.9286073	1.3191770	1.2025370	0.8234345	1.0254550	0.9662293
2008	1.0371060	1.5277700	0.9798313	0.9202134	1.5185170	1.1742770	0.8441381	1.0401110	1.0066000
2009	1.1098080	1.6162410	0.9981017	0.9758219	1.4747640	1.1500420	0.8648688	1.0818780	0.9994851
2010	1.1137750	1.6151940	0.9742933	0.9762114	1.3531010	1.2686090	0.8789120	1.0671450	0.9743762
2011	1.1141170	1.5991560	0.9707538	0.9834796	1.3566000	1.2645600	0.8784983	1.0714540	0.9800187
M	+	+	+	−	+				

① M表示的是 1997—2011 年生产性服务资源环节错配的恶化或改善情况，+表示改善，−表示恶化。计算方法为 $M = (U_{a2011}-1)^2-(U_{s1997}/U^*_{s2011}-1)^2-(U^*_{s1997}-1)^2$。$M$ 大于零说明其与参照值的距离增加，即错配情况加剧；M 小于零说明其与参照值的距离缩小，即错配情况减少。德国生产性服务业融入制造业上游程度与美国比较接近，为免累赘，本书测度结果部分均略去德国为参照的核算结果。

表 3-1 报告了 1997—2011 年样本国各生产性服务业资源错配均值。由表 3-1 可知，样本国 9 个生产性服务业中有 6 个存在错配程度加剧的趋势，仅有 3 个生产性服务业的资源错配程度呈现下降趋势，这不仅表明发展中国家生产性服务资源存在一定的错配和浪费，还表明对于发展中国家而言，提高生产性服务资源配置效率、降低其错配程度显得十分必要。同时，样本国资源错配程度最高的生产性服务业是 C21，为此，有必要重新审视这一服务业为制造业服务的机理和机制，优化其与制造业的耦合模式，以更好地发挥该产业对制造业的促进作用，进而提高自身的资源配置效率。此外，从生产性服务资源所嵌入制造业环节（上游度）与美国之比来看，发展中国家生产性服务资源的环节偏好与美国存在较大差距，为此，应适当引入美国和德国等发达国家的生产性服务资源，并使其充分发挥示范效应，即以更优的环节偏好来纠正本土生产性服务资源环节偏好的不当之处，以提高配置效率。

表 3-2 进一步报告了中国异质性生产性服务资源环节的错配程度。由表 3-2 可知，除其他交通支持和辅助服务业（C26）外，中国的生产性服务资源均存在显著的环节错配，环节错配最为严重的 3 个行业分别为水运服务业（C24）、内陆运输服务业（C23）和金融服务业（C28），且这 3 个行业均具有过于偏向上游环节的特征（错配值大于 1，且持续增大），由于中国经济规模的扩大需要大量的上游原料。为此，中国水运服务业和内陆运输服务业过于偏向上游环节在情理之内。金融服务业过高的上游度和错配程度确实有点意外，金融资源是支持工艺研发、技术革新和培育高技术企业的中坚力量[1]，其过多地集中于上游原料环节，势必会使得高技术的核心环节和工艺得不到足够的金融支持，不利于高技术产业的成长。为此，有必要扭转这一不利局面，使得金融资源更多地流向中游环节，为"补短板，强弱项"提供更为有力的金融支持。值得一提的是，9 个生产性服务业中，有 7 个生产性服务业资源的错配情况呈

[1] 金融对技术创新的重要性，还可以从经济史学家希克斯的观点中看出，其研究认为：英国工业革命中使用的技术在工业革命发生之前就已发明，真正引发工业革命的是当时英国全球领先的金融体系，并断言"工业革命不得不等候金融革命"（易信和刘凤良，2015）。

现恶化趋势，仅邮电服务业与其他交通支持和辅助服务业的环节错配情况呈现出一定的减少趋势，可见中国生产性服务资源错配不仅严峻且日趋严重，为此，迫切需要优化中国生产性服务资源与制造业的融合模式，以更好地发挥生产性服务资源的"补短板，强弱项"功能，助力打造制造业和生产性服务业强国。

表3-2　1997—2011年中国异质性生产性服务资源环节错配均值（以美国为参照国）

年份	C20	C21	C22	C23	C24	C25	C26	C27	C28
1997	1.3966	1.4271	1.6986	1.8205	1.4762	1.3394	1.0957	1.2819	2.1211
1998	1.4444	1.4713	1.6520	1.9097	1.6494	1.3765	1.0826	1.2556	2.1695
1999	1.4287	1.4349	1.5570	1.8852	1.7253	1.3500	0.9919	1.2085	2.1406
2000	1.4027	1.3877	1.4690	1.8950	1.8337	1.3238	0.9012	1.1659	2.0993
2001	1.4543	1.4113	1.4789	1.9520	1.9168	1.3509	0.8533	1.1916	2.1460
2002	1.4822	1.4370	1.4777	1.9900	1.9616	1.3823	0.8076	1.2047	2.1706
2003	1.4095	1.3709	1.5110	1.8305	2.0615	1.3669	0.8791	1.1360	2.0688
2004	1.3182	1.3394	1.5033	1.8519	2.0508	1.3607	0.8982	1.0704	1.9289
2005	1.3374	1.3594	1.5846	1.8192	2.2220	1.4163	0.9329	1.0721	1.9610
2006	1.3797	1.4035	1.6830	1.8777	2.4013	1.4836	0.9667	1.1313	2.0369
2007	1.3927	1.4437	1.7499	1.9450	2.5219	1.4904	0.9829	1.1553	2.0857
2008	1.4332	1.5200	1.7945	1.9855	2.9242	1.4927	1.0018	1.1884	2.1467
2009	1.4618	1.4845	1.8354	2.0399	2.7492	1.5306	0.9983	1.1929	2.1823
2010	1.4869	1.4562	1.7929	2.2457	2.5237	1.5268	1.0113	1.1944	2.1851
2011	1.4801	1.4403	1.7697	2.2202	2.5176	1.5174	1.005	1.1895	2.1651
M	+	+	+	+	+	+	−	−	+

为了进一步了解中国与同水平经济体生产性服务资源错配的差异程度，本书进一步报告了"金砖国家"各类生产性服务资源的错配程度。表3-3报告了印度各产业生产性服务资源错配程度。由表3-3可知，印度资源错配程度最高的3个生产性服务业分别为零售服务业（C21）、水运服务业（C24）和金融服务业（C28），而中国的水运服务业（C24）和金融服务业（C28）错配程度也位居前三，这表明印度的生产性服务资源错配在产业层面与中国具有一定的相似性。同时，印度的9个生产性服务产业的资源错配系数均大于1，这在一定程度上表明，印度的生产性服务业与中国生产性服务业有相似的环节偏好，即均偏向于上游原料环

节。这一现象出现的原因可能在于，中印均为制造业大国，对制造业上游原料有较大的需求，从而使得生产性服务资源流向上游环节有较大的赢利空间，进而导致生产性服务业过于偏好上游环节。此外，9个生产性服务业中，资源错配系数有8个呈现出进一步提升的趋势，即有8个产业生产性服务资源的错配程度在提高，这表明，与美国相比，中印两国生产性服务资源的配置状况并未得到改善。Hsieh and Klenow（2009）指出，如果中国和印度的资源配置效率达到美国的水平，则全要素生产率和经济总量将得到大幅提升，而本书的结果表明，Hsieh and Klenow（2009）所描述的机制并未在中国实现，为此，提高中印两国优化资源配置效率依然任重而道远。

表3-3　1997—2011年印度异质性生产性服务资源环节错配均值（以美国为参照国）

年份	C20	C21	C22	C23	C24	C25	C26	C27	C28
1997	1.2203	1.7496	1.1035	1.0518	1.1787	1.3943	0.9151	1.1595	1.3635
1998	1.2208	1.7332	1.0947	1.0516	1.1726	1.3840	0.9087	1.1460	1.3292
1999	1.1978	1.6949	1.1193	1.0160	1.2016	1.3892	0.9200	1.1459	1.2904
2000	1.206	1.7056	1.1202	1.0147	1.2589	1.4361	0.9398	1.1676	1.2844
2001	1.2373	1.7305	1.1375	1.0165	1.2581	1.4877	0.9730	1.2094	1.2913
2002	1.2560	1.7463	1.1493	1.0196	1.2401	1.5299	1.0177	1.2381	1.3054
2003	1.2941	1.8060	1.1835	1.0348	1.2784	1.5317	1.1030	1.2977	1.3241
2004	1.3004	1.8103	1.1656	1.0777	1.3673	1.5317	1.1167	1.3221	1.3390
2005	1.2974	1.7968	1.1393	1.0896	1.4573	1.4987	1.1137	1.3245	1.3102
2006	1.2791	1.7812	1.0811	1.1030	1.5302	1.4530	1.0991	1.3271	1.2937
2007	1.2674	1.7985	1.0990	1.0861	1.5456	1.4450	1.0968	1.3296	1.2981
2008	1.2795	1.8170	1.1077	1.0712	1.7354	1.4187	1.1150	1.3584	1.3350
2009	1.3523	1.9008	1.1443	1.1217	1.6768	1.4418	1.1480	1.3845	1.3279
2010	1.3754	1.9274	1.1256	1.1316	1.5778	1.5743	1.1712	1.3793	1.3162
2011	1.3510	1.8836	1.1376	1.1225	1.5684	1.5635	1.1534	1.3733	1.3051
M	+	+	+	+	+	+	+	+	−

表3-4报告了1997—2011年俄罗斯异质性生产性服务资源错配均值。由表3-4可知，俄罗斯资源错配最为严重的3个生产性服务业为零售服务业（C21）、水运服务业（C24）和空运服务业（C25），这表明这3个生产性服务业嵌入制造业环节过于上游，逐步引导这些产业嵌入制

造业中游环节能较好地提升其资源配置效率。同时，俄罗斯多数生产性服务业资源错配系数大于1，这表明俄罗斯与中国、印度的生产性服务业在环节选择上有相似的偏好，即都偏向于制造业的上游原料环节。此外，俄罗斯9个生产性服务业中有7个的资源错配系数呈现出进一步加大的趋势，这表明俄罗斯的生产性服务资源错配程度呈现出一定的提升趋势，所不同的是，俄罗斯金融服务业（C28）、其他交通支持和辅助服务业（C26）的资源错配程度呈现出一定的降低趋势。

表3-4　1997—2011年俄罗斯异质性生产性服务资源环节错配均值（以美国为参照国）

年份	C20	C21	C22	C23	C24	C25	C26	C27	C28
1997	1.1040	1.5859	0.9877	1.0735	1.0694	1.3097	0.7804	1.0480	0.6414
1998	1.1237	1.6274	0.9682	1.0494	1.0730	1.3114	0.7811	1.0447	0.6628
1999	1.1291	1.7010	1.0056	1.0267	1.1768	1.4048	0.8216	1.1036	0.7109
2000	1.1491	1.7369	1.0537	1.0694	1.3117	1.4978	0.8506	1.1560	0.7259
2001	1.2077	1.7694	1.0657	1.1375	1.3613	1.5479	0.8656	1.1912	0.7380
2002	1.2243	1.7746	1.0393	1.1464	1.3661	1.5490	0.8609	1.1875	0.7265
2003	1.2279	1.7822	1.0516	1.1770	1.4431	1.4371	0.8615	1.1985	0.7449
2004	1.1977	1.7153	1.0410	1.2001	1.4340	1.4680	0.8392	1.1948	0.7462
2005	1.1830	1.6813	1.0301	1.1963	1.4474	1.4828	0.8329	1.1770	0.7353
2006	1.1904	1.6688	1.0465	1.2223	1.4472	1.4647	0.8282	1.2171	0.7188
2007	1.1637	1.6804	1.0504	1.1790	1.4657	1.4564	0.8286	1.2041	0.7193
2008	1.1854	1.7282	1.0737	1.1635	1.6944	1.4601	0.8533	1.2346	0.7621
2009	1.2945	1.8283	1.0858	1.2699	1.6459	1.5143	0.8885	1.2700	0.7402
2010	1.3047	1.8410	1.0688	1.2801	1.5098	1.6861	0.9058	1.2661	0.7385
2011	1.2772	1.7784	1.0606	1.2678	1.4325	1.6429	0.8819	1.2442	0.7317
M	+	+	+	+	+	+	−	+	−

表3-5报告了1997—2011年巴西异质性生产性服务资源错配均值。由表3-5可知，9个生产性服务业中，巴西有6个产业的资源错配系数小于1，这表明巴西生产性服务业偏好嵌入制造业下游环节，这与中国、印度、俄罗斯不同，为此，对于巴西而言，想要提高生产性服务资源配置效率，可以适当鼓励生产性服务资源嵌入制造业中游或上游生产环节。同时，巴西资源错配最为严重的3个生产性服务业分别为零售服务业（C21）、水运服务业（C24）和空运服务业（C25），与俄罗斯极为相似。

此外，1997—2011 年巴西有 4 种生产性服务资源错配程度在降低，仅有 5 种生产性服务资源的错配程度在提高，这表明巴西的生产性服务资源错配情况并未像中国、印度和俄罗斯一样呈现出显著的恶化趋势。为此，作为发展水平相近的经济体，巴西生产性服务业与制造业耦合模式可以为中国、印度和俄罗斯提高生产性服务资源配置效率提供一定的借鉴。

表 3-5 1997—2011 年巴西异质性生产性服务资源环节错配均值（以美国为参照国）

年份	C20	C21	C22	C23	C24	C25	C26	C27	C28
1997	0.9510	1.4443	0.8260	0.8717	1.0177	1.2349	0.7414	0.9050	0.9016
1998	0.9647	1.4491	0.8297	0.8864	1.0315	1.2450	0.7485	0.9110	0.9030
1999	0.9696	1.4528	0.8068	0.8882	1.0734	1.2556	0.7454	0.9055	0.8910
2000	1.0050	1.5042	0.7976	0.9216	1.1827	1.3222	0.7628	0.9272	0.9024
2001	1.0208	1.5062	0.8067	0.9246	1.2021	1.3457	0.7617	0.9365	0.8812
2002	1.0741	1.5730	0.8354	0.9504	1.2389	1.3832	0.7781	0.9645	0.8920
2003	1.0956	1.6082	0.8432	0.9559	1.3234	1.3106	0.7865	0.9809	0.8861
2004	1.1020	1.6126	0.8351	0.9836	1.3616	1.3827	0.8030	1.0001	0.8951
2005	1.1064	1.6100	0.8386	0.9917	1.4233	1.4307	0.8106	1.0064	0.8786
2006	1.0725	1.5716	0.8352	0.9894	1.4525	1.4194	0.8049	1.0176	0.8782
2007	1.0455	1.5657	0.8370	0.9762	1.4718	1.4196	0.8056	1.0204	0.8991
2008	1.0445	1.5646	0.8245	0.9614	1.6797	1.4047	0.8149	1.0266	0.9489
2009	1.0721	1.5825	0.8304	0.9671	1.5351	1.3755	0.8035	1.0271	0.9062
2010	1.0769	1.5826	0.8105	0.9759	1.4238	1.5314	0.8174	1.0172	0.8946
2011	1.0469	1.5314	0.8029	0.9709	1.4235	1.5149	0.8069	1.0032	0.8774
M	−	+	+	−	+	+	−	−	+

综合中国、印度、俄罗斯和巴西异质性产业的测度结果我们可以发现：一方面从错配系数的绝对值上来看，中国生产性服务资源错配系数是最大的，这在很大程度上表明，中国生产性服务资源较为偏好制造业上游环节，适当引导制造业流向中游和下游环节可以成为减少中国生产性服务资源错配的重要途径；另一方面系数值越高，也在很大程度上表明资源错配情况越严重，可见中国消除生产性服务资源错配的压力和迫切性是最大的。

3.2.2　国别层面的测度结果与分析

基于产业层面的测度结果，我们可以通过求平均值的形式获得各国生产性服务资源错配均值。为了更直观地观测各国生产性服务资源错配均值的整体性分布情况和发展趋势，我们进一步对各国产业层面的测度结果进行了核密度分析，图 3-1 给出了样本国的核密度估计结果。[1] 由图 3-1 可知，历年的核密度曲线均呈现显著的倒 U 形，这表明本书测度所得结果呈现显著的正态分布特征，符合数据的一般规律，也表明了前文测度结果的准确性。同时，1997—2011 年倒 U 形曲线具有左侧左移、右侧右移的特征，这在一定程度上表明，偏好上游生产环节的国家或产业更加偏好上游原料生产环节，偏好下游生产环节的国家或产业更加偏好下游生产环节。整体而言，样本中的发展中国家生产性服务资源的错配呈现出一定的加剧趋势。此外，倒 U 形曲线顶点的右侧逐步形成第二个顶点，这在一定程度上表明，上游生产环节偏好型国家或产业正逐步向高峰值收敛，即存在一定的上游生产环节偏好固化特征，进而不利于各国生产性服务资源配置效率的整体性提升。

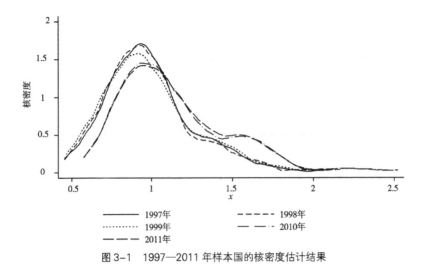

图 3-1　1997—2011 年样本国的核密度估计结果

----

① 为防止年份过多而出现核密度曲线粘连，进而影响阅读，此处仅仅给出了 1997 年、1998 年、1999 年、2010 年和 2011 年的核密度曲线。

　　表3-6进一步报告了以美国为参照国的17个发展中国家1997—2011年9个生产性服务资源错配系数的均值。我们可以发现，从错配值与1（参照值）的差距来看，中国的生产性服务资源环节错配在17个样本国中是最严重的，且错配均值远大于排名第二的俄罗斯，1997—2011年错配值呈进一步增大的趋势，这表明中国的生产性服务资源环节错配有一定的加剧倾向，生产性服务资源过多地集中于上游环节，这进一步印证了产业层面结论的正确性。这一现象出现的原因可能在于：一方面是中游核心环节"推力"的不足。中国的技术赶超具有显著的"外力依赖型赶超"特征，制造业通过引进国外的核心装备、技术和工艺来提升产品的技术含量，核心环节依赖国外，使得一些高效率的生产性服务资源无法在国内匹配到制造业核心环节（中游），进而"推动"高效率的生产性服务资源流向制造业的其他环节（如上游），最终造成生产性服务业的环节错配。另一方面是上游环节的"吸力"。中国经济规模的持续迅速扩大使得中国需要大量的生产原料，这使得制造业上游环节逐渐变得更"有利可图"，进而吸引过多的生产性服务资源，使得同样需要生产性服务资源支持的其他环节无法得到足够支持，从而加剧中国生产性服务资源的环节错配情况。同时，以美国为参照国，多数发展中经济体生产性服务资源错配情况呈现出显著的加剧趋势，仅有希腊、马耳他、墨西哥和拉脱维亚等4国的生产性服务资源环节错配情况明显减少，可见发展中经济体提高生产性服务资源配置效率之路依然任重而道远。此外，结合美国生产性服务业融入制造业环节上游度多位于WIOD样本国（40个）中游水平的事实可知，希腊和马耳他的生产性服务资源偏好制造业的下游环节（错配值严格小于1），而印度、中国、俄罗斯和捷克的生产性服务业则偏好制造业的上游环节（错配值严格大于1）。

表3-6　1997—2011年发展中国家生产性服务资源环节错配均值（以美国为参照国）

国别	1997年	1999年	2001年	2003年	2005年	2007年	2009年	2011年	增幅/%	均值	M
马耳他	0.7040	0.7067	0.8819	0.8895	0.9554	0.9558	0.9546	0.9668	37.324	0.8747	+
墨西哥	0.8536	0.8389	0.8507	0.8614	0.8854	0.8837	0.9225	0.9144	7.127	0.8769	+
印度尼西亚	0.9651	0.9064	0.9164	0.9881	0.9418	0.9716	1.0621	1.0652	10.378	0.9714	−

续表

国别	1997 年	1999 年	2001 年	2003 年	2005 年	2007 年	2009 年	2011 年	增幅 /%	均值	M
罗马尼亚	0.9658	0.9141	0.9151	0.9629	0.9998	1.0092	1.0529	1.0722	11.015	0.9779	−
保加利亚	0.8984	0.8276	0.9180	0.9002	1.1448	0.9468	1.1575	1.1695	30.176	0.9807	−
拉脱维亚	0.8480	0.8897	0.9810	0.9651	1.0136	0.9810	1.0678	1.0935	28.951	0.9905	+
波兰	1.0413	0.9794	0.9366	0.9682	1.0247	1.057	1.0756	1.0711	2.860	1.0140	−
斯洛文尼亚	0.9823	0.9963	1.0428	0.9864	1.0038	1.0118	1.0544	1.0725	9.191	1.0239	−
土耳其	0.8856	0.9517	1.0278	1.0726	1.0828	1.0753	1.1674	1.1422	28.985	1.0561	−
巴西	0.9882	0.9987	1.0428	1.0878	1.1218	1.1157	1.1222	1.1087	12.194	1.0791	−
斯洛伐克	0.9647	0.9431	1.1080	1.1278	1.0372	1.1031	1.1471	1.1626	20.518	1.0799	−
捷克	1.0602	1.0282	1.0766	1.1295	1.1399	1.1949	1.1221	1.0745	1.348	1.1047	−
爱沙尼亚	0.9697	1.0911	1.0085	1.1597	1.1868	1.0973	1.1559	1.1652	20.167	1.1056	−
印度	1.0374	1.0195	1.0601	1.1170	1.1364	1.1296	1.1887	1.1843	14.161	1.1091	−
俄罗斯	1.0667	1.1200	1.2094	1.2138	1.1962	1.1942	1.2819	1.2575	17.886	1.1950	−
中国	1.5175	1.5247	1.5284	1.5149	1.5228	1.6408	1.7155	1.7005	12.064	1.5851	−

3.3 中国生产性服务资源错配的测度与分析

前文分析了跨国层面生产性服务资源错配程度，发现中国生产性服务资源错配程度较高，且表现出两个特征：一是中国生产性服务资源错配具有加剧的趋势；二是中国生产性服务资源偏好上游环节。为了进一步刻画中国生产性服务资源环节错配的情况，此处进一步基于中国省级区域层面投入产出表，核算中国生产性服务资源的错配情况。

3.3.1 产业层面的测度结果与分析

为保证测度结果的科学性，在测度中国生产性服务资源错配时，本书继续通过修正 Antràs et al.（2012）模型的形式来测度中国生产性服务资源错配，考虑到中国省级区域的投入产出表与 WIOD 投入产出表存在一定的差异，本书对前文修正后的 Antràs et al.（2012）测度方法进行了适度调整，以适应中国省级区域的投入产出表。借鉴陈晓华和刘慧

（2016）、刘慧等（2016）与唐荣和顾乃华（2018）的研究，即测度过程中不考虑式（3-11）中作为非制造业的中间投入（L_s）和作为制造业的中间投入（Z_s），最终得到

$$U_i - \sum_{j=1}^{N} \frac{d_{ij}(Y_j - I_j)}{Y_i - I_i - X_i + M_i} U_j = 1 \qquad （3-22）$$

借助式（3-22）核算出 U 以后，我们继续采用式（3-21）测算生产性服务资源的错配程度。本书对 2002 年、2007 年和 2012 年这三年的情况进行测度。

2002 年投入产出表中服务业的产业数与 2007 年一致，2012 年的产业数则有较大的变化。表 3-7 报告了这三年中国省级区域投入产出表中服务业代码和名称的调整情况，整体而言，2012 年的投入产出表对 2007 和 2002 年的产业进行了微调。如将 2007 年产业交通运输及仓储业（27）和邮政业（28）合并为交通运输、仓储和邮政（30），也取消了旅游业（35）。根据陈晓华等（2019）和刘慧等（2020），WIOD 提供的生产性服务业数据有批发和中间商服务业（C20）、零售服务业（C21）、住宿和餐饮业（C22）、内陆运输服务业（C23）、水运服务业（C24）、空运服务业（C25）、其他交通支持和辅助服务业（C26）、邮电服务业（C27）和金融服务业（C28）。如果将表 3-7 的产业与 WIOD 产业强行对接[①]，可能会出现"有偏对接"而影响研究结论的可靠性。为此，本书做如下处理：一是将中国投入产出表与 WIOD 投入产出表中名称完全一致的产业进行对接，具体有住宿和餐饮业、金融业，即将这两个产业的上游度值除以美国和德国的值，以观测这两个生产性服务业的资源错配情况。二是前文跨国层面的研究选取美国、德国作为参照国的原因在于美国和德国的生产性服务资源竞争力较强，配置效率相对较高。为此，本书以 2002 年、2007

---

① 由于 WIOD 和中国的投入产出表中只有各产业的名称，没有具体的细分产业名称和代码，强行对接得到的结果可能较为粗糙，科学性和可靠性值得商榷，此外，WIOD 提供的数据中能测度生产性服务业融入制造业环节的数据仅到 2011 年。虽然 2016 年 WIOD 又公布过一次投入产出表，数据更新到 2014 年，但 Antràs et al（2012）方法无法适应 2016 年公布数据的结构，因而以美国和德国作为参照国，无法测度省级区域 2012 年的错配情况。为此，经过慎重思考，本书采用两种方式衡量省级区域生产性服务资源的错配。

年住宿和餐饮业与金融业错配系数相对较小的省份为衡量中国省级区域生产性服务资源错配的参照，以提高估计结果的可靠性。

表3-7　2002年、2007年和2012年投入产出表中的服务产业

2002 年和 2007 年		2012 年	
行业代码	行业名称	行业代码	行业名称
23	电力、热力的生产和供应业	25	电力、热力的生产和供应
24	燃气生产和供应业	26	燃气生产和供应
25	水的生产和供应业	27	水的生产和供应
26	建筑业	28	建筑
27	交通运输及仓储业	30	交通运输、仓储和邮政
28	邮政业	—	—
29	信息传输、计算机服务和软件业	32	信息传输、软件和信息技术服务
30	批发和零售贸易业	29	批发和零售
31	住宿和餐饮业	31	住宿和餐饮
32	金融保险业	33	金融
33	房地产业	34	房地产
34	租赁和商务服务业	35	租赁和商务服务
35	旅游业	—	—
36	科学研究事业	36	科学研究和技术服务
37	综合技术服务业	37	水利、环境和公共设施管理
38	其他社会服务业	38	居民服务、修理和其他服务
39	教育事业	39	教育
40	卫生、社会保障和社会福利业	40	卫生和社会工作
41	文化、体育和娱乐业	41	文化、体育和娱乐
42	公共管理和社会组织	42	公共管理、社会保障和社会组织

　　表3-8报告了2002年、2007年中国30个省级区域①金融业、住宿和餐饮业嵌入制造业上游度与美国、德国的偏离程度。由表3-8可知，江苏、浙江、重庆、广东和山东等省份金融业的偏离度位居前五，这表明这5个地区的金融业为上游原料生产环节提供了大量的服务。这一现象出现的原因可能在于：这5个省份均为中国的工业大省，对上游原料的需求相对较多，从而使得金融服务产业较多地嵌入制造业上游环节，最终导致配置效率低于美国和德国。而上海和北京的偏离系数是最低的，这表明上海

---

　　①　由于西藏的数据不健全，本书并未将其纳入研究样本。

和北京生产性服务资源错配程度较低，配置效率与美国和德国较为接近。北京、上海与江苏、浙江、广东和山东等同属于中国相对发达的区域，而北京和上海金融资源配置效率相对较高，错配程度相对较低。这一现象出现的原因可能在于：虽然北京和上海属于发达区域，但其产业结构中工业占的比重小于江苏、浙江、广东和山东等地，为此，其对上游原料的诉求会少于江苏、浙江、广东和山东等地。从表3-8中2002年、2007年30个省份住宿和餐饮业环节错配程度可以看出，北京和上海的情况与金融资源相似，其他省份的错配程度也与金融业较为相似。有鉴于此，本书以北京和上海为生产性服务资源高配置效率区域的参照，以其余省份各类生产性服务资源与北京、上海之比来衡量自身的资源错配情况。[①]

表3-8　2002年、2007年各省份金融业、住宿和餐饮业融入制造业环节与美、德的偏离度[②]

省份	金融业	住宿和餐饮业	省份	金融业	住宿和餐饮业
北京	0.1938	0.452	河南	0.4237	6.214
天津	2.0148	3.301	湖北	0.7006	2.382
河北	1.4936	6.935	湖南	0.9709	1.585
山西	2.1629	1.796	广东	2.2539	3.52
内蒙古	0.5678	1.265	广西	0.5582	0.831
辽宁	1.5365	7.318	海南	0.8854	4.197
吉林	1.0734	2.891	重庆	3.0715	12.68
黑龙江	0.359	2.932	四川	1.5743	3.034
上海	0.2608	0.575	贵州	1.7092	2.111
江苏	4.1458	8.367	云南	0.579	3.044
浙江	3.3299	5.612	陕西	0.6511	3.081
安徽	0.9165	4.492	甘肃	0.4892	8.557
福建	1.2655	5.833	青海	0.8178	1.905
江西	0.785	5.921	宁夏	1.3287	1.616
山东	2.2167	10.55	新疆	0.3503	2.622

①　由于北京和上海是中国高端生产性服务业最为发达的区域，学界多数研究结论表明其资源配置效率相对较高，即与本书研究结论较为匹配，为此，本书选用北京和上海作为参照有一定的合理性。

②　借鉴陈晓华等（2019）的研究，本书设定偏离度的计算方法为：$(M^a_{2007}-1)^2+(M^d_{2007}-1)^2+(M^a_{2002}-1)^2+(M^d_{2002}-1)^2$，$M^a_{2002}$和$M^a_{2007}$为2002和2007年以美国为参照国的资源错配值（各省特定生产性服务资源环节偏好上游度与美国值之比），M^d_{2002}、M^d_{2007}为2007年以德国为参照国的资源错配值（各省份特定生产性服务资源环节偏好上游度与德国值之比）。

考虑到一方面各省份投入产出表中 2007 年和 2012 年的行业存在较大差异，另一方面服务业包含了生产性服务业和生活性服务业两类。本书做如下处理：一是剔除 2007 年和 2012 产业代码不一致的产业；二是借鉴刘慧等（2020）、陈建军等（2016）、陈晓华等（2019）关于生产性服务业的研究，对部分生活性服务业特征比较明显的产业进行剔除。具体剔除的产业有交通运输及仓储业（2007 年和 2012 年产业名称不一致），邮政业（2007 年和 2012 年产业名称不一致），旅游业（2007 年和 2012 年产业名称不一致），科学研究事业（2007 年和 2012 年产业名称不一致），综合技术服务业（2007 年和 2012 年产业名称不一致），卫生、社会保障和社会福利业（2007 年和 2012 年产业名称不一致），文化、体育和娱乐业（2007 年和 2012 年产业名称不一致）、公共管理和社会组织（2007 年和 2012 年产业名称不一致）①，最终本书所研究的生产性服务业如表 3-9 所示。

表 3-9　2002 年、2007 年和 2012 年投入产出表中的服务产业

2002 年和 2007 年		2012 年	
行业代码	行业名称	行业代码	行业名称
23	电力、热力的生产和供应业	25	电力、热力的生产和供应
24	燃气生产和供应业	26	燃气生产和供应
25	水的生产和供应业	27	水的生产和供应
26	建筑业	28	建筑
29	信息传输、计算机服务和软件业	32	信息传输、软件和信息技术服务
30	批发和零售贸易业	29	批发和零售
31	住宿和餐饮业	31	住宿和餐饮
32	金融保险业	33	金融
33	房地产业	34	房地产
34	租赁和商务服务业	35	租赁和商务服务
39	教育事业	39	教育

基于上述处理方法和前文测度方法，本书测度了中国各省级区域 11 类生产性服务的环节错配情况，图 3-2 报告了产业层面测度结果的核密

---

① 此处所提产业名均为 2007 年投入产出表名称，2002 年投入产出表的服务产业名称与 2012 年投入产出表相同，此处不再赘述。

度估计。由图 3-2 可知：①（a）、（b）两个图均呈现明显的正态分布特征，可见以北京和上海生产性服务业嵌入制造业环节为参照所得测度结果在分布趋势上均是科学的，为此，后文描述性统计和实证所得结论是可靠的；②从核密度估计曲线的动态轨迹上来看，两类参照所得曲线均呈现持续右移的特征，这在一定程度上表明，2002—2012 年中国生产性服务资源环节错配有进一步加剧的趋势，这一结论不仅与表 3-6 中跨国层面研究结论在趋势上高度一致，还进一步印证了本书测度省级区域层面生产性服务资源错配所用方法的正确性。更值得反思的是中国应如何降低生产性服务资源的环节错配程度，以更高效地配置生产性服务资源，进而更好地发挥生产性服务业在制造业强国战略、"补短板，强弱项"目标以及以国内大循环为主体、国内国际双循环相互促进的新发展格局中的作用。

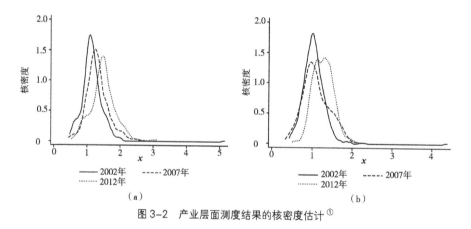

图 3-2 产业层面测度结果的核密度估计①

表 3-10 进一步报告了 2002—2012 年中国省级区域各类生产性服务资源环节错配系数的均值。由表 3-10 可知，从错配系数值来看，各类生产性服务业环节错配系数均呈现出进一步加大的趋势，这进一步印证了前文表 3-6 和图 3-2 的结论。同时，环节错配系数均大于 1，可见与北京、上海相比，中国其他区域生产性服务业嵌入制造业环节时，更偏好上游环节，这一现象出现的原因可能在于：作为制造业大国的中国，各

---

①（a）为以北京为参照的核密度，（b）为以上海为参照的核密度。

省份对制造业原料的需求使得生产性服务业在这一领域有利可图，从而使得大量生产性服务资源流向上游环节，在生产性服务资源稀缺性和有限性约束下，中游生产环节得不到足够的生产服务资源支持，进而导致生产性服务资源的环节错配。此外，水的生产和供应业环节错配系数最大，房地产业的环节错配系数最小，这表明水的生产和供应业给予制造业上游生产环节过度的支持，为此，可通过适当提升水价和适当限制制造业上游环节用水量等措施，提高制造业上游环节的用水效率，从而降低该产业的环节错配程度。值得一提的是：大力提升生产性服务业在制造业上游生产环节配置效率，不仅有助于制造业上游生产环节发展方式的优化，还有助于释放上游生产环节的生产服务资源，为中游高技术生产环节赢得更多的生产性服务业支持，推动生产性服务资源配置效率的整体性提升。

表 3-10   2002—2012 年各类生产性服务业环节错配均值 ①

行业名称	2002 年 b	2002 年 s	2007 年 b	2007 年 s	2012 年 b	2012 年 s	M
电力、热力的生产和供应业	1.3080	1.0615	1.2552	1.1883	1.5184	1.4754	+
燃气生产和供应业	1.2704	1.2398	1.3794	1.3030	1.4206	1.3601	+
水的生产和供应业	1.5828	1.4706	1.6283	1.5497	1.8544	1.7260	+
建筑业	1.0876	1.01274	1.2096	1.1355	1.3157	1.2445	+
信息传输、计算机服务和软件业	1.1007	1.0176	1.2946	1.1639	1.4765	1.3917	+
批发和零售贸易业	1.0685	1.0075	1.2359	1.1326	1.3692	1.2146	+
住宿和餐饮业	1.2524	1.1990	1.3818	1.2949	1.4572	1.3798	+
金融保险业	1.4794	1.2130	1.5283	1.4068	1.6629	1.5801	+
房地产业	1.1612	1.08772	1.2204	1.1214	1.4906	1.1665	+
租赁和商务服务业	1.6569	1.4955	1.8558	1.6646	1.9765	1.7332	+
教育事业	1.1081	1.08921	1.3409	1.2897	1.5758	1.4621	+

3.3.2 省级区域层面的测度结果与分析

前文从跨国和产业层面分析了中国生产性服务资源的环节错配情况，

---

① b 为以北京为参照，特定地区或产业的生产性服务资源错配值；s 为以上海为参照，特定地区或产业的生产性服务资源错配值。

为了进一步了解中国生产性服务资源环节错配情况，本书基于前文数据从区域层面核算了以北京和上海为参照的各省级区域资源错配情况，表3-11报告了相应的估计结果。表3-11的28个省级区域①中有19个的生产性服务业环节错配系数呈现进一步增大的趋势，有9个区域的生产性服务资源环节错配系数呈现出一定的减小趋势，这在很大程度上印证了产业层面和跨国层面的结论。同时，工业化程度相对较高区域（如重庆、江苏、天津、浙江和广东）的生产性服务资源环节错配系数相对较大，这表明工业化程度较高区域的生产性服务资源较多地流向了上游环节，值得一提的是，2002—2012年，江苏、浙江和广东的错配系数呈现出了一定的减小趋势，可见工业发达区域的生产性服务资源的环节错配程度虽然较高，但已经呈现出逐步降低的趋势。此外，有24个省级区域的环节错配系数大于1，有4个省级区域环节错配系数小于1。可以说，对于多数省级区域而言，降低省级区域资源错配程度的最有效方法是引导更多的生产性服务资源流向中下游环节，而对于极少数区域而言，引导生产性服务资源适度向中上游环节流动是减少其生产性服务资源环节错配的重要手段。

表3-11 2002—2012年省级区域生产性服务业环节错配均值②

省份	2002年b	2002年s	2007年b	2007年s	2012年b	2012年s	M
安徽	1.867394	1.670243	1.577263	1.323193	1.897200	1.689879	+
福建	1.064392	0.970456	0.916311	0.763195	1.117706	1.253210	+
甘肃	1.620996	1.459001	1.433455	1.206957	1.870719	1.601780	+
广东	2.199402	1.968429	2.243157	1.869757	2.174633	1.976379	−
广西	1.756009	1.570087	1.604803	1.330291	1.822953	1.619894	+
贵州	0.852158	0.767534	0.875938	0.737401	0.856075	0.739661	+
海南	1.605400	1.461202	1.846345	1.545963	1.964594	1.652232	+
河北	1.964906	1.765264	2.083233	1.743676	2.006211	1.727168	+
河南	1.504682	1.360318	1.890782	1.611247	1.877687	1.602559	+
黑龙江	1.785971	1.612106	1.853722	1.527413	1.781414	1.604182	−
湖北	1.891881	1.712852	1.897048	1.580608	1.664624	1.431231	−

① 上海、北京为高效率参考，故不出现。西藏因数据不全，略去。
② b为以北京为参照，特定地区或产业的生产性服务资源错配值；s为以上海为参照，特定地区或产业的生产性服务资源错配值。

续表

省份	2002 年 b	2002 年 s	2007 年 b	2007 年 s	2012 年 b	2012 年 s	M
湖南	1.955858	1.781360	1.621904	1.342254	1.694531	1.450863	−
吉林	1.005999	0.899080	0.739178	0.623977	0.873124	0.756270	+
江苏	2.162486	1.917518	2.278776	1.886822	2.037462	1.735193	
江西	1.688105	1.509167	1.899291	1.582266	1.930020	1.658641	+
辽宁	1.995261	1.802362	2.036459	1.722080	2.069907	1.773463	+
内蒙古	1.695500	1.514782	1.985979	1.671625	2.188241	1.869663	+
宁夏	1.675034	1.504140	1.764059	1.452173	1.675493	1.472572	+
青海	0.790408	0.707402	0.943445	0.776787	0.785944	0.667115	+
山东	2.165125	1.954593	2.584770	2.163557	1.953794	1.677918	−
山西	1.815099	1.629868	1.815126	1.482194	2.137744	1.789864	+
陕西	1.788464	1.605857	1.600680	1.347656	1.884967	1.631629	+
四川	1.812228	1.642208	1.754322	1.443324	1.741356	1.480818	−
天津	2.335909	2.080025	2.617186	2.134655	2.473438	2.199057	+
新疆	1.800803	1.625345	1.659415	1.395615	1.781520	1.511185	−
云南	0.890821	0.813515	0.904106	0.740900	0.808824	0.693693	+
浙江	2.469075	2.195526	2.553661	2.186438	2.404888	2.168394	−
重庆	2.345171	2.132159	2.627098	2.372286	2.73224	2.470310	+

3.4　本章小结

本章以资源错配测度方法的回顾为切入点，在修正 Antràs et al.
（2012）模型的基础上，形成了生产性服务资源嵌入制造业环节错配的测
度方法，进而以美国和德国为生产性服务资源高配置效率参照国，从跨
国层面识别了主要发展中国家生产性服务资源环节错配系数，随后在识
别出省级区域"参照区"的基础上，从产业和省级区域双层面分析了中
国生产性服务业环节错配情况。本章得到的结论与启示可以归纳为以下
几点。

一是中国的生产性服务资源环节错配程度较高，且错配程度有进一
步提高的趋势。跨国层面测度结果表明，中国生产性服务资源环节错配
系数在样本国中是最高的，且呈显著提升趋势。中国产业和区域层面的
测度结果也表明，中国生产性服务资源环节错配有进一步加剧的趋势。

二是中国生产性服务资源环节错配很大程度上是由生产性服务业偏好嵌

入制造业上游环节造成的。为此，适当引导生产性服务资源流向制造业中下游生产环节，或提高上游制造业环节的生产性服务资源利用效率，为中下游环节进一步释放出生产性服务资源，可以成为降低中国生产性服务资源错配程度的重要手段。当然对于部分省份而言，适当引导生产性服务资源流向中上游是最优选择，为此，应采取差异化的优化方法。三是虽然中国工业水平相对较高区域生产性服务资源嵌入上游生产环节的偏好相对明显，导致环节错配较为严重，但这些区域的环节错配情况有所改善，在产业层面环节错配系数持续增大背景下，这些区域的生产性服务资源环节错配情况能有所改善已是不易，这在一定程度上表明，这些区域的生产性服务业已经逐步走上了错配程度逐步降低、增长质量持续提升的发展之路。值得一提的是，跨国层面测度结果和中国省级区域层面的测度结果均呈现出显著的正态分布特征，而且跨国层面和中国省级区域层面的测度结果具有高度的相似性，这很大程度上表明本章的研究结论是科学可靠的。

4

生产性服务资源错配演进机理的实证分析

前文在修正已有研究方法的基础上，测度了中国生产性服务资源错配的现状，并对中国生产性服务资源错配的特征进行了细致分析。而从实际作用机制视角探索中国生产性服务资源错配，是制定改变生产性服务资源错配现状、提升生产性服务业服务制造业发展水平和生产性服务资源配置效率方面政策的关键所在。为此，本章基于前文研究所得分析结论，从跨国和中国省级区域双层面，从嵌入环节错配视角细致剖析生产性服务资源错配的演进机制，为后文构建破解生产性服务资源错配路径提供科学的经验证据。

4.1 跨国层面生产性服务资源错配演进机理的实证解析

降低一国生产性服务资源错配程度，不仅能够提高生产性服务资源的利用效率，还能有效地提升生产性服务资源服务制造业的能力，促使一国的制造业和生产性服务业发展水平的协同提升，考虑发达国家生产性服务资源配置效率和服务制造业的水平往往高于发展中国家，因而发展中国家面临的生产性服务资源错配压力往往更大。为此，本书以

WIOD 投入产出表中的发展中经济体为跨国研究的对象[①]，以生产性服务资源与资源错配的最新研究为出发点，细致剖析经济发展水平、出口、高等教育（熟练劳动力）、资源禀赋和能源效率等因素对生产性服务资源错配的作用机制。

4.1.1　经济发展水平与生产性服务资源错配

改革开放 40 多年来，中国经济创造了为世界所津津乐道的"增长奇迹"（陈晓华等，2019），经济总量超越日本，成了仅次于美国的世界第二大经济体，人民生活水平和经济发展水平得到了很大的提升。经济发展水平的提升使得中国制造业产业多元化和产品多元化现象日益明显，也使得中国制造业产品的技术内涵水平和技术工艺水平得到了较为明显的提升。由此我们就产生了一个疑问：经济发展水平的提升是否会对生产性服务资源配置效率产生影响，进而缓解或加剧一国生产性服务资源错配？经济发展水平提升和生产性服务资源配置效率提升不仅是中国经济增长质量提升的重要支撑，更是中国经济社会发展水平提升的核心推动力量，为此，研究经济发展水平对生产性服务资源错配的作用机制，不仅有助于我们了解两者的关系，更能为中国制定经济增长质量提升、社会发展水平提升方面的政策提供有益的参考。此外，已有理论分析表明：出口规模、熟练劳动力占比和原料价格等因素均会对生产性服务资源产生影响，而这些因素会对经济增长产生一定的影响。为此，分析经济发展水平对生产性服务资源配置效率的影响，能为制定扩大出口规模、增加熟练劳动力数量和应对原料价格变动的策略提供一定的参考。

考虑到经济增长与生产性服务资源错配之间可能存在一定的内生性风险，为此，采用简单的 OLS 回归，可能会使得估计结论包含内生性偏差。Kao and Chiang（2000）构建的基于滞后项和超前项的动态 OLS（DOLS）估计不仅能有效克服解释变量和被解释变量间的内生性，还能略去控制变量（马兹晖，2008；刘慧等，2015；韩民春和樊琦，2007），这在一定

---

① 为保持研究结果的可靠性和延续性，此处的样本国与第 3 章一致，以 WIOD 中发展中国家为样本。

程度上排除了控制变量缺失和相互干扰之困。有鉴于此，本书采用 Kao and Chiang（2000）的 DOLS 估计来估计经济发展水平对生产性服务资源错配的影响。

事实上，Kao and Chiang（2000）通过修正 OLS 的估计方法提出了偏向修正法（BOLS）、完全修正法（FMOLS）和动态方法（DOLS）来判断两个相关变量之间的作用关系。Kao and Chiang（2000）、韩民春和樊琦（2007）与马兹晖（2008）也明确指出 DOLS 估计所得结论比偏向修正法和完全修正法更为科学、可靠（刘慧等，2015；刘慧和陈晓华，2019），刘慧和陈晓华（2019）指出，DOLS 估计考虑了解释变量几阶超前项（lead）和滞后项（lag），这些超前项和滞后项在很大程度上充当了控制变量，进而控制其他因素对被解释变量的影响。借鉴刘慧和陈晓华（2019）的研究，本书构建以下计量模型：

$$y_{it} = a_i + \beta x_{it} + \sum_{j=-l}^{l} c_{it} \Delta x_{i,t+j} + \varepsilon_{it} \qquad (4\text{--}1)$$

其中，l 为所涉及解释变量的滞后阶数，Δ 为一阶项，ε 为残差，β 为核心解释变量的估计值。Kao and Chiang（2000）、韩民春和樊琦（2007）、马兹晖（2008）与刘慧和陈晓华（2019）的指出，β 是估计方程［式（4-1）］中最为重要的系数，刻画了解释变量对被解释变量的作用机制。考虑到人均 GDP（PGDP）是衡量经济发展水平的关键变量，基于式（4-1），本书将 l 的取值设定为 0 到 4，并构建如下方程检验经济发展水平对生产性服务资源错配的作用机制：

$$CP_{it} = \beta_1 \ln PGDP_{it} + c_1^0 \Delta \ln PGDP_t + \varepsilon_{it}^0 \qquad (4\text{--}2)$$

$$CP_{it} = \beta_1 \ln PGDP_{it} + c_1^1 \Delta \ln PGDP_t + c_2^1 \Delta \ln PGDP_{t-1} + c_3^1 \Delta \ln PGDP_{t+1} + \varepsilon_{it}^1 \qquad (4\text{--}3)$$

$$CP_{it} = \beta_2 \ln PGDP_{it} + c_1^2 \Delta \ln PGDP_t + c_2^2 \Delta \ln PGDP_{t-1} + \\ c_3^2 \Delta \ln PGDP_{t+1} + c_4^2 \Delta \ln PGDP_{t-2} + c_5^2 \Delta \ln PGDP_{t+2} + \varepsilon_{it}^2 \qquad (4\text{--}4)$$

$$CP_{it} = \beta_3 \ln PGDP_{it} + c_1^3 \Delta \ln PGDP_t + c_2^3 \Delta \ln PGDP_{t-1} + c_3^3 \Delta \ln PGDP_{t+1} + \\ c_4^2 \Delta \ln PGDP_{t-2} + c_5^2 \Delta \ln PGDP_{t+2} + c_6^3 \Delta \ln PGDP_{t-3} + c_7^3 \Delta \ln PGDP_{t+3} + \varepsilon_{it}^2 \qquad (4\text{--}5)$$

$$CP_{it} = \beta_1 \ln PGDP_{it} + c_1^4 \Delta \ln PGDP_t + c_2^4 \Delta \ln PGDP_{t-1} + c_3^4 \Delta \ln PGDP_{t+1} +$$
$$c_4^2 \Delta \ln PGDP_{t-2} + c_5^4 \Delta \ln PGDP_{t+2} + c_6^4 \Delta \ln PGDP_{t-3} + c_7^4 \Delta \ln PGDP_{t+3} + \quad (4\text{-}6)$$
$$c_8^2 \Delta \ln PGDP_{t-4} + c_9^4 \Delta \ln PGDP_{t+4} + \varepsilon_{it}^2$$

表 4-1 和表 4-2 分别报告了 l 取 0 到 4 条件下，经济发展水平对生产性服务资源环节错配作用机制的估计结果。根据第 3 章的测度结果，分析经济发展水平对生产性服务资源错配作用机制时，本书采用了以美国和德国为参照的资源错配测度结果，可知两种参照条件下，人均 GDP 变量（经济发展水平）的水平项均呈现出显著为负的特征，且通过了至少 10% 的显著性检验。基于 Kao and Chiang（2000）、韩民春和樊琦（2007）、马兹晖（2008）与刘慧和陈晓华（2019）对 DOLS 估计的研究可知：经济发展水平的提升有助于降低生产性服务资源错配程度，提升经济生产性服务资源的利用效率。这一现象出现的原因可能在于：一方面，经济发展水平的提升往往意味着一国能生产技术复杂度更高的产品（Rodrik，2006），拥有更多技术含量更高和生产工艺更为复杂的高技术产业，从而为生产性服务资源提供更多技术含量更高、资源配置效率更高的匹配对象，进而有助于降低生产性服务资源的错配程度；另一方面，当经济发展水平的提升主要源于工业规模扩大时，也会扩大制造业对上游原料的需求，使得上游原料环节变得更加"有利可图"（刘慧等，2020），从而使得更多的生产性服务资源流向上游环节，进而"挤占"中游高技术含量环节的生产性服务资源，最终在一定程度上加剧生产性服务资源错配。而表 4-1 和表 4-2 的实证结果表明：整体而言，经济发展水平提升对生产性服务资源错配表现出显著的负效应，可见经济发展水平提升所引致的生产性服务资源错配缓解效应大于加剧效应。此外，经济发展水平提升引致的生产性服务资源错配程度降低可能不仅仅来源于制造业，经济发展水平的提升往往也会吸引更多国外高水平生产性服务企业入驻，也为本土高水平生产性服务企业的发展提供了支撑平台，进而提高生产性服务资源的配置效率。

表 4-1 经济增长与生产性服务资源错配（以美国为参照）①

变量	$l=0$	$l=1$	$l=2$	$l=3$	$l=4$
C	0.222646*** （4.336721）	0.230415*** （3.907322）	0.254198*** （3.722255）	0.244315*** （3.114811）	0.338488*** （3.935705）
lnPGDP	−0.013675** （−2.256854）	−0.015489** （−2.230439）	−0.018919** （−2.355493）	−0.016641* （−1.828342）	−0.025129** （−2.575647）
ΔlnPGDP	−0.017744** （−2.297137）	0.008189 （0.562074）	0.017971 （0.859596）	−0.016990 （−0.591618）	−0.044242 （−1.382901）
ΔlnPGDP$_{t-1}$		0.019708 （1.480694）	0.027407 （1.502049）	0.000562 （0.020336）	−0.075074** （−2.429304）
ΔlnPGDP$_{t+1}$		0.026676* （1.944623）	0.022622 （1.215518）	0.014464 （0.606080）	−0.056925* （−1.789977）
ΔlnPGDP$_{t-2}$			0.016580 （1.162078）	−0.014824 （−0.557053）	0.024765 （0.608745）
ΔlnPGDP$_{t+2}$			0.000266 （0.018347）	−0.000699 （−0.031743）	−0.018598 （−0.740776）
ΔlnPGDP$_{t-3}$				−0.005864 （−0.234393）	−0.004755 （−0.139919）
ΔlnPGDP$_{t+3}$				−0.004339 （−0.217876）	−0.005346 （−0.209943）
ΔlnPGDP$_{t-4}$					0.006322 （0.207008）
ΔlnPGDP$_{t+4}$					−0.039560* （−1.825594）
A-R^2	0.009001	0.011571	0.008635	0.010703	0.018960

注：样本国均为发展中国家。***、** 和 * 分别表示 1%、5%、10% 的显著性水平。括号内为 t 统计量。

① 考虑到生产性服务资源与参照国（省份）之比偏离 1 越远，则生产性服务资源错配程度越高，如越大于 1 和越小于 1 的情况均属于生产性服务资源错配程度越高，即错配加剧和缓解均有两个方向，如果直接采用错配系数不仅需从两个方向进行解读，而且会产生误解。为避免这一情况出现，使解读过程更加准确，本章所用的被解释变量（CP）均以（本地区环节偏好系数 / 参照国(省份)环节偏好系数 −1）表示，该系数越大则生产性服务资源错配程度越高。从实际估算结果看，经过上述处理的被解释变量多位于 0 到 1 之间。为此，本书并未对被解释变量进行自然对数处理，以避免被解释变量出现大量负数。

表4-2 经济增长与生产性服务资源错配（以德国为参照）

变量	l=0	l=1	l=2	l=3	l=4
C	0.208270★★★ （6.539942）	0.211109 （5.890612）	0.229920 （5.670736）	0.214857★★★ （4.659198）	0.263499★★★ （4.738748）
lnPGDP	−0.016966★★★ （−4.514016）	−0.017950 （−4.253023）	−0.020909 （−4.384888）	−0.019086★★★ （−3.566758）	−0.023656★★★ （−3.750320）
ΔlnPGDP	0.002169 （0.452573）	0.017302 （1.953993）	0.030926 （2.491591）	0.010895 （0.645297）	−0.006245 （−0.301907）
ΔlnPGDP$_{t-1}$		0.017033 （2.105695）	0.026314 （2.429033）	0.016927 （1.041201）	−0.027108 （−1.356747）
ΔlnPGDP$_{t+1}$		0.011982 （1.437233）	0.008524 （0.771455）	0.010154 （0.723652）	−0.026506 （−1.289156）
ΔlnPGDP$_{t-2}$			0.016640 （1.964433）	0.002701 （0.172609）	0.033721 （1.282058）
ΔlnPGDP$_{t+2}$			−1.69E-05 （−0.001962）	0.007822 （0.604572）	−0.006715 （−0.413697）
ΔlnPGDP$_{t-3}$				0.006086 （0.413764）	0.019096 （0.869183）
ΔlnPGDP$_{t+3}$				0.000849 （0.072487）	−0.000339 （−0.020575）
ΔlnPGDP$_{t-4}$					0.025535 （1.293323）
ΔlnPGDP$_{t+4}$					−0.017004 （−1.213667）
A-R^2	0.010763	0.012001	0.013424	0.010785	0.013730

注：样本国均为发展中国家。★★★表示1%的显著性水平。括号内为t统计量。

为了剖析经济发展水平对生产性服务资源错配影响机制的动态变化趋势，本书进一步将跨国样本区分为1997—2004年和2004—2011年两个阶段①，进而细致剖析经济发展水平对生产性服务资源错配的作用机制。表4-3报告了两个时间段，以美国和德国为参照所得生产性服务资源错配系数的DOLS估计结果。由表4-3可知，在两个时间段和两个参照国条件下，人均GDP的估计系数均呈现出显著的负效应，这进一步证实经济发展水平的提升会降低生产性服务资源错配程度，即经济发展水

---

① 为确保两个时间段的样本容量一样多，且使得l的滞后期数足够大，本书将两个时间段的长度设置为1997—2004年和2004—2011年。

平的提升有助于提升生产性服务资源的配置效率。从动态系数上看，以美国为参照的估计结果和以德国为参照的估计结果中，第二阶段（2004—2011 年）的估计系数均略大于第一阶段（1997—2004 年），这可能在一定程度上表明经济发展水平对生产性服务资源配置效率的边际促进效应在逐步增强。

表4-3　经济增长与生产性服务资源错配（分段回归，DOLS）[①]

变量	以美国为参照		以德国为参照	
	1997—2004 年	2004—2011 年	1997—2004 年	2004—2011 年
C	0.561577 ★★ （2.198862）	−1.620291 ★★ （−2.143817）	0.324070 ★★ （2.468697）	−0.731506 ★★★ （−12.79250）
lnPGDP	−0.056519 ★★ （−2.024781）	−0.173316 ★★ （−2.166019）	−0.034595 ★★ （−2.411240）	−0.075296 ★★★ （−12.43412）
ΔlnPGDP	0.198638 （1.217985）	0.325112 （0.646767）	0.134649 （1.606298）	0.253251 ★★★ （11.58080）
ΔlnPGDP$_{t-1}$	0.088600 （0.558062）	0.836803 ★★ （2.062882）	0.029030 （0.355744）	0.446646 ★★★ （19.48673）
ΔlnPGDP$_{t+1}$	−0.002759 （−0.010228）	0.588574 ★ （1.785622）	−0.108286 （−0.781121）	0.355754 ★★★ （14.43065）
ΔlnPGDP$_{t-2}$	−0.005409 （−0.034603）	−1.544576 ★ （−1.942528）	0.047683 （0.593433）	−0.687019 ★★★ （−12.52420）
ΔlnPGDP$_{t+2}$	−0.065911 （−0.342234）	1.646622 ★★★ （3.266485）	−0.062003 （−0.626351）	0.784530 ★★★ （23.87459）
ΔlnPGDP$_{t-3}$	0.123924 （1.268906）	−0.068753 （−0.290237）	0.068115 （1.356922）	−0.022538 ★ （−1.906441）
ΔlnPGDP$_{t+3}$	−0.148684 （−0.208644）	1.088029 ★★★ （3.529249）	0.142142 （0.388066）	0.545715 ★★★ （24.79368）
A-R^2	0.066265	0.170999	0.115558	0.455279

注：样本国均为发展中国家。★★★、★★ 和 ★ 分别表示 1%、5%、10% 的显著性水平。括号内为 t 统计量。

为了进一步确保前文估计结果的可靠性，本书进一步采用两步最小二乘法（2SLS）就经济增长与生产性服务资源错配间的关系进行实证检验。考虑到经济增长与生产性服务资源之间可能存在潜在的内生性关系，

---

① 回归时本书设置 l 为 0~4 进行回归，当 l 为 4 时，因样本容量问题，估计软件无法给出结果，为此，本书将 l 设置为 3 进行回归。后文同。

本书借鉴邱斌等（2014）的研究，以经济增长变量的滞后一期项为工具变量。另外为了进一步提升估计结果的可靠性，本书加入了相应的控制变量，由于经济发展水平与众多经济变量间都有较为密切的相关关系，为尽量降低多重共线性给本书估计结果带来的有偏影响，本书以经济体的地理优势为控制变量，选取了毗邻大进口国（DG）和沿海（YH）两个变量作为控制变量，表4-4报告了依次加入两个控制变量的估计结果。从2SLS的估计结果可知，以美国为参照和以德国为参照的经济发展水平的变量显著为负，这进一步证实了前文估计结果的准确性。

表4-4 经济增长与生产性服务资源错配（2SLS）

变量	以美国为参照			以德国为参照		
lnPGDP	−0.0205★★★ （−3.629）	−0.0104★ （−1.734）	−0.0104★ （−1.731）	−0.0177★★★ （−5.059）	−0.00976★★★ （−2.628）	−0.00976★★★ （−2.629）
DG		0.0554★★★ （4.708）	0.0528★★★ （4.286）		0.0438★★★ （6.027）	0.0446★★★ （5.864）
YH			0.0121 （0.718）			−0.00376 （−0.361）
C	0.279★★★ （5.787）	0.171★★★ （3.228）	0.162★★★ （2.955）	0.215★★★ （7.194）	0.130★★★ （3.964）	0.133★★★ （3.933）
obs	1876	1876	1876	1876	1876	1876
R^2	0.006	0.018	0.018	0.012	0.031	0.031

注：样本国均为发展中国家。★★★、★分别表示1%、10%的显著性水平。括号内为t统计量。

4.1.2 出口与生产性服务资源错配

出口是一国经济增长的三驾马车之一，对一国的经济增长和社会发展具有重要的促进作用。改革开放以来，中国经济所创造的"经济奇迹"在一定程度上得益于出口的稳健和持续增长。出口的扩大往往意味着本国的产能扩大和获利能力的提升，能为本国进行高水平技术研发提供更大的资金支持，从而有助于本国产品技术内涵的丰富（Rodrik，2006），为生产性服务资源提供更为高质量的匹配对象。为此，本部分借助相应的计量手段，从跨国层面剖析出口对生产性服务资源的实际作用机制，参照前文的研究方法，构建如下计量方程：

$$\ln CP_{it} = \beta_1 \ln EX_{it} + c_1^0 \Delta \ln EX_t + \varepsilon_{it}^0 \tag{4-7}$$

$$\ln CP_{it} = \beta_1 \ln EX_{it} + c_1^1 \Delta \ln EX_t + c_2^1 \Delta \ln EX_{t-1} + c_3^1 \Delta \ln EX_{t+1} + \varepsilon_{it}^1 \tag{4-8}$$

$$\ln CP_{it} = \beta_2 \ln EX_{it} + c_1^2 \Delta \ln EX_t + c_2^2 \Delta \ln EDU_{t-1} + \\ c_3^2 \Delta \ln EX_{t-1} + c_4^2 \Delta \ln EX_{t-2} + c_5^2 \Delta \ln EX_{t+2} + \varepsilon_{it}^2 \tag{4-9}$$

$$\ln CP_{it} = \beta_3 \ln EX_{it} + c_1^3 \Delta \ln EX_t + c_2^3 \Delta \ln EX_{t-1} + c_3^3 \Delta \ln EX_{t+1} + \\ c_4^3 \Delta \ln EX_{t-2} + c_5^3 \Delta \ln EX_{t+2} + c_6^3 \Delta \ln EX_{t-3} + c_7^3 \Delta \ln EX_{t+3} + \varepsilon_{it}^2 \tag{4-10}$$

$$\ln CP_{it} = \beta_1 \ln EX_{it} + c_1^4 \Delta \ln EX_t + c_2^4 \Delta \ln EX_{t-1} + c_3^4 \Delta \ln EX_{t+1} + \\ c_4^4 \Delta \ln EX_{t-2} + c_5^4 \Delta \ln EX_{t+2} + c_6^4 \Delta \ln EX_{t-3} + c_7^4 \Delta \ln EX_{t+3} + \\ c_8^4 \Delta \ln EX_{t-4} + c_9^4 \Delta \ln EX_{t+4} + \varepsilon_{it}^2 \tag{4-11}$$

表 4-5、表 4-6 分别报告了被解释变量以美国为参照和以德国为参照条件下的 DOLS 估计结果。可知，两类回归中 l 取 1 到 4 条件下，出口量的水平项均显著为负，且通过了至少 1% 的显著性检验。这表明一方面，出口扩大能够有效地提升生产性服务资源配置效率，进而降低生产性服务资源的环节错配程度，这一现象出现的本质原因在于：出口不仅具有促进经济增长的作用，还有干中学效应，使得本国生产技术升级和生产环节在国际价值链中升级，进而使得生产性服务资源匹配到更多高水平的环节，提高生产性服务资源的利用效率。另一方面，扩大出口可以成为降低制造业环节错配程度的重要措施。这一结论还具有如下启示：①对于生产性服务资源配置效率较低的中国而言，提振外需显得非常必要和重要；②在新冠肺炎疫情冲击下，很多国家陷入了生产困境，大量的国际订单流向了中国，出口促进生产性服务资源配置效率改进的机制在国外几乎停滞，这也是中国生产性服务资源配置效率赶超发达国家的良好契机。值得一提的是，表 4-5 和表 4-6 中出口变量的估计系数同条件下均大于经济增长变量，这可能在一定程度上表明，出口扩大对生产性服务资源配置效率提升的边际促进作用大于经济发展水平提升。为此，相比于提升经济增长水平而言，扩大出口是促进生产服务资源配置效率提升更优的政策。

表4-5 出口与生产性服务资源错配（以美国为参照）

变量	l=0	l=1	l=2	l=3	l=4
C	0.006670 （0.608690）	0.010546 （0.829529）	0.008033 （0.560765）	−0.003593 （−0.230499）	0.008040 （0.489783）
lnEX	−1.031168★★★ （−10.04822）	−0.991668★★★ （−8.283145）	−0.974802★★★ （−7.199049）	−1.104623★★★ （−7.382881）	−0.945297★★★ （−5.792791）
⊿lnEX	0.302863★★★ （3.037285）	−0.110711 （−0.733440）	0.245961 （1.208742）	0.691716★★★ （3.021392）	0.614603★★★ （2.794242）
⊿lnEX$_{t-1}$		−0.375951★★★ （−2.777194）	−0.353837★★ （−2.050841）	−0.180846 （−0.838483）	0.217000 （0.959199）
⊿lnEX$_{t+1}$		−0.459863★★★ （−3.424081）	−0.183234 （−0.972487）	0.240050 （1.077334）	−0.046968 （−0.183015）
⊿lnEX$_{t-2}$			0.163626 （1.145919）	0.513141★★ （2.540491）	0.432721★ （1.734058）
⊿lnEX$_{t+2}$			0.348434★★ （2.281665）	0.743523★★★ （3.756055）	0.336897 （1.484656）
⊿lnEX$_{t-3}$				−0.304200 （−1.562022）	−0.296736 （−1.179228）
⊿lnEX$_{t+3}$				0.769801★★★ （3.961841）	0.214096 （0.951645）
⊿lnEX$_{t-4}$					−0.346293 （−1.580286）
⊿lnEX$_{t+4}$					−0.403566★ （−1.914275）
A-R^2	0.092665	0.095353	0.098300	0.128102	0.133502

注：样本国均为发展中国家。★★★、★★和★分别表示1%、5%、10%的显著性水平。括号内为t统计量。

表4-6 出口与生产性服务资源错配（以德国为参照）

变量	l=0	l=1	l=2	l=3	l=4
C	−0.005504 （−0.816588）	−0.003471 （−0.453411）	−0.007007 （−0.832161）	−0.013554 （−1.502144）	−0.007264 （−0.697202）
lnEX	−0.736673★★★ （−11.67002）	−0.700562★★★ （−9.716637）	−0.702797 ★★★ （−8.829123）	−0.781373 ★★★ （−9.022127）	−0.716005 ★★★ （−6.913135）
⊿lnEX	0.150101 ★★ （2.447147）	−0.010777 （−0.118557）	0.251219 ★★ （2.100143）	0.530121 ★★★ （4.000301）	0.500939 ★★★ （3.588338）
⊿lnEX$_{t-1}$		−0.126821 （−1.555636）	−0.079167 （−0.780550）	0.038464 （0.308087）	0.298199 ★★ （2.076800）
⊿lnEX$_{t+1}$		−0.196001 ★★ （−2.423341）	0.038346 （0.346200）	0.332931 ★★ （2.581314）	0.202411 （1.242677）

续表

变量	l=0	l=1	l=2	l=3	l=4
$\Delta\ln EX_{t-2}$			0.141139 （1.681428）	0.328996 *** （2.813914）	0.285901 * （1.805141）
$\Delta\ln EX_{t+2}$			0.254029 *** （2.829727）	0.533334 *** （4.654521）	0.359937 ** （2.499161）
$\Delta\ln EX_{t-3}$				−0.163861 （−1.453592）	−0.148259 （−0.928298）
$\Delta\ln EX_{t+3}$				0.456753 （4.061059）	0.165784 （1.161041）
$\Delta\ln EX_{t-4}$					−0.219066 （−1.575091）
$\Delta\ln EX_{t+4}$					−0.233753* （−1.746970）
$A\text{-}R^2$	0.110271	0.114280	0.120246	0.154895	0.160523

注：样本国均为发展中国家。***、** 和 * 分别表示 1%、5%、10% 的显著性水平。括号内为 t 统计量。

表 4-7 进一步报告了 1997—2004 年与 2004—2011 年两个时间段的 DOLS 估计结果。在解释变量以美国为参照和以德国为参照条件下，出口变量的水平项均显著为负，且通过至少 10% 的显著性检验。这表明在两个时间段中，出口变量均对生产性服务资源错配产生显著的缓解作用，这也印证了表 4-5 和表 4-6 的估计结论，证实了前文估计结果的准确性。此外，出口变量第二阶段（2004—2011 年）的估计系数均略大于第一阶段（1997—2004 年），这可能在一定程度上表明：出口变量对生产性服务资源错配的边际缓解作用呈现出逐步增强的趋势，出口对生产性服务资源错配的环节作用日趋增大。

表 4-7　出口与生产性服务资源错配（分段回归，DOLS）

变量	以美国为参照		以德国为参照	
	1997—2004 年	2004—2011 年	1997—2004 年	2004—2011 年
C	0.040111 （1.032995）	−0.057407 （−0.573540）	0.039603 ** （1.994951）	−0.076701 （−1.629290）
$\ln EX$	−0.018565 ** （−2.105106）	−1.498237 * （−1.744497）	−0.098918 * （−1.951165）	−1.180560 *** （−2.922661）
$\Delta\ln EX$	3.053663 （0.036876）	−1.125599 （−0.318276）	1.446992 （0.384319）	−0.821210 （−0.493714）

续表

变量	以美国为参照		以德国为参照	
	1997—2004 年	2004—2011 年	1997—2004 年	2004—2011 年
$\Delta\ln EX_{t-1}$	2.015902 （1.524228）	−4.660023 （−1.632051）	1.064670 （1.574601）	−2.917260 ★★ （−2.172310）
$\Delta\ln EX_{t+1}$	2.821308 ★★★ （3.627563）	−0.184736 （−0.053156）	1.710613 ★★★ （4.302206）	0.045289 （0.027707）
$\Delta\ln EX_{t-2}$	1.560344 （1.278664）	2.238923 （0.553769）	0.861663 （1.381174）	2.048498 （1.077274）
$\Delta\ln EX_{t+2}$	2.249253 ★★★ （2.846031）	−2.005494 （−0.605248）	1.484047 （3.673025）	−0.961659 （−0.617069）
$\Delta\ln EX_{t-3}$	2.910235 ★ （1.944589）	−1.441675 （−1.121498）	1.514816 ★★ （1.979861）	−0.573830 （−0.949107）
$\Delta\ln EX_{t+3}$	2.606097 ★★★ （2.367638）	−0.956838 （−0.432088）	1.940411 ★★★ （3.448208）	−1.178636 （−1.131655）
$A\text{-}R^2$	0.243002	0.193616	0.290630	0.268406

注：样本国均为发展中国家。★★★、★★ 和 ★ 分别表示 1%、5%、10% 的显著性水平。括号内为 t 统计量。

参照前文的研究，本书进一步采用 2SLS 估计分析出口对生产性服务资源错配的作用机制，工具变量参考邱斌等（2014）的做法，以出口变量的一期滞后项为工具变量：首先，在依次加入控制变量的情况下，出口变量均显著为负，这进一步证实了出口规模扩大有助于生产性服务资源配置效率提升的结论；其次，出口对生产性服务资源效率提升具有稳健的促进功能；最后，就提升生产性服务资源配置效率而言，稳出口和扩大出口仍应成为中国未来很长一段时间的国策（见表 4-8）。

表 4-8 出口与生产性服务资源错配（2SLS）

变量	以美国为参照			以德国为参照		
lnEX	−0.0790★★★ （−9.420）	−0.0713★★★ （−7.910）	−0.0727★★★ （−7.922）	−0.0544★★★ （−10.51）	−0.0468★★★ （−8.428）	−0.0490★★★ （−8.681）
DG		0.0283★★ （2.427）	0.0303★★ （2.527）		0.0280★★★ （3.906）	0.0313★★★ （4.248）
YH			−0.0123 （−0.730）			−0.0202★ （−1.945）
C	0.307★★★ （13.90）	0.276★★★ （10.74）	0.290★★★ （9.250）	0.204★★★ （14.95）	0.173★★★ （10.94）	0.195★★★ （10.13）

续表

变量	以美国为参照			以德国为参照		
obs	1876	1876	1876	1876	1876	1876
R^2	0.046	0.050	0.050	0.059	0.067	0.069

注：样本国均为发展中国家。***、** 和 * 分别表示 1%、5%、10% 的显著性水平。括号内为 t 统计量。

4.1.3 高等教育与生产性服务资源错配

熟练劳动力是一国参与国际竞争、保持国际竞争优势的重要支撑，而熟练劳动规模扩大主要依赖高等教育（赵颖，2016；陈晓华等，2019）。熟练劳动力是影响生产性服务资源环节错配的重要变量（陈晓华等，2019），为此，本部分将借助 DOLS 估计，细致分析高等教育对生产性服务资源错配的作用机制。高等教育既是一国人力资本数量和质量提升的重要推动力量，也是一国企业进军前沿技术行业的重要支撑，更是经济增长质量提升和经济发展方式转变的核心推动力量。为此，细致分析高等教育对生产性服务资源错配的作用机制不仅有助于掌握高等教育和熟练劳动力对生产性服务资源错配的作用机制，还对中国当前制定经济发展方式转变的政策具有一定的参考价值。实证中以联合国教科文组织提供的各国高校入学率的自然对数表示（lnEDU），为此构建如下DOLS 计量方程：

$$\ln CP_{it} = \beta_1 \ln EDU_{it} + c_1^0 \Delta \ln EDU_t + \varepsilon_{it}^0 \tag{4-12}$$

$$\ln CP_{it} = \beta_1 \ln EDU_{it} + c_1^1 \Delta \ln EDU_t + c_2^1 \Delta \ln EDU_{t-1} + c_3^1 \Delta \ln EDU_{t+1} + \varepsilon_{it}^1 \tag{4-13}$$

$$\ln CP_{it} = \beta_1 \ln EDU_{it} + c_1^2 \Delta \ln EDU_t + c_2^4 \Delta \ln EDU_{t-1} + c_3^2 \Delta \ln EDU_{t+1} + c_4^2 \Delta \ln EDU_{t-2} + c_7^2 \Delta \ln EDU_{t+2} + \varepsilon_{it}^2 \tag{4-14}$$

$$\ln CP_{it} = \beta_3 \ln EDU_{it} + c_1^3 \Delta \ln EDU_t + c_2^3 \Delta \ln EDU_{t-1} + c_3^3 \Delta \ln EDU_{t+1} + c_4^3 \Delta \ln EDU_{t-2} + c_5^3 \Delta \ln EDU_{t+2} + c_6^3 \Delta \ln EDU_{t-3} + c_7^3 \Delta \ln EDU_{t+3} + \varepsilon_{it}^3 \tag{4-15}$$

$$\ln CP_{it} = \beta_1 \ln EDU_{it} + c_1^4 \Delta \ln EDU_t + c_2^4 \Delta \ln EDU_{t-1} + c_3^4 \Delta \ln EDU_{t+1} + c_4^4 \Delta \ln EDU_{t-2} + c_5^4 \Delta \ln EDU_{t+2} + c_6^4 \Delta \ln EDU_{t-3} + c_7^4 \Delta \ln EDU_{t+3} + c_8^4 \Delta \ln EDU_{t-4} + c_9^4 \Delta \ln EDU_{t+4} + \varepsilon_{it}^3 \tag{4-16}$$

　　表4-9、表4-10分别报告了被解释变量以美国为参照和以德国为参照条件下的DOLS估计结果。两类回归中l取1到4条件下，高等教育变量的水平项均显著为负，且通过了至少10%的显著性检验。可见高等教育规模的扩大有助于降低生产性服务资源错配程度，高等教育规模扩大有助于人力资本积累，这也从一个侧面表明：熟练劳动力数量的提升有助于生产性服务资源错配程度的降低。从这一结论我们可以得到如下启示：首先对于中国而言，再大幅度扩大高等教育规模的难度非常大，因而提升高等教育质量是进一步发挥高等教育消除生产性服务资源错配作用的关键途径；其次可以进一步扩大社会技能培训的规模，社会技能培训能够有效地弥补高等教育无法"触及"之处，成为人力资本提升的重要支撑力量，为此，可以鼓励社会技能培训规模的进一步扩大；最后可以考虑引进国外优质的高等教育资源，助力中国高等教育规模的扩大和质量的提升，从而最大化高等教育对生产性服务资源错配的缓解作用，也为中国经济发展方式优化提供更多的高素质人力资本。

表4-9　高等教育与生产性服务资源错配（以美国为参照）

变量	$l=0$	$l=1$	$l=2$	$l=3$	$l=4$
C	0.287310★★★ （6.726998）	0.220172★★★ （3.966041）	0.278706★★★ （4.088119）	0.908513★ （1.828657）	−3.449080 ★★★ （−4.077475）
lnEDU	−0.050579★★★ （−4.196762）	−0.034741★★ （−2.263373）	−0.049494★★★ （−2.688472）	−0.240914 ★ （−1.719293）	−1.016488 ★★★ （−4.304657）
ΔlnEDU	−0.039601★★★ （−2.844632）	0.008295 （0.293731）	−0.015529 （−0.310732）	0.187886 ★ （1.807300）	−0.288672 ★★ （−2.021873）
ΔlnEDU$_{t-1}$		0.047334 （1.660239）	0.061055 （1.358358）	0.233923 ★★ （2.247994）	−0.049279 （−0.331493）
ΔlnEDU$_{t+1}$		0.075273★★ （2.469930）	0.047033 （1.080987）	0.123985 （1.442213）	0.800914 ★★★ （5.081851）
ΔlnEDU$_{t-2}$			0.017502 （0.459433）	0.152521 ★ （1.734455）	−0.928306 ★★★ （−5.506921）
ΔlnEDU$_{t+2}$			−0.052829 （−1.558182）	0.029919 （0.454210）	0.496230 ★★★ （4.174524）
ΔlnEDU$_{t-3}$				0.080123 （1.410344）	−0.845788 ★★★ （−6.518428）
ΔlnEDU$_{t+3}$				0.038187 （0.810525）	0.387522 ★★★ （4.648467）

续表

变量	l=0	l=1	l=2	l=3	l=4
$\Delta\ln EDU_{t-4}$					−0.768468 ★★★ （−7.907524）
$\Delta\ln EDU_{t+4}$					0.279625 ★★★ （4.839749）
A-R^2	0.248687	0.251387	0.255139	0.343307	0.450954

注：样本国均为发展中国家。★★★、★★ 和 ★ 分别表示 1%、5%、10% 的显著性水平。括号内为 t 统计量。

表4-10 高等教育与生产性服务资源错配（以德国为参照）

变量	l=0	l=1	l=2	l=3	l=4
C	0.281706 ★★★ （9.793507）	0.235622 ★★★ （6.480340）	0.254871 ★★★ （5.890330）	0.213476 ★★★ （4.015668）	−2.254623★★★ （−3.719512）
$\ln EDU$	−0.060261 ★★★ （−7.413996）	−0.049619 ★★★ （−4.916324）	−0.053786 ★★★ （−4.593469）	−0.043058★★★ （−3.091749）	−0.062503★★★ （−3.915145）
$\Delta\ln EDU$	0.002737 （0.302481）	0.037564 ★★ （2.052285）	0.024093 （0.739575）	−0.012598 （−0.302743）	−0.187764★ （−1.835206）
$\Delta\ln EDU_{t-1}$		0.046197 ★★ （2.513391）	0.046697 （1.589320）	0.051384 （1.222952）	−0.054619 （−0.512725）
$\Delta\ln EDU_{t+1}$		0.050512 ★★ （2.567685）	0.030429 （1.098031）	0.040517 （1.100399）	0.517774★★★ （4.584582）
$\Delta\ln EDU_{t-2}$			0.006064 （0.240626）	0.008488 （0.213245）	−0.579942★★★ （−4.800939）
$\Delta\ln EDU_{t+2}$			−0.021881 （−1.007423）	−0.016251 （−0.533059）	0.361034★★★ （4.238335）
$\Delta\ln EDU_{t-3}$				0.034883 （1.068876）	−0.525082★★★ （−5.647194）
$\Delta\ln EDU_{t+3}$				−0.010837 （−0.404263）	0.288053★★★ （4.821803）
$\Delta\ln EDU_{t-4}$					−0.473555★★★ （−6.799995）
$\Delta\ln EDU_{t+4}$					0.200935★★★ （4.853190）
A-R^2	0.158308	0.159927	0.160249	0.154300	0. 171741

注：样本国均为发展中国家。★★★、★★ 和 ★ 分别表示 1%、5%、10% 的显著性水平。括号内为 t 统计量。

表4-11进一步报告了分段回归的估计结果。在1997—2004年与2004—2011年两个时间段的DOLS估计结果中，高等教育变量均显著为负，且通过了10%的显著性检验，可见在两个时间段里，高等教育均能对生产性服务资源环节错配起到有效的缓解作用。高等教育变量第二阶段（2004—2011年）的估计系数均略大于第一阶段（1997—2004年），这与经济发展水平和出口的估计系数相似，这也表明：高等教育对生产性服务资源错配的边际缓解作用也随时间的变化而逐渐增大，分段回归的估计系数与整体的估计系数相同也在很大程度上证实了前文结论的正确性。

表4-11　高等教育与生产性服务资源错配（分段回归，DOLS）

变量	以美国为参照		以德国为参照	
	1997—2004年	2004—2011年	1997—2004年	2004—2011年
C	0.275549 ★★★ （11.04522）	−1.204721 ★★★ （−5.003157）	0.224705 ★★★ （5.987863）	−0.581784 ★★★ （−17.68450）
lnPGDP	−0.061443 ★★★ （−7.289622）	−0.365255 ★★★ （−5.414801）	−0.048510 ★★★ （−5.163513）	−0.179106 ★★★ （−15.26657）
ΔlnPGDP	0.195094 （1.263773）	−1.675345 ★★★ （−4.651868）	0.650651 ★★★ （5.506415）	−1.508797 ★★★ （−12.58741）
ΔlnPGDP$_{t-1}$	−0.121062 ★★★ （−2.725990）	−2.605358 ★★★ （−7.600584）	−0.301367 ★★★ （−5.212239）	−1.761898 ★★★ （−13.50622）
ΔlnPGDP$_{t+1}$	−0.130488 （−0.980340）	2.204846 ★★★ （6.252830）	−0.242214 ★★★ （−4.379786）	1.482394 ★★★ （13.93815）
ΔlnPGDP$_{t-2}$	−0.067876 （−1.498137）	0.432542 （1.028752）	−0.310498 ★★★ （−4.982181）	0.822790 ★★★ （6.058569）
ΔlnPGDP$_{t+2}$	−0.045282 （−0.336861）	2.906932 ★★★ （5.535230）	−0.227380 ★★★ （−2.980916）	1.709521 ★★★ （12.22730）
ΔlnPGDP$_{t-3}$	0.008773 （0.211978）	−0.538769 ★★★ （−4.481046）	0.046825 （1.452361）	−0.142664 ★★ （−2.516367）
ΔlnPGDP$_{t+3}$	0.181574 （0.904549）	1.232552 ★★★ （3.955919）	0.453038 ★★★ （4.163086）	1.101651 ★★★ （22.95456）
A-R^2	0.021520	0.328714	0.129884	0.368912

注：样本国均为发展中国家。★★★、★★分别表示1%、5%的显著性水平。括号内为 t 统计量。

参照前文的研究，本书进一步采用 2SLS 估计分析高等教育对生产性服务资源错配的作用机制，工具变量参考邱斌等（2014）的做法，以高等教育变量的一期滞后项为工具变量。由表 4-12 可知，在依次加入控制变量的情况下，高等教育变量在 2SLS 估计结果中均显著为负，且通过了 1% 的显著性检验，可见高等教育能较好地提升生产性服务资源的配置效率，进而降低生产性服务资源环节错配程度。这一现象出现的原因在于：高等教育是人力资源积累的重要来源，人力资本规模的扩大往往会推动一国制造业产业升级，从而为生产性服务业提供更多的高技术含量的匹配对象和匹配环节，进而降低生产性服务资源环节错配程度。

表 4-12　高等教育与生产性服务资源错配（2SLS）

变量	以美国为参照			以德国为参照		
EDU	−0.0726***	−0.0530***	−0.0542***	−0.0550***	−0.0404***	−0.0406***
	（−6.746）	（−4.296）	（−4.356）	（−8.098）	（−5.209）	（−5.186）
DG		0.0480***	0.0437***		0.0355***	0.0348***
		（3.288）	（2.752）		（3.859）	（3.486）
YH			0.0133			0.00202
			（0.696）			（0.167）
C	0.365***	0.274***	0.269***	0.264***	0.197***	0.196***
	（9.451）	（5.765）	（5.590）	（10.85）	（6.577）	（6.471）
obs	1534	1534	1534	1534	1534	1534
R^2	0.028	0.035	0.035	0.040	0.049	0.049

注：*** 表示 1% 的显著性水平。括号内为 t 统计量。

4.1.4　制造业出口技术复杂度与生产性服务资源错配

生产性服务资源能将专业化分工日益深化的知识资本和人力资本引入到工业生产过程中，从而促进工业的技术进步与效率提升（于斌斌，2018；唐晓华等，2018），为此，生产性服务资源是一国高技术产业规模扩大和质量提升的重要推动力量。生产性服务资源的本质是为制造业生产网络的衔接和运转提供各种知识密集型中间服务（Markusen et al.，2005），融入制造业既是生产性服务业的立足之本，也是生产性服务业发挥其各项功能的主要途径（赵伟和郑雯雯，2011；谭洪波，2015）。由此我们自然就产生了一个疑问，当生产性服务业立足的"本"发生变化时，其错配情况会发生什么样的变化呢？为此，本部分深入分析制造业产品技术内涵变化对生产性服务资源错配的影响。根据 Rodirk（2006）、Schott（2006）和陈晓华等（2011）的研究，本书以制造业出口产品技术复杂度来衡量制造业的产品内涵，借鉴刘慧等（2016）和陈晓华等（2019）的研究，以相似度法测度出制造业出口技术复杂度，借鉴前文的研究，此处构建以下计量方程进行实证分析：

$$\ln CP_{it} = \beta_1 \ln FZD_{it} + c_1^0 \Delta \ln FZD_t + \varepsilon_{it}^0 \qquad (4-17)$$

$$\ln CP_{it} = \beta_1 \ln FZD_{it} + c_1^1 \Delta \ln FZD_t + c_2^1 \Delta \ln FZD_{t-1} + c_3^1 \Delta \ln FZD_{t+1} + \varepsilon_{it}^0 \qquad (4-18)$$

$$\ln CP_{it} = \beta_2 \ln FZD_{it} + c_1^2 \Delta \ln FZD_t + c_2^2 \Delta \ln FZD_{t-1} + \\ c_3^2 \Delta \ln FZD_{t+1} + c_4^2 \Delta \ln FZD_{t-2} + c_5^2 \Delta \ln FZD_{t+2} + \varepsilon_{it}^2 \qquad (4-19)$$

$$\ln CP_{it} = \beta_3 \ln FZD_{it} + c_1^3 \Delta \ln FZD_t + c_2^3 \Delta \ln FZD_{t-1} + c_3^3 \Delta \ln FZD_{t+1} + \\ c_4^3 \Delta \ln FZD_{t-2} + c_5^3 \Delta \ln FZD_{t+2} + c_6^3 \Delta \ln FZD_{t-3} + c_7^3 \Delta \ln FZD_{t+3} + \varepsilon_{it}^2 \qquad (4-20)$$

$$\ln CP_{it} = \beta_1 \ln FZD_{it} + c_1^4 \Delta \ln FZD_t + c_2^4 \Delta \ln FZD_{t-1} + c_3^4 \Delta \ln FZD_{t+1} + \\ c_4^4 \Delta \ln FZD_{t-2} + c_5^4 \Delta \ln FZD_{t+2} + c_6^4 \Delta \ln FZD_{t-3} + c_7^4 \Delta \ln FZD_{t+3} + \\ c_8^4 \Delta \ln FZD_{t-4} + c_9^4 \Delta \ln FZD_{t+4} + \varepsilon_{it}^4 \qquad (4-21)$$

表4-13、表4-14分别报告了被解释变量以美国为参照和以德国为参照条件下，制造业出口技术复杂度对生产性服务资源错配的作用机制。在 DOLS 估计结果中，1—4 期条件下制造业出口技术复杂度的水平项表现出显著为负的特征。这表明：制造业出口技术复杂度提升会对生产性服务资源错配产生显著的负向影响，即有助于生产性服务资源配置效率的提升。这一现象出现的本质原因可能在于：制造业出口技术复杂度的提升往往意味着一国制造业的技术升级或生产环节升级，进而使得生产性服务资源能够匹配到技术含量更高、生产过程更为复杂和生产效率更高的环节，从而提升一国生产性服务资源的配置效率，进而降低一国生产性服务资源环节错配的程度。由此可见，提升一国制造业技术内涵水平有助于提升生产性服务资源配置效率。由此我们还可以得到如下启示：一是制造业强国目标和生产性服务业强国目标是相辅相成的，任何

一个目标的实现均会对另外一个目标产生积极的正效应；二是快速实现制造业技术内涵升级可以成为中国消除生产性服务资源环节错配的重要途径。

表4-13　出口技术复杂度与生产性服务资源环节错配（以美国为参照）

变量	l=0	l=1	l=2	l=3	l=4
C	−0.019879 （−0.734070）	−0.025080 （−0.767823）	−0.032492 （−0.857612）	−0.040168 （−0.947326）	−0.012877 （−0.287963）
lnFZD	−0.338469 *** （−4.716199）	−0.358327 *** （−4.154069）	−0.374438 *** （−3.771695）	−0.400952 *** （−3.655688）	−0.316882 *** （−2.764805）
ΔlnFZD	−0.181579 ** （−2.521584）	−0.402756 *** （−3.373929）	−0.410736 ** （−2.355081）	−0.567118 *** （−2.746449）	−0.571208 *** （−2.646963）
ΔlnFZD$_{t-1}$		−0.277093 ** （−2.573725）	−0.285260 ** （−1.977463）	−0.612093 *** （−2.929797）	−0.636902 *** （−2.896682）
ΔlnFZD$_{t+1}$		−0.202080 * （−1.753164）	−0.155051 （−0.983836）	−0.207123 （−0.997579）	−0.327970 （−1.445520）
ΔlnFZD$_{t-2}$			−0.026076 （−0.229480）	−0.360951 * （−1.940699）	−0.296554 （−1.207985）
ΔlnFZD$_{t+2}$			−0.030519 （−0.250766）	−0.095249 （−0.530790）	−0.172157 （−0.850852）
ΔlnFZD$_{t-3}$				−0.279594 * （−1.786135）	−0.141213 （−0.639383）
ΔlnFZD$_{t+3}$				−0.069893 （−0.481525）	−0.260648 （−1.443142）
ΔlnFZD$_{t-4}$					−0.039521 （−0.217670）
ΔlnFZD$_{t+4}$					−0.266245 * （−1.864921）
A-R^2	0.011787	0.015464	0.015372	0.022231	0.027273

注：样本国均为发展中国家。***、** 和 * 分别表示1%、5%、10%的显著性水平。括号内为 t 统计量。

表4-14　出口技术复杂度与生产性服务资源环节错配（以德国为参照）

变量	l=0	l=1	l=2	l=3	l=4
C	−0.018126 （−1.078331）	−0.024827 （−1.248869）	−0.033926 （−1.505944）	−0.041165 * （−1.654641）	−0.031944 （−1.107930）
lnFZD	−0.224170 *** （−5.032391）	−0.241550 *** （−4.601059）	−0.261406 *** （−4.428257）	−0.283827 *** （−4.410542）	−0.256918 *** （−3.476761）

续表

变量	l=0	l=1	l=2	l=3	l=4
ΔlnFZD	-0.106970 ★★ （-2.393266）	-0.188663 ★★ （-2.596789）	-0.213586 ★★★ （-2.059564）	-0.307386 ★★ （-2.537130）	-0.359928 ★★★ （-2.586920）
ΔlnFZD$_{t-1}$		-0.116584 ★★ （-1.779228）	-0.136240 （-1.588302）	-0.325421 ★★ （-2.654775）	-0.378745 ★★★ （-2.671708）
ΔlnFZD$_{t+1}$		-0.062820 （-0.895471）	-0.021713 （-0.231696）	-0.064343 （-0.528182）	-0.148757 （-1.016909）
ΔlnFZD$_{t-2}$			-0.038897 （-0.575679）	-0.221171 ★★ （-2.026744）	-0.205443 （-1.297964）
ΔlnFZD$_{t+2}$			-0.009052 （-0.125088）	-0.048196 （-0.457754）	-0.106975 （-0.820018）
ΔlnFZD$_{t-3}$				-0.164255 （-1.788402）	-0.097558 （-0.685117）
ΔlnFZD$_{t+3}$				-0.039250 （-0.460875）	-0.106078 （-0.910951）
ΔlnFZD$_{t-4}$					0.008718 （0.074476）
ΔlnFZD$_{t+4}$					-0.088350 （-0.959845）
A-R^2	0.013341	0.015498	0.012676	0.026276	0.027512

注：样本国均为发展中国家。★★★、★★ 和 ★ 分别表示 1%、5%、10% 的显著性水平。括号内为 t 统计量。

表 4-15 报告了制造业出口技术复杂度对生产性服务资源错配作用机制的分段回归估计结果。由表 4-15 可知，两个时间段条件下，以美国为参照和以德国为参照的估计结果中，制造业出口技术复杂度的估计系数均显著为负，且通过了至少 5% 的显著性检验。这表明：在两个时间段中，制造业出口技术复杂度提升均有助于生产性服务资源配置效率的提高，这进一步印证了前文估计结果的准确性。

表 4-15 制造业出口技术复杂度与生产性服务资源错配（分段回归）

变量	以美国为参照		以德国为参照	
	1997—2004 年	2004—2011 年	1997—2004 年	2004—2011 年
C	0.088961 ★★★ （4.534758）	-0.192522 ★★★ （-5.731701）	0.074677 （1.168453）	-0.123478 ★★★ （-6.441280）
lnFZD	-0.157757 ★★★ （-3.772936）	-0.873615 ★★★ （-10.850820）	-0.051872 ★★ （-2.385589）	-0.507576 ★★★ （-10.715870）

续表

变量	以美国为参照		以德国为参照	
	1997—2004 年	2004—2011 年	1997—2004 年	2004—2011 年
$\Delta\ln FZD$	−2.241401 *** (−22.576870)	−1.026917 *** (−14.883660)	−1.082327 (−0.347797)	−0.145867 ** (−2.390504)
$\Delta\ln FZD_{t-1}$	−1.590079 *** (−13.168220)	−0.639647 *** (−4.896238)	−0.937368 ** (−1.967228)	−0.419586 *** (−4.730892)
$\Delta\ln FZD_{t+1}$	−2.228306 *** (−12.580080)	−0.362511 ** (−2.199781)	−1.419340 ** (−2.441952)	−0.089624 (−0.821256)
$\Delta\ln FZD_{t-2}$	0.884197 *** (11.105760)	−0.785906 *** (−3.843214)	0.544323 * (1.844361)	−0.358975 ** (−2.247685)
$\Delta\ln FZD_{t+2}$	0.480986 *** (2.841189)	0.134009 (0.985217)	0.260595 (0.847767)	0.038569 (0.466223)
$\Delta\ln FZD_{t-3}$	0.609738 *** (3.077529)	−0.616890 *** (−5.881486)	−0.127445 (−0.266548)	−0.517191 *** (−13.216010)
$\Delta\ln FZD_{t+3}$	−0.737354 *** (−3.684351)	0.119268 (0.549661)	0.072717 (0.148498)	−0.265304 ** (−2.490658)
A-R^2	0.113971	0.138237	0.122188	0.173136

注：样本国均为发展中国家。***、** 和 * 分别表示 1%、5%、10% 的显著性水平。括号内为 t 统计量。

表4-16 报告了 2SLS 的估计结果，与前文相似的是此处继续借鉴邱斌（2014）的研究，以制造业出口技术复杂度的一期滞后项为工具变量。由表4-16 可知，制造业出口技术复杂度在六个方程中均表现出显著为负的特征，这进一步证实了前文实证结果的可靠性。

表4-16 制造业出口技术复杂度与生产性服务资源错配（2SLS）

变量	以美国为参照			以德国为参照		
FZD	−0.0828*** (−6.518)	−0.0717*** (−5.577)	−0.0722*** (−5.616)	−0.0613*** (−7.823)	−0.0521*** (−6.598)	−0.0521*** (−6.604)
DG		0.0521*** (4.559)	0.0496*** (4.134)		0.0433*** (6.174)	0.0434*** (5.891)
YH			0.0117 (0.668)			−0.000305 (−0.029)
C	−0.113*** (−3.309)	−0.105*** (−3.079)	−0.115*** (−3.137)	−0.0970*** (−4.613)	−0.0902*** (−4.325)	−0.0899*** (−3.998)
obs	1824	1824	1824	1824	1824	1824
R^2	0.019	0.031	0.031	0.030	0.051	0.051

注：*** 表示 1% 的显著性水平。括号内为 t 统计量。

4.1.5　资源禀赋与生产性服务资源错配

传统比较优势理论认为，一国的要素资源禀赋在很大程度上决定了一国的进出口结构。随着科学技术的发展，资源要素禀赋对进出口结构的约束虽然没有传统比较优势理论所描述的那么强，但其仍然对产业结构具有重要的影响，是制约产业结构和产业发展的关键因素。原材料的价格会对生产性服务资源错配产生深刻的影响，而资源丰裕度往往会影响资源的价格。此外，资源丰富的经济体往往倾向于从事资源密集型产业，而资源密集型产业多为上游资金密集型产业（陈晓华等，2019），使得生产性服务资源较多地嵌入上游环节，进而影响生产性服务资源的配置效率和环节错配。由此可见，资源禀赋会对生产性服务资源配置效率产生深刻的影响。本部分将细致分析资源禀赋对生产性服务资源错配的作用机制，实证中资源禀赋变量（ZY）以 WIOD 中各国矿产业总产出与制造业总产出百分比的自然对数表示，为此构建如下计量方程：

$$\ln CP_{it} = \beta_1 \ln ZY_{it} + c_1^0 \Delta \ln ZY_t + \varepsilon_{it}^0 \tag{4-22}$$

$$\ln CP_{it} = \beta_1 \ln ZY_{it} + c_1^1 \Delta \ln ZY_t + c_2^1 \Delta \ln ZY_{t-1} + c_3^1 \Delta \ln ZY_{t+1} + \varepsilon_{it}^0 \tag{4-23}$$

$$\ln CP_{it} = \beta_2 \ln ZY_{it} + c_1^2 \Delta \ln ZY_t + c_2^2 \Delta \ln ZY_{t-1} + \\ c_3^2 \Delta \ln ZY_{t+1} + c_4^2 \Delta \ln ZY_{t-2} + c_5^2 \Delta \ln ZY_{t+2} + \varepsilon_{it}^2 \tag{4-24}$$

$$\ln CP_{it} = \beta_3 \ln ZY_{it} + c_1^3 \Delta \ln ZY_t + c_2^3 \Delta \ln ZY_{t-1} + c_3^3 \Delta \ln ZY_{t+1} + \\ c_4^3 \Delta \ln ZY_{t-2} + c_5^3 \Delta \ln ZY_{t+2} + c_6^3 \Delta \ln ZY_{t-3} + c_7^3 \Delta \ln ZY_{t+3} + \varepsilon_{it}^2 \tag{4-25}$$

$$\ln CP_{it} = \beta_1 \ln ZY_{it} + c_1^4 \Delta \ln ZY_t + c_2^4 \Delta \ln ZY_{t-1} + c_3^4 \Delta \ln ZY_{t+1} + \\ c_4^4 \Delta \ln ZY_{t-2} + c_5^4 \Delta \ln ZY_{t+2} + c_6^4 \Delta \ln ZY_{t-3} + c_7^4 \Delta \ln ZY_{t+3} + \\ c_8^4 \Delta \ln ZY_{t-4} + c_9^4 \Delta \ln ZY_{t+4} + \varepsilon_{it}^4 \tag{4-26}$$

表 4-17 和表 4-18 报告了资源禀赋对生产性服务资源错配作用机制的 DOLS 估计结果。资源禀赋变量在两个表格中均呈现为正，可见资源禀赋越丰富的经济体，其生产性服务资源出现错配的可能性越大。这一现象出现的原因可能在于：一国自然资源禀赋丰富，其生产和出口原料的可能性较大，使得其拥有规模较大的上游产业，进而使得生产性服务业大量流向上游环节，导致生产性服务资源嵌入制造业生产环节的上游

度过高，而生产效率较高的中游生产环节则得不到生产性服务资源足够的支持，最终使得生产性服务资源呈现出显著的错配特征。

表4-17 资源禀赋与生产性服务资源错配（以美国为参照）

变量	$l=0$	$l=1$	$l=2$	$l=3$	$l=4$
C	−0.216884 *** （−7.099201）	−0.210463 *** （−5.718835）	−0.219941 *** （−5.195929）	0.047002 *** （−4.580970）	−0.205876 *** （−4.130107）
lnZY	0.327958 *** （10.67320）	0.323414 *** （8.658906）	0.334245 *** （7.738365）	0.047961 *** （6.896955）	0.314880 *** （6.221732）
ΔlnZY	0.071872 ** （2.487234）	0.012947 （0.301893）	0.059221 （1.064541）	0.064410 （1.269495）	0.054567 （0.817751）
ΔlnZY$_{t-1}$		−0.051300 （−1.433378）	−0.051293 （−1.043207）	0.065028 （−0.289267）	0.002330 （0.033984）
ΔlnZY$_{t+1}$		−0.071817 *** （−1.841229）	−0.017931 （−0.351806）	0.058586 （0.760715）	0.064051 （0.999155）
ΔlnZY$_{t-2}$			−0.004364 （−0.111089）	0.058887 （0.156049）	−0.064832 （−0.936597）
ΔlnZY$_{t+2}$			0.045587 （1.095409）	0.052703 *** （2.609533）	0.127804 ** （2.150996）
ΔlnZY$_{t-3}$				0.046154 （−0.098726）	−0.042744 （−0.705465）
ΔlnZY$_{t+3}$				0.046526 （2.084890）	0.042306 （0.760656）
ΔlnZY$_{t-4}$					−0.039567 （−0.855788）
ΔlnZY$_{t+4}$					−0.009909 （−0.196839）
A-R^2	0.092527	0.095656	0.099197	0.107219	0.108230

注：样本国均为发展中国家。***、** 分别表示1%、5% 的显著性水平。括号内为 t 统计量。

表4-18 资源禀赋与生产性服务资源错配（以德国为参照）

变量	$l=0$	$l=1$	$l=2$	$l=3$	$l=4$
C	−0.216884 *** （−7.099201）	−0.210463 *** （−5.718835）	−0.219941 *** （−5.195929）	−0.215314 *** （−4.580970）	−0.205876 *** （−4.130107）
lnZY	0.327958 *** （10.67320）	0.323414 *** （8.658906）	0.334245 *** （7.738365）	0.330784 *** （6.896955）	0.314880 *** （6.221732）
ΔlnZY	0.071872 *** （2.487234）	0.012947 （0.301893）	0.059221 （1.064541）	0.081768 （1.269495）	0.054567 （0.817751）

续表

变量	$l=0$	$l=1$	$l=2$	$l=3$	$l=4$
$\Delta\ln ZY_{t-1}$		−0.051300 （−1.433378）	−0.051293 （−1.043207）	−0.018810 （−0.289267）	0.002330 （0.033984）
$\Delta\ln ZY_{t+1}$		−0.071817 ★★ （−1.841229）	−0.017931 （−0.351806）	0.044567 （0.760715）	0.064051 （0.999155）
$\Delta\ln ZY_{t-2}$			−0.004364 （−0.111089）	0.009189 （0.156049）	−0.064832 （−0.936597）
$\Delta\ln ZY_{t+2}$			0.045587 （1.095409）	0.137531 ★★★ （2.609533）	0.127804 ★★ （2.150996）
$\Delta\ln ZY_{t-3}$				−0.004557 （−0.098726）	−0.042744 （−0.705465）
$\Delta\ln ZY_{t+3}$				0.097001 ★★ （2.084890）	0.042306 （0.760656）
$\Delta\ln ZY_{t-4}$					−0.039567 （−0.855788）
$\Delta\ln ZY_{t+4}$					−0.009909 （−0.196839）
A-R^2	0.091558	0.095656	0.099197	0.107219	0.108230

注：样本国均为发展中国家。★★★、★★分别表示1%、5%的显著性水平。括号内为 t 统计量。

一般而言，国外原料价格上涨有助于降低本国生产性服务资源错配程度，而这一现象出现的本质原因是国外价格上涨带动本国价格上涨，从而提升资本回报率和生产服务资源配置效率。本部分的计量结果表明资源越丰富，一国生产性服务资源错配的可能性越大，而资源越丰富，资源的价格越低，这给了低效率工业更多的生存空间，从而使得生产性服务业更多地流向低效率的制造业环节，加剧生产性服务资源的错配。为此，"资源越丰富→资源价格越低→生产性服务资源错配倾向越明显"的机制很大程度上证实了前文分析的准确性，即原料价格上涨会提高生产性服务资源的配置效率。此外，表4-17和表4-18中的资源禀赋变量估计结果还表明："资源诅咒"在生产性服务资源错配的形成机制中也成立。综合前文分析我们可以得到如下启示：应该优化资源丰裕区域的工业结构，发展更多非资源密集型产业，从而降低其产业结构对资源的依赖程度，最终减少资源禀赋给生产性服务资源错配所带来的不良影响。

表 4-19 报告了分段回归的结果。在两个时间段中，资源禀赋的水平项均显著为正，且通过了 1% 的显著性检验。可见生产性服务资源对生产性服务资源错配的负效应在两个时间段中均成立。这在很大程度上证实了前文实证结果的可靠性。

表 4-19　资源禀赋与生产性服务资源错配（分段回归）

变量	以美国为参照		以德国为参照	
	1997—2004 年	2004—2011 年	1997—2004 年	2004—2011 年
C	−0.219291★ （−1.930302）	−0.249081★★★ （−7.008988）	−0.102681★ （−1.701892）	−0.145051★★★ （−9.101019）
lnZY	0.321577★★★ （2.828357）	0.402891★★★ （9.996452）	0.169110★★★ （2.800622）	0.234075★★★ （13.40944）
ΔlnZY	−0.046156 （−0.142200）	0.557429★★★ （7.266366）	−0.026006 （−0.150863）	0.209895★★★ （5.286104）
ΔlnZY$_{t-1}$	−0.109434 （−0.396710）	−0.271182★★★ （−4.944513）	0.053940 （0.368188）	0.033391 （0.700747）
ΔlnZY$_{t+1}$	−0.050253 （−0.210294）	−0.209152★★★ （−3.172166）	0.000675 （0.005318）	−0.191458★★★ （−6.512365）
ΔlnZY$_{t-2}$	−0.057543 （−0.268715）	0.092375 （0.801316）	0.053131 （0.467183）	0.339183★★★ （5.831609）
ΔlnZY$_{t+2}$	0.078810 （0.359071）	−0.339174 （−2.474113）	0.039439 （0.338344）	−0.244399★★★ （−2.961186）
ΔlnZY$_{t-3}$	0.017751 （0.168445）	−0.854103★★★ （−12.24035）	−0.017841 （−0.318769）	−0.375902★★★ （−8.485466）
ΔlnZY$_{t+3}$	0.288678 （1.289106）	0.067676★★★ （2.036664）	0.027578 （0.231884）	0.089833★★★ （3.037842）
A-R^2	0.129304	0.186586	0.119518	0.215311

注：样本国均为发展中国家。★★★ 和 ★ 分别表示 1%、10% 的显著性水平。括号内为 t 统计量。

表 4-20 进一步报告了资源禀赋对生产性服务资源错配作用机制的 2SLS 估计结果，工具变量继续采用解释变量的一期滞后项。由表 4-20 可知，在依次加入控制变量的情况下，资源变量均显著为正，且通过了显著性检验，这进一步证实了前文估计结果的可靠性。为此，对于资源丰裕型区域而言，如何做到既较好地发挥资源对经济发展的作用，又减少资源丰裕型产业对其生产性服务资源错配的不利影响显得非常重要。

表4-20　资源禀赋与生产性服务资源错配（2SLS）

变量	以美国为参照			以德国为参照		
ZY	0.393*** (12.67)	0.376*** (11.98)	0.379*** (11.97)	0.267*** (13.94)	0.252*** (13.06)	0.256*** (13.18)
DG		0.0398*** (3.707)	0.0429*** (3.827)		0.0352*** (5.347)	0.0398*** (5.784)
YH			−0.0154 (−0.942)			−0.0223** (−2.225)
C	−0.280*** (−9.085)	−0.280*** (−9.091)	−0.271*** (−8.482)	−0.197*** (−10.340)	−0.196*** (−10.390)	−0.183*** (−9.353)
obs	1876	1876	1876	1876	1876	1876
R^2	0.089	0.096	0.097	0.102	0.116	0.118

注：***、** 分别表示1%、5%的显著性水平。括号内为t统计量。

4.1.6　经济效率与生产性服务资源错配

改革开放40多年来，中国经济长期保持高速增长，创造了举世瞩目的"中国奇迹"，中国成了世界第二大经济体和第一大出口国。然而在数量奇迹的背后，经济增长质量和增长效率越来越得到学界、政府的重视，中央也做出了中国经济正由高速增长阶段向高质量增长阶段转变的重大判断，为此，提升经济增长质量和效率成了当前中国发展经济的重要主题。一般而言，较高质量原料、中间品或资本投入能有效地降低生产性服务资源错配程度。而较高质量原料、中间品或资本投入的本质是使用更高效率的原料、中间品和资本投入品，以在很大程度上提升经济效率。由此可见，经济效率的提升也会对生产性服务资源错配产生一定的影响，有鉴于此，我们在此处深入分析经济效率对生产性服务资源错配的作用机制。借鉴陈晓华等（2019）与陈晓华和刘慧（2016）的研究，本书以WDI数据库中各国每千克石油产生GDP的自然对数表示，最终构建如下计量方程：

$$\ln CP_{it} = \beta_1 \ln XL_{it} + c_1^0 \Delta \ln XL_t + \varepsilon_{it}^0 \tag{4-27}$$

$$\ln CP_{it} = \beta_1 \ln XL_{it} + c_1^1 \Delta \ln XL_t + c_2^1 \Delta \ln XL_{t-1} + c_3^1 \Delta \ln ZY_{t+1} \tag{4-28}$$

$$\ln CP_{it} = \beta_2 \ln XL_{it} + c_1^2 \Delta \ln XL_t + c_2^2 \Delta \ln XL_{t\text{-}1} +$$
$$c_3^2 \Delta \ln ZY_{t+1} + c_4^2 \Delta \ln ZY_{t\text{-}2} + c_5^2 \Delta \ln ZY_{t+2} + \varepsilon_{it}^2 \qquad (4\text{-}29)$$

$$\ln CP_{it} = \beta_3 \ln XL_{it} + c_1^3 \Delta \ln XL_t + c_2^3 \Delta \ln XL_{t\text{-}1} + c_3^3 \Delta \ln ZY_{t+1} +$$
$$c_4^3 \Delta \ln ZY_{t\text{-}2} + c_5^3 \Delta \ln ZY_{t+2} + c_6^3 \Delta \ln ZY_{t\text{-}3} + c_7^3 \Delta \ln ZY_{t+3} + \varepsilon_{it}^3 \qquad (4\text{-}30)$$

$$\ln CP_{it} = \beta_1 \ln XL_{it} + c_1^4 \Delta \ln XL_t + c_2^4 \Delta \ln XL_{t\text{-}1} + c_3^4 \Delta \ln ZY_{t+1} +$$
$$c_4^4 \Delta \ln ZY_{t\text{-}2} + c_5^4 \Delta \ln ZY_{t+2} + c_6^4 \Delta \ln ZY_{t\text{-}3} + c_7^4 \Delta \ln ZY_{t+3} +$$
$$c_8^4 \Delta \ln ZY_{t\text{-}4} + c_8^4 \Delta \ln ZY_{t+4} + \varepsilon_{it}^4 \qquad (4\text{-}31)$$

表4-21和表4-22报告了经济效率对生产性服务资源错配作用机制的DOLS估计结果。在以美国和以德国为参照国的估计结果中，经济效率变量的水平项均显著为负，由此，我们可以推定：一国经济效率的提升会对其生产性服务资源错配产生显著的负向影响，进而提升本国生产性服务资源的配置效率。这一现象出现的原因可能在于两个方面：一是经济效率的提升在很大程度上表明一国配置资源的能力有所提升，从而对一国配置生产性服务资源的能力产生影响，提升其生产性服务资源的配置效率；二是经济效率的提升往往得益于新技术的使用和新中间品（质量、技术含量更高）的使用，进而使得生产性服务业所嵌入的制造业环节能够匹配到更多效率更高的环节，最终提升生产服务资源的配置效率。这一结论还表明：持续提升中国经济效率可以成为破解生产性服务资源错配难题的重要途径，也从实证视角证实了中国提出高质量增长策略的科学性和正确性。

表4-21　经济效率与生产性服务资源错配（以美国为参照）

变量	$l=0$	$l=1$	$l=2$	$l=3$	$l=4$
C	0.260664 *** （9.076115）	0.256593 *** （7.486702）	0.266002 *** （6.803130）	0.297365 *** （6.625061）	0.286231 *** （5.963125）
$\ln XL$	−0.090264 *** （−5.422662）	−0.090609 *** （−4.603536）	−0.093710 *** （−4.209033）	−0.104258 *** （−4.230412）	−0.103910 *** （−4.008571）
$\Delta \ln XL$	−0.051716 *** （−2.838182）	0.007491 （0.206189）	−0.050058 （−0.918443）	−0.118882 * （−1.690912）	−0.155722 *** （−2.005334）
$\Delta \ln XL_{t\text{-}1}$		0.042707 （1.262269）	0.002982 （0.065612）	−0.100368 （−1.427282）	−0.167027 *** （−2.217408）

续表

变量	l=0	l=1	l=2	l=3	l=4
$\Delta\ln XL_{t+1}$		0.064890 ★ （1.776903）	0.051133 （1.044786）	−0.009467 （−0.159993）	−0.028942 （−0.389263）
$\Delta\ln XL_{t-2}$			−0.046191 （−1.322892）	−0.165591 ★★ （−2.509800）	−0.078934 （−0.725431）
$\Delta\ln XL_{t+2}$			−0.017115 （−0.454501）	−0.087064 （−1.594521）	−0.057729 （−1.006863）
$\Delta\ln XL_{t-3}$				−0.064910 （−1.109985）	0.032828 （0.317905）
$\Delta\ln XL_{t+3}$				−0.078374 ★ （−1.696218）	−0.051389 （−0.818167）
$\Delta\ln XL_{t-4}$					0.109446 （1.230353）
$\Delta\ln XL_{t+4}$					0.014489 （0.276981）
A-R^2	0.031887	0.033984	0.037187	0.046648	0.053451

注：样本国均为发展中国家。★★★、★★ 和 ★ 分别表示 1%、5%、10% 的显著性水平。括号内为 t 统计量。

表4-22　经济效率与生产性服务资源错配（以德国为参照）

变量	l=0	l=1	l=2	l=3	l=4
C	0.210206 ★★★ （11.87708）	0.202550 ★★★ （9.776736）	0.208728 ★★★ （9.016135）	0.223119 ★★★ （8.498156）	0.221920 ★★★ （7.212776）
lnXL	−0.085034 ★★★ （−8.289712）	−0.082237 ★★★ （−6.911995）	−0.084534 ★★★ （−6.412732）	−0.089151 ★★★ （−6.184282）	−0.089416 ★★★ （−5.381423）
ΔlnXL	−0.010309 （−0.918092）	0.015304 （0.696858）	−0.022163 （−0.686795）	−0.065090 （−1.582741）	−0.101323 ★★ （−2.035597）
ΔlnXL$_{t-1}$		0.022329 （1.091786）	−0.001378 （−0.051190）	−0.054967 （−1.336295）	−0.114640 ★★ （−2.374344）
ΔlnXL$_{t+1}$		0.028083 （1.272164）	0.003703 （0.127802）	−0.027116 （−0.783467）	−0.048227 （−1.011951）
ΔlnXL$_{t-2}$			−0.024741 （−1.196740）	−0.087039 ★★★ （−2.255306）	−0.047140 （−0.675876）
ΔlnXL$_{t+2}$			−0.021368 （−0.958370）	−0.052018 （−1.628678）	−0.058710 （−1.597489）
ΔlnXL$_{t-3}$				−0.024495 （−0.716085）	0.023386 （0.353308）
ΔlnXL$_{t+3}$				−0.042824 （−1.584475）	−0.038672 （−0.960541）

续表

变量	$l=0$	$l=1$	$l=2$	$l=3$	$l=4$
$\Delta\ln XL_{t-4}$					0.072557 （1.272499）
$\Delta\ln XL_{t+4}$					0.000828 （0.024701）
A-R^2	0.047207	0.047091	0.047055	0.063643	0.064669

注：样本国均为发展中国家。★★★、★★分别表示1%、5%的显著性水平。括号内为t统计量。

表4-23进一步报告了分段估计结果。由表4-23可知，经济效率变量的水平项在两个阶段中均呈现出显著为负的特征，即经济增长效率在两个阶段中均能起到降低生产性服务资源错配程度的作用，这在很大程度上印证了前文估计结果的准确性。

表4-23　经济效率与生产性服务资源错配（分段回归）

变量	以美国为参照		以德国为参照	
	1997—2004 年	2004—2011 年	1997—2004 年	2004—2011 年
C	0.186286 ★★★ （7.807188）	0.285747 ★★★ （7.813321）	0.138586 ★★★ （7.018071）	0.248478 （21.65992）
$\ln PGDP$	−0.042866 ★★★ （−3.587574）	−0.074605 ★★★ （−4.519858）	−0.041913 （−4.523253）	−0.097341 （−19.64606）
$\Delta\ln PGDP$	0.899411 ★★★ （6.485197）	0.729087 ★★★ （8.444816）	0.463802 ★★★ （3.078805）	0.670192 （16.38557）
$\Delta\ln PGDP_{t-1}$	−0.386460 ★★★ （−6.307888）	0.050791 （0.561489）	−0.093226 ★★★ （−3.292441）	0.343298 （10.41717）
$\Delta\ln PGDP_{t+1}$	−0.922909 ★★★ （−7.260825）	0.592387 ★★★ （12.36398）	−0.592840 ★★★ （−5.098750）	−0.090376 （−1.356224）
$\Delta\ln PGDP_{t-2}$	−0.155360 ★★★ （−5.403285）	−1.093735 ★★★ （−4.955204）	0.096424 ★★★ （4.606214）	−0.719158 （−13.82746）
$\Delta\ln PGDP_{t+2}$	−0.684533 ★★★ （−6.422962）	−1.203967 ★★★ （−6.813014）	−0.408648 ★★★ （−4.291728）	−0.831515 （−14.86543）
$\Delta\ln PGDP_{t-3}$	0.327926 ★★★ （4.459131）	−0.417930 ★★★ （−7.416477）	−0.062851 （−1.144012）	−0.133397 （−5.090091）
$\Delta\ln PGDP_{t+3}$	−0.363841 ★★★ （−6.659185）	0.152307 ★ （1.927917）	−0.147829 ★★ （−2.525888）	−0.320016 （−8.198380）
A-R^2	0.156974	0.111139	0.169838	0.129221

注：样本国均为发展中国家。★★★、★★和★分别表示1%、5%、10%的显著性水平。括号内为t统计量。

表 4-24 报告了经济效率对生产性服务资源错配作用机制的 2SLS 估计结果，延续前文的方法，工具变量以解释变量滞后一期表示。由表 4-24 可知，在依次加入控制变量的条件下，经济效率变量的估计结果显著为负，可见前文的实证结果是稳健可靠的，即提升一国经济效率可以成为提升其制造业配置效率的重要手段。

表 4-24 经济效率与生产性服务资源错配（2SLS）

变量	以美国为参照			以德国为参照		
XL	−0.109*** （−7.162）	−0.0918*** （−5.742）	−0.101*** （−6.121）	−0.0886*** （−9.469）	−0.0748*** （−7.628）	−0.0787*** （−7.787）
DG		0.0417*** （3.621）	0.0314** （2.537）		0.0334*** （4.736）	0.0290*** （3.815）
YH			0.0377** （2.187）			0.0162 （1.534）
C	0.291*** （10.980）	0.245*** （8.293）	0.232*** （7.674）	0.216*** （13.240）	0.179*** （9.873）	0.173*** （9.347）
obs	1876	1876	1876	1876	1876	1876
R^2	0.028	0.034	0.037	0.047	0.058	0.059

注：***、** 和 * 分别表示 1%、5%、10% 的显著性水平。括号内为 t 统计量。

4.2 中国省级区域生产性服务资源错配演进机理的实证解析

前文基于跨国层面生产性服务资源错配测度结果，运用 DOLS 估计从跨国层面细致分析了经济增长、出口、高等教育、出口技术复杂度、资源错配和经济效率等因素对生产性服务资源错配的作用机理。而从省级层面分析中国生产性服务资源错配演进机理的影响因素，不仅可以有效评判中国机制与跨国机制的差异，还能为中国制定生产性服务产业发展方面的政策提供更有力的证据，促进制造业和生产性服务业良性互动，助力经济高质量增长。然而令人遗憾的是，目前尚无学者从省级区域视角分析中国生产性服务资源错配的演进机制。有鉴于此，在综合考虑省级区域数据可得性的基础上，本书基于第 3 章省级层面测度过程和测度结果，从以美、德为参照的测度结果和以北京、上海为参照的测度结果两个视角，细致分析中国生产性服务资源错配的影响因素。

4.2.1 基于以美国、德国为参照测度结果的实证分析

与跨国层面实证过程不同的是，中国省级区域层面生产性服务资源错配系数基于中国投入产出表核算而得，而中国投入产出表在我们研究时（2022 年）仅更新到 2012 年，为此，所得测度结果仅有 2002 年、2007 年和 2012 年。而前文基于以美国、德国为参照的测度结果仅有 2002 年和 2007 年。因此，无法像前文跨国面板数据一样采用 DOLS 进行分析。有鉴于此，本书采用 OLS 进行基准回归，然后用 2SLS 和联立方程进行稳健性检验，以确保估计结果科学可靠。为此，构建如下方程进行分析。

$$\ln \mathrm{CP}_{ijt} = \alpha_0 + \alpha_1 M_{jt} + \gamma_m X_{ijt}^m + \varepsilon_t \qquad (4\text{-}32)$$

其中，CP_{ijt} 为 i 国 t 年生产性服务行业 j 的错配系数，此处采用的是第 3 章基于以美国和德国为参照所得的生产性服务资源错配系数。M 为解释变量，基于数据的可得性，后文 M 有经济增长、出口、高等教育、资源禀赋、外国直接投资和工业总产值等，X 则为式（4-32）的控制变量。为了提高实证结果的可靠性，本书选取了既能刻画省级区域特征，又可能对生产性服务资源错配产生影响的变量作为控制变量。具体有：①省级区域创新水平（patent）。创新是一国培育现代产业体系、提升制造业和生产性服务业国际竞争力与实现经济增长质量提升的重要途径，并且创新水平越高的区域越有可能参与高技术复杂度生产环节（郭凯明和黄静萍，2020），从而为生产性服务资源提供高端的匹配对象，对生产性服务资源错配产生影响。本书实证以《中国统计年鉴》中各省级区域专利申请授权量的自然对数表示。②职工平均工资（wage）。员工工资的高低不仅会对员工工作的积极性产生影响，还能在一定程度上降低劳动力资源错配程度（陈晓华和刘慧，2014），进而对生产性服务资源的错配情况产生影响。值得一提的是职工平均工资还在一定程度上体现了职工的平均技能水平，该变量的估计结果也能在一定程度上反映劳动力技能对生产

性服务资源错配的作用机制。本书实证以各省级区域职工平均工资的自然对数表示。③沿海地理优势（yh）。新经济地理学派认为国际贸易地理优势不仅是左右一国对外贸易的核心因素，还能对一国接触新技术、新产品和新产业产生影响，从而左右一国生产性服务资源的匹配对象，最终影响一国的生产性服务资源配置效率。本书实证以虚拟变量表示，当一国拥有该优势时，令其为 1，否则为 0。④政府支出（gov）。政府支出越大往往意味着政府对市场的调控能力越强，进而更有能力引导产业发展方向。本书实证以省级区域政府支出与 GDP 之比表示。①

（1）经济发展水平与生产性服务资源错配

提升经济发展水平和加快实现经济增长质量提升是当前发展经济的重要着力点。那么经济发展水平提升会对中国省级区域生产性服务资源错配产生什么样的影响呢？本书借助式（4-32），以各省级区域人均 GDP 的自然对数为经济发展水平的代理变量，对上述问题进行了实证检验。表 4-25 报告了经济发展水平对生产性服务资源错配作用机理的 OLS 检验结果。由表 4-25 可知，在以美国和德国为参照条件下，经济发展水平均对生产性服务资源错配表现出显著的负效应，即经济发展水平提升有助于省级区域生产性服务资源配置效率的提升，从而降低错配的程度。这一结论与跨国层面的实证结论一致，这也从省级区域层面证实了前文实证结论的可靠性。

表 4-25　省级区域经济增长与生产性服务资源错配（以美、德为参照，OLS）

变量	以美国为参照				以德国为参照			
pgdp	−0.213★★★ (−3.197)	−0.443★★★ (−3.041)	−0.257★ (−1.760)	−0.358★★ (−2.074)	−0.237★★★ (−3.173)	−0.340★★ (−1.991)	−0.352★★ (−2.062)	−0.342★ (−1.677)
patent		−0.073★ (−1.726)	−0.056 (−1.597)	−0.119★ (−1.900)		−0.064 (−1.285)	−0.200 (−1.440)	−0.198 (−1.410)
wage		0.606★★★ (3.063)	0.400★★ (1.984)	0.660★★ (2.350)		0.347 (1.499)	0.416★ (1.729)	0.393 (1.155)
yh			−0.296★★ (−2.598)	−0.335★★★ (−3.082)			0.229 (1.051)	0.236 (1.025)

---

① 考虑到西藏和港澳台数据缺失较多，本部分实证中并未纳入其数据。

续表

变量	以美国为参照				以德国为参照			
gov				−185.600 （−1.351）				16.160 （0.096）
C	4.569★★★ （7.242）	1.428 （1.330）	1.641 （1.490）	0.897 （0.761）	4.518★★★ （6.361）	2.608★★ （2.072）	0.994 （0.500）	1.013 （0.505）
obs	120	120	120	120	120	120	120	120
R^2	0.080	0.184	0.237	0.249	0.079	0.115	0.123	0.123

注：★★★、★★ 和 ★ 分别表示 1%、5%、10% 的显著性水平。括号内为 t 统计量。

为了确保省级区域层面的实证结果是科学稳健的，本书进一步采用两种方法对表 4-25 的实证结果进行稳健性检验。第一种方法是用 2SLS 对式（4-32）进行回归，并借鉴邱斌等（2014）的研究，结合投入产出表的特征，以解释变量的五期滞后项为工具变量[①]进行计量检验；第二种方法是是采用可能有效克服内生性的联立方程进行检验，以式（4-32）为联立方程的第一个方程，以 $\ln\text{PGDP}_{it} = \theta_0 + \theta_1\text{CP}_{ijt} + X_{it} + \varepsilon_{it}$ 为联立方程的第二个方程。其中 X 为控制变量，实证中以各省级区域基础设施水平表示，具体为省级区域每万平方公里公路拥有量的自然对数[②]。由于 2SLS 和联立方程均能有效克服生产性服务资源错配与经济增长间潜在的内生性风险，为此，运用上述两种方法所得结论是较为可靠的。表 4-26 报告了 2SLS 的估计结果，工具变量的 LM 检验、C-D 检验结果表明工具变量是科学可靠的。表 4-27 报告了联立方程的估计结果，结合两类估计结果可知：经济发展水平变量在两类回归中均呈现显著的负效应。这表明：一方面在克服内生性条件下，经济发展水平对生产性服务资源错配依然表现出负效应；另一方面经济发展水平提升会提高生产性服务资源配置效率的结论是稳健可靠的，稳增长可以成为破解生产性服务资源错配之困的重要路径。

---

① 投入产出表每 5 年出一次数据，为此，本书采用滞后五期作为工具变量。
② 本部分后文的稳健性检验均采用这两种方法，联立方程的第一个方程和第二个方程均采用与此处相同的处理方法。

表 4-26 省级区域经济增长与生产性服务资源错配（以美、德为参照，2SLS）

变量	以美国为参照				以德国为参照			
pgdp	-0.481***	-0.551**	-0.547*	-0.621*	-0.414***	-0.456	-0.404**	-0.448**
	(-4.113)	(-2.143)	(-1.925)	(-1.657)	(-2.870)	(-1.434)	(-1.998)	(-2.361)
patent		-0.0223	-0.00825	-0.0265		-0.0202	-0.0109	-0.0684
		(-0.382)	(-0.051)	(-0.137)		(-0.280)	(-0.196)	(-0.623)
wage		0.284	0.263	0.433		0.201	-0.157	0.205
		(0.616)	(0.439)	(0.527)		(0.352)	(-0.284)	(0.222)
yh			-0.0245	-0.0393			-0.111	-0.240
			(-0.079)	(-0.122)			(-0.322)	(-0.527)
gov				-89.34				-195.5
				(-0.346)				(-0.600)
C	7.372***	5.376*	5.672	5.136	6.357***	4.908	5.179	3.645
	(6.377)	(1.782)	(1.087)	(0.908)	(4.458)	(1.316)	(1.501)	(0.783)
obs	60	60	60	60	60	60	60	60
R^2	0.217	0.223	0.223	0.222	0.120	0.123	0.189	0.197
LM 检验	0.000***	0.000***	0.000***	0.000***	0.000***	0.000***	0.000***	0.000***
C-D 检验	有效	有效	有效	有效	有效	有效	有效	有效

注：***、**和*分别表示1%、5%、10%的显著性水平。括号内为 t 统计量。

表 4-27 省级区域经济增长与生产性服务资源错配（以美、德为参照，联立方程）

变量	以美国为参照				以德国为参照			
pgdp	-0.350***	-0.584***	-0.400***	-0.536***	-0.390***	-0.520***	-0.365**	-0.475**
	(-5.414)	(-4.161)	(-2.658)	(-3.253)	(-5.361)	(-3.169)	(-2.044)	(-2.413)
patent		-0.0449	-0.0327	-0.106*		-0.0306	-0.0202	-0.0803
		(-1.098)	(-0.814)	(-1.779)		(-0.639)	(-0.424)	(-1.125)
wage		0.597***	0.414**	0.727***		0.357	0.201	0.457
		(3.126)	(2.087)	(2.704)		(1.598)	(0.854)	(1.424)
yh			-0.269***	-0.312***			-0.225*	-0.261**
			(-2.653)	(-3.002)			(-1.870)	(-2.099)
gov				-223.8*				-182.0
				(-1.704)				(-1.160)
C	5.867***	2.636**	2.672***	1.889*	5.962***	3.966***	4.011***	3.356**
	(9.570)	(2.541)	(2.647)	(1.670)	(8.633)	(3.268)	(3.347)	(2.485)
obs	120	120	120	120	120	120	120	120
R^2	0.047	0.160	0.218	0.225	0.046	0.088	0.123	0.124

注：***、**和*分别表示1%、5%、10%的显著性水平。括号内为 t 统计量。

（2）出口与生产性服务资源错配

前文跨国层面的实证结果表明出口会对生产性服务资源错配产生深远影响，为此，本部分基于以美国和德国为参照的生产性服务资源测度结果，进一步从省级区域层面分析出口对生产性服务资源错配的作用机理，出口变量以《中国统计年鉴》中各省级区域出口量的自然对数表示。表4-28报告了OLS的估计结果。由表4-28可知，在依次加入控制变量的条件下，出口变量均显著为负，即扩大出口有助于生产性服务资源错配程度的降低。由此我们可以得到如下两个推论：一是省级层面和跨国层面结论是一致的，即出口对生产性服务资源错配的作用机制在跨国和省级层面并无显著差异；二是稳出口可以成为中国破解生产性服务资源错配之困的重要途径。

表4-28 省级区域出口与生产性服务资源错配（以美、德为参照，OLS）

变量	以美国为参照				以德国为参照			
ex	−0.114***	−0.247***	−0.255***	−0.249***	−0.112***	−0.199**	−0.205**	−0.197**
	(−4.595)	(−3.398)	(−3.266)	(−3.096)	(−3.925)	(−2.323)	(−2.394)	(−2.072)
patent		0.115	−0.0548	−0.0565		0.0903	−0.0435	−0.0457
		(1.382)	(−0.385)	(−0.419)		(0.919)	(−0.275)	(−0.287)
wage		0.315**	0.393***	0.370**		0.132	0.193	0.165
		(2.458)	(3.058)	(2.039)		(0.873)	(1.196)	(0.766)
yh			0.296	0.307			0.233	0.246
			(1.494)	(1.594)			(1.075)	(1.081)
gov				24.75				30.86
				(0.187)				(0.197)
C	4.070***	1.848*	−0.222	−0.216	3.755***	2.905**	1.278	1.285
	(12.260)	(1.809)	(−0.130)	(−0.132)	(9.844)	(2.419)	(0.662)	(0.663)
obs	120	120	120	120	120	120	120	120
R^2	0.152	0.199	0.216	0.217	0.116	0.125	0.134	0.134

注：***、**和*分别表示1%、5%、10%的显著性水平。括号内为 t 统计量。

借鉴前文省级区域经济发展水平与生产性服务资源错配间关系稳健性检验处理方法，我们进一步运用2SLS和联立方程进行稳健性检验。表4-29、表4-30分别报告了2SLS和联立方程的估计结果。可知，两种估计方法中，出口变量均显著为负且通过了显著性检验，这进一步证实了前文实证结论的可靠性和稳健性，即前文估计结果是值得信赖的。

表4-29 省级区域出口与生产性服务资源错配（以美、德为参照，2SLS）

变量	以美国为参照				以德国为参照			
ex	−0.156***	−0.334***	−0.328***	−0.359***	−0.134***	−0.288**	−0.285**	−0.316*
	（−4.268）	（−3.050）	（−3.137）	（−2.756）	（−2.980）	（−2.100）	（−2.158）	（−1.932）
patent		0.243**	0.302**	0.317*		0.212	0.251	0.266
		（2.027）	（1.972）	（1.681）		（1.407）	（1.243）	（1.126）
wage		−0.124	−0.201	−0.115		−0.122	−0.174	−0.0860
		（−0.418）	（−0.608）	（−0.275）		（−0.329）	（−0.394）	（−0.164）
yh			−0.108	−0.144			−0.0727	−0.109
			（−0.414）	（−0.479）			（−0.220）	（−0.288）
gov				−90.88				−92.71
				（−0.431）				（−0.350）
C	4.783***	6.477**	7.735**	7.666*	4.136***	5.743*	6.585	6.515
	（9.389）	（2.450）	（2.004）	（1.771）	（6.562）	（1.729）	（1.285）	（1.197）
obs	60	60	60	60	60	60	60	60
R^2	0.222	0.267	0.270	0.267	0.121	0.146	0.147	0.145
LM检验	0.000***	0.000***	0.000***	0.000***	0.000***	0.000***	0.000***	0.000***
C-D检验	有效	有效	有效	有效	有效	有效	有效	有效

注：***、**和*分别表示1%、5%、10%的显著性水平。括号内为t统计量。

表4-30 省级区域出口与生产性服务资源错配（以美、德为参照，联立方程）

变量	以美国为参照				以德国为参照			
ex	−0.114***	−0.324***	−0.218**	−0.248***	−0.168***	−0.290***	−0.291***	−0.311***
	（−4.634）	（−4.794）	（−2.308）	（−2.586）	（−6.047）	（−3.587）	（−3.609）	（−3.471）
patent		0.141*	0.0647	0.0260		0.126	0.0318	0.0365
		（1.817）	（0.705）	（0.270）		（1.356）	（0.213）	（0.243）
wage		0.311***	0.232*	0.380**		0.167	0.209	0.280
		（2.604）	（1.783）	（2.237）		（1.174）	（1.376）	（1.384）
yh			−0.191	−0.221*			0.162	0.130
			（−1.507）	（−1.722）			（0.795）	（0.606）
gov				−158.7				−78.59
				（−1.342）				（−0.533）

续表

变量	以美国为参照				以德国为参照			
C	4.070***	2.710***	2.755***	2.288**	4.496***	3.483***	2.329	2.287
	（12.360）	（2.842）	（2.909）	（2.258）	（12.110）	（3.060）	（1.279）	（1.254）
obs	120	120	120	120	120	120	120	120
R^2	0.152	0.158	0.188	0.186	0.087	0.092	0.102	0.100

注：***、**和*分别表示1%、5%、10%的显著性水平。括号内为t统计量。

（3）高等教育与生产性服务资源错配

高等教育是人力资本规模扩大和质量提升的重要途径，为此，熟练劳动力对生产性服务资源配置效率具有重要的影响。那么省级区域员工受高等教育情况对生产性服务资源错配的作用机制是否会有异于跨国层面呢？为揭示这一问题的答案，本书以各省级区域就业人员中受过高等教育占比（大学专科及以上）为代理变量（hum），就高等教育对省级区域生产性服务资源错配的作用机制继续进行实证检验。

表4-31报告了高等教育对省级区域生产性服务资源错配作用机制的OLS估计结果。由表4-31可知，在依次加入控制变量的条件下，以美国和德国为参照的估计结果中，高等教育的系数均显著为负，这表明高等教育有助于减少生产性服务资源错配情况和提升生产性服务资源配置效率；省级区域的实证结果与跨国层面的实证结果是一致的。为了进一步确保这一估计结果的可靠性和稳健性，本书以2SLS和联立方程进行稳健性检验，表4-32和表4-33报告了相应的估计结果。在两类回归中，高等教育变量均显著为负，为此，我们可以推定上述结论是稳健可靠的。

表4-31　省级区域高等教育与生产性服务资源错配（以美、德为参照，OLS）

变量	以美国为参照				以德国为参照			
hum	−2.108**	−2.166**	−1.951*	−1.891*	−1.977*	−1.309**	−1.119*	−1.067*
	（−2.282）	（−2.077）	（−1.749）	（−1.773）	（−1.889）	（−2.080）	（−1.897）	（−1.856）
patent		−0.140***	−0.243**	−0.212*		−0.115***	−0.206	−0.180
		（−3.837）	（−2.084）	（−1.710）		（−2.719）	（−1.440）	（−1.239）
wage		0.251*	0.278**	0.144		0.053	0.077	−0.038
		（1.870）	（2.053）	（0.888）		（0.341）	（0.482）	（−0.202）

续表

变量	以美国为参照				以德国为参照			
yh			0.171	0.264			0.151	0.231
			(0.835)	(1.304)			(0.664)	(0.975)
gov				191.4				164.6
				(1.557)				(1.145)
C	2.711***	1.383	0.318	0.178	2.415***	2.761**	1.821	1.700
	(33.230)	(1.181)	(0.193)	(0.106)	(26.130)	(2.029)	(0.927)	(0.865)
obs	120	120	120	120	120	120	120	120
R^2	0.042	0.150	0.156	0.174	0.029	0.094	0.097	0.108

注：***、**和*分别表示1%、5%、10%的显著性水平。括号内为t统计量。

表4-32 省级区域高等教育与生产性服务资源错配（以美、德为参照，2SLS）

变量	以美国为参照				以德国为参照			
hum	−2.361*	−0.365**	−1.109**	−1.642**	−2.008**	−0.590**	−1.201**	−1.643**
	(−1.922)	(−2.135)	(−2.382)	(−2.305)	(−2.383)	(−2.179)	(−2.312)	(−2.493)
patent		−0.092*	0.115	0.137		−0.076	0.094	0.112
		(−1.764)	(0.752)	(0.728)		(−1.200)	(0.473)	(0.486)
wage		−0.590	−0.981	−1.200		−0.587	−0.908	−1.090
		(−0.882)	(−1.468)	(−1.617)		(−0.722)	(−1.006)	(−1.196)
yh			−0.342	−0.222			−0.281	−0.181
			(−1.271)	(−0.698)			(−0.845)	(−0.465)
gov				217.6				180.4
				(1.147)				(0.775)
C	2.811***	9.301	14.740**	15.190**	2.430***	8.767	13.230	13.610
	(24.000)	(1.466)	(2.059)	(1.973)	(17.540)	(1.138)	(1.396)	(1.440)
obs	60	60	60	60	60	60	60	60
R^2	0.064	0.169	0.186	0.201	0.034	0.095	0.103	0.111
LM检验	0.000***	0.000***	0.000***	0.000***	0.000***	0.000***	0.000***	0.000***
C-D检验	有效	有效	有效	有效	有效	有效	有效	有效

注：***、**和*分别表示1%、5%、10%的显著性水平。括号内为t统计量。

表 4-33　省级区域高等教育与生产性服务资源错配（以美、德为参照，联立方程）

变量	以美国为参照				以德国为参照			
hum	−3.984***	−3.678***	−3.502***	−3.500***	−3.772***	−2.771**	−2.670**	−2.669**
	（−4.435）	（−3.632）	（−3.676）	（−3.675）	（−3.684）	（−2.345）	（−2.329）	（−2.328）
patent		−0.128***	−0.075**	−0.098		−0.106**	−0.061	−0.080
		（−3.606）	（−2.058）	（−1.638）		（−2.562）	（−1.387）	（−1.101）
wage		0.246*	0.248**	0.294*		0.059	0.059	0.096
		（1.888）	（2.026）	（1.910）		（0.385）	（0.400）	（0.518）
yh			−0.355***	−0.376***			−0.298***	−0.315***
			（−3.879）	（−3.717）			（−2.705）	（−2.585）
gov				−58.700				−47.160
				（−0.492）				（−0.328）
C	2.849***	1.448	1.119	0.964	2.546***	2.743**	2.480*	2.355*
	（35.680）	（1.272）	（1.042）	（0.862）	（28.040）	（2.066）	（1.920）	（1.750）
obs	120	120	120	120	120	120	120	120
R^2	0.009	0.130	0.235	0.236	0.005	0.079	0.137	0.137

注：***、**和*分别表示 1%、5%、10% 的显著性水平。括号内为 t 统计量。

（4）资源禀赋与生产性服务资源错配

资源禀赋是影响区域产业结构的关键变量，前文跨国层面的实证结果已经证实资源禀赋会对生产性服务资源错配产生深刻的影响，本部分将进一步分析资源错配对省级区域生产性服务资源的错配情况。本书以采掘业就业人数的自然对数来表示省级区域的资源禀赋（zyb），一般而言一个区域采掘业就业人数越多，其自然资源越丰富，就业人数能有效刻画省级区域的自然资源禀赋。表 4-34 报告了自然资源禀赋与生产性服务资源错配间关系的 OLS 估计结果。由表 4-34 可知，在依次加入控制变量的情况下，自然资源禀赋变量的估计结果均显著为正，即自然资源越丰富的区域，其生产性服务资源出现错配的概率越高，可见自然资源过多不利于生产性服务资源配置效率的提升。这一结论与跨国层面的结论高度一致。可见，"资源诅咒"现象在省级区域层面也显著成立，为此，打破"资源诅咒"可以成为提升生产性服务资源配置效率的重要手段。

表 4-34 省级区域资源禀赋与生产性服务资源错配（以美、德为参照，OLS）

变量	以美国为参照				以德国为参照			
zyb	0.0204*	0.0654**	0.0593**	0.0519*	0.0193**	0.0461**	0.0407**	0.0340*
	（1.810）	（2.292）	（2.370）	（1.684）	（2.133）	（2.388）	（2.153）	（1.946）
patent		−0.178***	−0.249**	−0.228*		−0.142***	−0.205	−0.186
		（−4.483）	（−2.103）	（−1.855）		（−3.074）	（−1.445）	（−1.295）
wage		0.250*	0.267**	0.146		0.066	0.081	−0.027
		（1.910）	（1.991）	（0.893）		（0.432）	（0.518）	（−0.142）
yh			0.123	0.215			0.109	0.191
			（0.586）	（1.012）			（0.468）	（0.772）
gov				159.0				142.6
				（1.269）				（0.975）
C	2.469***	1.255	0.523	0.429	2.187***	2.556*	1.908	1.823
	（22.930）	（1.073）	（0.316）	（0.257）	（15.530）	（1.880）	（0.982）	（0.937）
obs	120	120	120	120	120	120	120	120
R^2	0.005	0.157	0.160	0.171	0.003	0.100	0.101	0.109

注：***、**和*分别表示1%、5%、10%的显著性水平。括号内为 t 统计量。

表 3-35 和表 3-36 分别报告了 2SLS、联立方程的估计结果。在依次加入控制变量的情况下，资源禀赋变量依然显著为正，由此可见在考虑内生性的条件下，资源禀赋越丰富的区域越容易出现生产性服务资源错配的机制依然稳健成立，由此我们也可以推定跨国层面和省级区域层面的实证结论均是稳健可靠的。为此，对于资源较为丰富的省份而言，大力发展非资源性产业或高端型资源产业可以成为提升生产性服务资源配置效率的重要手段，也是其实现生产性服务业与制造业高效融合的重要突破点。

表 4-35 省级区域资源禀赋与生产性服务资源错配（以美、德为参照，2SLS）

变量	以美国为参照				以德国为参照			
zyb	0.0376*	0.0396*	0.0682**	0.0632**	0.0348*	0.0360**	0.0595**	0.0555*
	（1.932）	（1.804）	（2.264）	（2.199）	（1.739）	（2.201）	（1.980）	（1.855）
patent		−0.117**	0.145	0.150		−0.100	0.115	0.119
		（−2.072）	（1.002）	（0.822）		（−1.461）	（0.607）	（0.532）
wage		−0.310	−0.478	−0.565		−0.275	−0.413	−0.483
		（−0.825）	（−1.126）	（−1.415）		（−0.601）	（−0.827）	（−0.982）

续表

变量	以美国为参照				以德国为参照			
yh			−0.471★ （−1.706）	−0.359 （−1.051）			−0.388 （−1.124）	−0.298 （−0.708）
gov				165.4 （0.868）				133.1 （0.567）
C	2.461★★★ （13.20）	6.550★ （1.788）	10.440★★ （2.422）	9.943★★ （2.248）	2.119★★★ （9.730）	5.718 （1.283）	8.925★ （1.675）	8.524 （1.563）
obs	60	60	60	60	60	60	60	60
R^2	0.019	0.175	0.203	0.213	0.012	0.098	0.112	0.117
LM 检验	0.000★★★	0.000★★★	0.000★★★	0.000★★★	0.000★★★	0.000★★★	0.000★★★	0.000★★★
C-D 检验	有效	有效	有效	有效	有效	有效	有效	有效

注：★★★、★★和★分别表示 1%、5%、10% 的显著性水平。括号内为 t 统计量。

表 4-36　省级区域资源禀赋与生产性服务资源错配（以美、德为参照，联立方程）

变量	以美国为参照				以德国为参照			
zyb	0.0405★★ （2.415）	0.0833★★★ （2.975）	0.0371★★ （2.215）	0.0350★★ （2.135）	0.0384★★ （2.274）	0.0642★★ （1.970）	0.0236★ （1.693）	0.0219★★ （2.198）
patent		−0.177★★★ （−4.540）	−0.100★★ （−2.225）	−0.118★ （−1.847）		−0.142★★★ （−3.118）	−0.073 （−1.373）	−0.089 （−1.167）
wage		0.247★ （1.926）	0.156 （1.228）	0.192 （1.236）		0.065 （0.435）	−0.016 （−0.109）	0.014 （0.0765）
yh			−0.334★★★ （−3.131）	−0.355★★★ （−2.982）			−0.296★★ （−2.346）	−0.314★★ （−2.228）
gov				−49.88 （−0.402）				−42.19 （−0.287）
C	2.383★★★ （19.25）	1.196 （1.042）	1.796 （1.605）	1.692 （1.475）	2.105★★★ （15.10）	2.481★ （1.859）	3.013★★ （2.275）	2.925★★ （2.154）
obs	120	120	120	120	120	120	120	120
R^2	0.000	0.153	0.218	0.219	0.000	0.097	0.137	0.137

注：★★★、★★和★分别表示 1%、5%、10% 的显著性水平。括号内为 t 统计量。

（5）外国直接投资与生产性服务资源错配

长期以来，中国经济以低要素成本、系统的生产配套系统和巨大的消费市场，吸引着外资的持续流入（刘建丽，2020），并长期位居世界第二大外国直接投资（FDI，简称外资）流入国的位置。外资的流入往往意味着"外智"的流入,外资为了赢得更多的市场,往往会将高于本土企业的技术水平投入中国,以使得自身产品在中国市场中更具竞争力。外商企业的这一举动不仅有助于自身更好地立足于中国市场,对于生产性服务业而言,其会拥有更多的"水平更高"的生产企业作为匹配和服务对象。整体而言,外资的持续流入不仅使得中国成为世界工厂,还为生产性服务业提供了更多的嵌入对象,那么这种变化会对中国生产性服务资源嵌入制造业环节产生什么样的影响呢?令人遗憾的是,目前尚无资本流入对生产性服务资源错配作用机制的实证研究,学界也无法获悉前者对后者的实际作用机制。有鉴于此,本部分基于第3章以美国、德国为参照测度所得生产性服务资源错配系数,细致分析外资对生产性服务资源错配的影响机制。为减少和规避异方差给实证结果带来的有偏影响,实证中外资以省级区域每年外资流入量自然对数的形式(fdi)表示。

表4-37报告了OLS的估计结果。由表4-37可知,在依次加入控制变量的条件下,fdi变量显著为负,可知外资的流入有利于生产性服务资源配置效率的提升。这一现象出现的本质原因可能在于:外商企业的生产技术水平和产品质量往往高于本土企业,相当于为生产性服务业提供了质量更高的服务对象,从而提升了生产性服务资源的配置效率。为此,吸引更多高质量的外资进入中国,可以成为快速提升生产性服务资源配置效率、降低生产性服务资源错配程度的重要途径,从而实现制造业和生产性服务业高水平互动。参考前文的处理方法,本书进一步运用2SLS和联立方程对两者的关系进行稳健性检验。表4-38和表4-39报告了相应的估计结果。fdi在两类估计结果中均显著为负,这进一步证实了前文估计结果的可靠性和稳健性。由此可见,外资对于生产性服务资源错配程度具有降低功能,大力吸引高质量的外资可以成为生产性服务资源配置效率快速提升的重要推动力量。这一结论也表明:鼓励本土已有企业技术革新和走高质量发展之路也有助于生产性服务资源配置效率的提升。

表 4-37　省级区域外资流入与生产性服务资源错配（以美、德为参照，OLS）

变量	以美国为参照				以德国为参照			
fdi	−0.0939***	−0.0514**	−0.0656**	−0.0269**	−0.0915***	−0.0440*	−0.0552**	−0.0222**
	(−3.796)	(−2.079)	(−2.449)	(−2.426)	(−3.240)	(−1.804)	(−1.991)	(−2.303)
patent		−0.086	−0.253**	−0.251**		−0.069	−0.201	−0.199
		(−1.370)	(−2.134)	(−2.013)		(−0.952)	(−1.401)	(−1.381)
wage		0.1290	0.2040*	0.0822		−0.0179	0.0418	−0.0622
		(1.074)	(1.736)	(0.453)		(−0.130)	(0.282)	(−0.296)
yh			0.302	0.346*			0.239	0.277
			(1.477)	(1.730)			(1.066)	(1.197)
gov				154.5				132.1
				(0.948)				(0.700)
C	3.631***	2.577**	0.503	0.550	3.317***	3.493***	1.849	1.889
	(12.680)	(2.464)	(0.310)	(0.325)	(10.140)	(2.906)	(0.945)	(0.963)
obs	120	120	120	120	120	120	120	120
R^2	0.109	0.128	0.146	0.152	0.082	0.090	0.099	0.103

注：***、** 和 * 分别表示 1%、5%、10% 的显著性水平。括号内为 t 统计量。

表 4-38　省级区域外资流入与生产性服务资源错配（以美、德为参照，2SLS）

变量	以美国为参照				以德国为参照			
fdi	−0.152***	−0.204**	−0.204**	−0.279**	−0.130***	−0.174*	−0.174*	−0.242*
	(−3.814)	(−2.425)	(−2.543)	(−2.078)	(−2.724)	(−1.708)	(−1.682)	(−1.804)
patent		0.120	0.133	0.134		0.103	0.104	0.105
		(1.186)	(0.822)	(0.705)		(0.839)	(0.533)	(0.462)
wage		−0.586**	−0.601*	−0.439		−0.521	−0.523	−0.377
		(−2.017)	(−1.867)	(−1.075)		(−1.483)	(−1.282)	(−0.771)
yh			−0.0226	−0.0852			−0.0023	−0.0587
			(−0.0733)	(−0.2550)			(−0.0060)	(−0.1460)
gov				−282.7				−254.6
				(−0.916)				(−0.689)
C	4.445***	9.974***	10.220**	10.590**	3.833***	8.748**	8.773*	9.099*
	(9.225)	(3.541)	(2.505)	(2.327)	(6.623)	(2.567)	(1.708)	(1.670)
obs	60	60	60	60	60	60	60	60
R^2	0.121	0.150	0.151	0.112	0.064	0.082	0.082	0.060
LM 检验	0.000***	0.000***	0.000***	0.000***	0.000***	0.000***	0.000***	0.000***
C-D 检验	有效	有效	有效	有效	有效	有效	有效	有效

注：***、** 和 * 分别表示 1%、5%、10% 的显著性水平。括号内为 t 统计量。

表4-39　省级区域外资流入与生产性服务资源错配（以美、德为参照，联立方程）

变量	以美国为参照				以德国为参照			
fdi	−0.135***	−0.109**	−0.029**	−0.043*	−0.132***	−0.097*	−0.030**	−0.041**
	(−5.559)	(−2.389)	(−2.101)	(−1.730)	(−4.754)	(−1.828)	(−2.218)	(−2.187)
patent		−0.066	−0.092	−0.103		−0.053	−0.075	−0.084
		(−1.092)	(−1.608)	(−1.624)		(−0.756)	(−1.094)	(−1.108)
wage		0.161	0.142	0.193		0.025	0.009	0.051
		(1.405)	(1.318)	(1.168)		(0.184)	(0.0729)	(0.260)
yh			−0.376***	−0.384***			−0.323***	−0.330***
			(−3.668)	(−3.674)			(−2.637)	(−2.639)
gov				−59.10				−48.96
				(−0.403)				(−0.279)
C	4.097***	2.758***	2.367**	2.226**	3.779***	3.558***	3.229***	3.111**
	(14.610)	(2.749)	(2.486)	(2.191)	(11.760)	(3.058)	(2.842)	(2.567)
obs	120	120	120	120	120	120	120	120
R^2	0.088	0.106	0.200	0.200	0.066	0.075	0.125	0.125

注：***、**和*分别表示1%、5%、10%的显著性水平。括号内为t统计量。

（6）工业产值与生产性服务资源错配

作为世界工厂，中国拥有全球最完整的工业产业链，工业产出规模也稳居全球首位。据不完全统计，在世界500余种主要工业产品中，中国有200多种产品的产能位居世界第一。巨大的工业规模不仅使得中国成了"世界工厂"，也使其成了很多原料的消费大国，石油和铁矿石等原料高度依赖进口。嵌入工业生产过程是生产性服务业服务制造业的关键手段，那么工业规模会对生产性服务资源错配产生什么样的影响呢？本部分将对上述问题进行实证解析，以《中国统计年鉴》中各省级区域工业产值的自然对数来刻画工业产值（indout）。表4-40报告了工业产值对省级区域生产性服务资源错配的OLS估计结果。在依次加入控制变量的情况下，工业产值变量均显著为正，这表明工业规模扩大会加剧中国省级区域生产性服务资源错配。这一现象出现的原因可能在于：工业规模的扩大往往意味着原料需求的增加，这使得原料产业变得"有利可图"，从而使得大量生产性服务资源流向了上游原料环节，进而"挤占"了本应流向高技术、高附加值生产环节的生产性服务资源，从而加剧了生产性服务资源的错配。工业规模越大的区域，其生产性服务资源错配程度越高的结论，很大程度上解释了第3章中江苏、浙江和广东等经济发达地区生产性服务资源错配系数偏高的现象。[①] 由此可见在持续扩大工业产能的同时，应走原料节约型发展之路，促使更多高质量的生产性服务资源"留在"高技术、高附加值生产环节，以提高生产性服务资源的配置效率。此外，还应积极淘汰落后产能，清理僵尸企业，以减少其对生产性服务资源的"挤占"，使得生产性服务资源为技术更先进、生存更有活力的生产环节和企业服务，进而最大化生产性服务资源的配置效率。

表4-40　省级区域工业产值与生产性服务资源错配（以美、德为参照，OLS）

变量	以美国为参照				以德国为参照			
indout	1.128***	0.576**	0.856*	0.883**	1.545***	0.755**	1.007**	1.041**
	（3.165）	（2.360）	（1.961）	（2.013）	（2.819）	（2.195）	（2.497）	（2.264）
patent		0.081***	0.220**	0.189**		0.088**	0.213*	0.174
		（2.976）	（2.397）	（2.336）		（2.166）	（1.740）	（1.420）
wage		−0.089	−0.152*	−0.025		0.012	−0.045	0.114
		（−1.117）	（−1.678）	（−0.244）		（0.100）	（−0.348）	（0.745）
yh			−0.243	−0.335**			−0.219	−0.333
			（−1.534）	（−2.441）			（−1.084）	（−1.599）
gov				−187.2**				−233.1*
				（−2.326）				（−1.909）
C	1.184***	1.627**	3.307**	3.478***	1.271***	0.775	2.286	2.499
	（8.281）	（2.353）	（2.450）	（3.072）	（5.771）	（0.751）	（1.319）	（1.455）
obs	120	120	120	120	120	120	120	120
R^2	0.072	0.138	0.162	0.200	0.063	0.108	0.117	0.145

注：***、**和*分别表示1%、5%、10%的显著性水平。括号内为 t 统计量。

本书进一步运用2SLS和联立方程对两者的关系进行稳健性检验，表4-41和表4-42报告了相应的估计结果。工业产值在两类回归中均显著为正，这表明：在控制内生性条件下，工业产值扩大对生产性服务资源错配的加剧作用具有较强的稳健性，即前文的估计结果是可靠的。为此，处理好

[①] 结合经济发展水平和出口的负效应，该部分的结论还在一定程度上表明：工业产值增大对生产性服务资源错配程度的提升效应大于经济发展水平提升和出口扩大所带来的降低效应，从而使得中国出现发达地区生产性服务资源错配程度高于欠发达地区的现象。

工业产值扩大、淘汰落后产能及生产性服务资源流向之间的关系可以成为实现工业高质量发展和生产性服务资源高效配置的重要途径。

表4-41　省级区域工业产值与生产性服务资源错配（以美、德为参照，2SLS）

变量	以美国为参照				以德国为参照			
indout	1.570★★ （2.360）	0.566★ （1.867）	0.436★★ （2.259）	0.481★ （1.720）	1.793★ （1.661）	0.560★★ （2.209）	0.381★★ （2.295）	0.436★★ （2.383）
patent		0.0514 （1.558）	−0.0681 （−0.676）	−0.0762 （−0.686）		0.0652 （1.172）	−0.0993 （−0.558）	−0.1090 （−0.577）
wage		0.368★★ （2.078）	0.498★★ （2.542）	0.577★★★ （2.744）		0.411 （1.377）	0.590★ （1.760）	0.688★ （1.916）
yh			0.207 （1.084）	0.087 （0.432）			0.285 （0.858）	0.137 （0.397）
gov				−189.8★ （−1.668）				−235.1 （−1.211）
C	0.927★★★ （3.279）	−2.791 （−1.608）	−5.028★★ （−2.087）	−4.300★ （−1.651）	1.138★★ （2.482）	−3.029 （−1.036）	−6.108 （−1.465）	−5.206 （−1.172）
obs	60	60	60	60	60	60	60	60
R^2	0.120	0.240	0.247	0.283	0.064	0.129	0.135	0.157
LM检验	0.000★★★	0.000★★★	0.000★★★	0.000★★★	0.000★★★	0.000★★★	0.000★★★	0.000★★★
C-D检验	有效	有效	有效	有效	有效	有效	有效	有效

注：★★★、★★和★分别表示1%、5%、10%的显著性水平。括号内为t统计量。

表4-42　省级区域工业产值与生产性服务资源错配（以美、德为参照，联立方程）

变量	以美国为参照				以德国为参照			
indout	2.063★★★ （5.775）	1.468★★★ （3.616）	1.314★★★ （3.405）	1.308★★★ （3.381）	2.842★★★ （5.376）	1.993★★★ （3.276）	1.855★★★ （3.126）	1.821★★★ （3.063）
patent		0.0673★★ （2.575）	0.0370 （1.402）	0.0347 （0.848）		0.0718★ （1.836）	0.0389 （0.959）	0.0210 （0.334）
wage		−0.0875 （−1.150）	−0.0868 （−1.201）	−0.0819 （−0.845）		0.0013 （0.011）	0.0034 （0.031）	0.0409 （0.275）
yh			0.214★★★ （3.499）	0.212★★★ （3.133）			0.228★★ （2.420）	0.212★★ （2.033）
gov				−6.099 （−0.077）				−46.320 （−0.377）
C	0.816★★★ （5.678）	1.370★★ （2.062）	1.584★★ （2.502）	1.568★★ （2.334）	0.760★★★ （3.573）	0.516 （0.518）	0.725 （0.745）	0.599 （0.580）
obs	120	120	120	120	120	120	120	120
R^2	0.023	0.102	0.199	0.200	0.019	0.076	0.127	0.129

注：★★★、★★和★分别表示1%、5%、10%的显著性水平。括号内为t统计量。

4.2.2　基于以北京、上海为参照测度结果的实证分析

前文基于以美国和德国为参照的中国省级层面相应生产性服务产业资源错配测度结果，细致分析了中国生产性服务资源错配的演进机理。研究发现，经济发展水平、出口、高等教育和外国直接投资等因素能有效地降低中国生产性服务资源错配程度和提高中国生产性服务资源配置效率，而资源禀赋和工业产值则会加剧生产性服务资源错配，这与跨国层面实证结果所得结论较为一致。考虑到第 3 章在测度生产性服务资源错配系数时，以美国和德国为参照的测度结果中，完美匹配的仅有金融业和餐饮业，这也使得 4.2.1 部分计量结果的样本容量相对有限。为进一步证实前文省级区域实证结果的可靠性，本部分进一步运用第 3 章中以北京和上海为参照的生产性服务资源错配测度结果，结合 4.2.1 中的式（4.32）和控制变量，细致分析经济发展水平、出口、高等教育、资源禀赋、外国直接投资和工业产值对省级区域生产性服务资源错配的作用机制，以确保省级区域层面的估计结果科学可靠。[①]

（1）经济发展水平与生产性服务资源错配

表 4-43 报告了以京沪为参照测度所得生产性服务资源错配为被解释变量、省级区域经济发展水平为解释变量的 OLS 估计结果。由表 4-43 可知，在变更生产性服务资源错配参照对象的情况下，经济增长的估计系数依然显著为负，且这一负向结果在依次加入控制变量的情况下依然稳健成立，这在一定程度上证实了前文实证结果的可靠性。

表 4-43　省级区域经济增长与生产性服务资源错配（以京沪为参照，OLS）

变量	以北京为参照				以上海为参照			
pgdp	−0.207***	−0.777***	−0.564***	−0.438**	−0.186***	−0.888***	−0.623***	−0.730***
	（−3.616）	（−5.116）	（−3.626）	（−2.374）	（−2.744）	（−4.956）	（−3.234）	（−3.351）
patent		−0.111***	−0.094**	−0.0406		−0.148***	−0.126***	−0.171***
		（−2.988）	（−2.425）	（−0.776）		（−3.357）	（−2.847）	（−2.773）
wage		1.084***	0.833***	0.517*		1.357***	1.045***	1.314***
		（6.076）	（4.353）	（1.785）		（6.450）	（4.624）	（3.849）

---

① 根据第 3 章的测度结果，以北京和上海为参照的测度结果中，有 11 类生产性服务业。考虑到西藏和港澳台数据缺失较多，在实证样本中并未纳入其数据。

续表

变量	以北京为参照				以上海为参照			
yh			−0.361*** (−3.366)	−0.315*** (−2.871)			−0.450*** (−3.624)	−0.489*** (−3.773)
gov				146.5 (1.457)				−124.7 (−1.051)
C	6.576*** (11.750)	2.231*** (2.737)	2.624*** (3.143)	3.821*** (3.295)	7.108*** (10.720)	1.617* (1.681)	2.106** (2.182)	1.086 (0.794)
obs	924	924	924	924	924	924	924	924
R^2	0.014	0.068	0.080	0.082	0.008	0.071	0.084	0.085

注:***、**和*分别表示1%、5%、10%的显著性水平。括号内为 t 统计量。

为确保表4-43的估计结果稳健可靠,本书进一步借鉴4.2.1的处理方法,以2SLS和联立方程对表4-43进行稳健性检验。① 表4-44和表4-45分别报告了两类稳健性检验的结果。在2SLS的估计结果中,在依次加入控制变量的情况下,经济发展水平变量的估计结果均显著为负;在联立方程的估计结果中,也得到了类似的结果。由此我们可以推定,表4-43所得结论是稳健可靠的。结合跨国层面估计结论以及以美国、德国为参照的省级层面估计结论,可以推定提高经济发展水平有助于提升生产性服务资源配置效率、降低生产性服务资源错配程度的结论是科学可靠的。

表4-44 省级区域经济增长与生产性服务资源错配(以京沪为参照,2SLS)

变量	以北京为参照				以上海为参照			
pgdp	−0.528*** (−5.291)	−1.118*** (−5.247)	−0.828*** (−3.567)	−0.598** (−2.143)	−0.941*** (−7.967)	−1.252*** (−4.901)	−0.951*** (−3.273)	−0.760** (−2.265)
patent		−0.0400 (−0.896)	−0.0315 (−0.694)	0.0505 (0.808)		−0.0543 (−1.014)	−0.0454 (−0.888)	0.0227 (0.303)
wage		1.252*** (4.507)	0.942*** (3.261)	0.293 (0.596)		0.778** (2.337)	0.456 (1.272)	−0.084 (−0.141)
yh			−0.356** (−2.542)	−0.276** (−1.988)			−0.369** (−2.422)	−0.303* (−1.815)
gov				228.6* (1.774)				190.1 (1.227)

① 2SLS工具变量的选取和联立方程中第一个方程、第二个方程的设置方法均与4.2.1相同,后文其他因素的处理方法也采用4.2.1中的方法。

续表

变量	以北京为参照				以上海为参照			
C	9.964*** （9.813）	3.356** （2.062）	3.667** （2.350）	6.815*** （2.805）	15.030*** （12.500）	10.610*** （5.440）	10.940*** （5.475）	13.550*** （4.641）
obs	616	616	616	616	616	616	616	616
R^2	0.040	0.074	0.085	0.091	0.090	0.100	0.109	0.111
LM 检验	0.000***	0.000***	0.000***	0.000***	0.000***	0.000***	0.000***	0.000***
C-D 检验	有效	有效	有效	有效	有效	有效	有效	有效

注：***、**和*分别表示1%、5%、10%的显著性水平。括号内为 t 统计量。

表4-45 省级区域经济增长与生产性服务资源错配（以京沪为参照，联立方程）

系数	以北京为参照				以上海为参照			
pgdp	-0.362*** （-6.380）	-0.909*** （-6.012）	-0.689*** （-4.237）	-0.570*** （-3.101）	-0.327*** （-4.842）	-0.980*** （-5.486）	-0.699*** （-3.641）	-0.833*** （-3.842）
patent		-0.090** （-2.411）	-0.076** （-2.027）	-0.033 （-0.639）		-0.133*** （-3.023）	-0.115*** （-2.607）	-0.165*** （-2.683）
wage		1.080*** （6.083）	0.842*** （4.412）	0.577** （2.002）		1.356*** （6.465）	1.052*** （4.668）	1.361*** （4.000）
yh			-0.345*** （-3.287）	-0.308*** （-2.817）			-0.440*** （-3.556）	-0.483*** （-3.743）
gov				122.5 （1.223）				-142.9 （-1.209）
C	8.099*** （14.550）	3.376*** （4.160）	3.599*** （4.417）	4.488*** （3.888）	8.483*** （12.840）	2.398** （2.501）	2.690*** （2.796）	1.615 （1.185）
obs	924	924	924	924	924	924	924	924
R^2	0.006	0.065	0.077	0.080	0.003	0.070	0.083	0.084

注：***、**和*分别表示1%、5%、10%的显著性水平。括号内为 t 统计量。

（2）出口与生产性服务资源错配

表4-46报告了以京沪为参照测度所得生产性服务资源错配为被解释变量、出口为解释变量的OLS估计结果。由表4-46可知，在依次加入控制变量的情况下，出口变量的估计结果均显著为负，且通过了至少10%的显著性检验，可知在变更生产性服务资源错配参照对象的情况下，出口变量对生产性服务资源依然表现出显著的负效应。

表4-46　省级区域出口与生产性服务资源错配（以京沪为参照，OLS）

变量	以北京为参照				以上海为参照			
ex	−0.170***	−0.332***	−0.215***	−0.168**	−0.177***	−0.290***	−0.083*	−0.074*
	(−6.965)	(−5.264)	(−3.059)	(−2.041)	(−6.099)	(−3.885)	(−1.879)	(−1.758)
patent		0.118*	0.039	0.092		0.028	−0.112	−0.102
		(1.692)	(0.577)	(1.148)		(0.334)	(−1.233)	(−1.075)
wage		0.339***	0.296***	0.018		0.495***	0.420***	0.366**
		(3.707)	(3.039)	(0.115)		(4.567)	(3.822)	(2.025)
yh			−0.294**	−0.229*			−0.523***	−0.511***
			(−2.457)	(−1.801)			(−3.572)	(−3.396)
gov				211.1**				40.3
				(2.296)				(0.369)
C	6.860***	4.680***	4.274***	5.555***	7.690***	4.045***	3.323***	3.567***
	(20.580)	(5.633)	(5.177)	(5.490)	(19.410)	(4.103)	(3.322)	(2.973)
obs	924	924	924	924	924	924	924	924
R^2	0.050	0.070	0.076	0.081	0.039	0.062	0.074	0.075

注：***、**和*分别表示1%、5%、10%的显著性水平。括号内为t统计量。

为了确保表4-46的估计结果稳健可靠，此处继续运用2SLS和联立方程进行稳健性检验。表4-47、表4-48分别报告了2SLS和联立方程的估计结果。在两类回归中，在依次加入控制变量的情况下，出口变量对生产性服务资源错配均表现出显著的负效应。由此可知，表4-46中OLS估计所得结论是稳健可靠的。结合跨国层面估计结论、机理分析结论和以美国、德国为参照的省级层面估计结论可知：扩大出口有助于降低生产性服务资源错配程度的机制是稳健可靠的。

表4-47　省级区域出口与生产性服务资源错配（以京沪为参照，2SLS）

变量	以北京为参照				以上海为参照			
ex	−0.217***	−0.502***	−0.416***	−0.286**	−0.319***	−0.525***	−0.419***	−0.287*
	(−6.289)	(−5.380)	(−3.329)	(−2.153)	(−7.688)	(−4.691)	(−3.011)	(−1.797)
patent		0.321***	0.258**	0.293**		0.315***	0.236*	0.272*
		(3.285)	(2.346)	(2.425)		(2.681)	(1.949)	(1.866)
wage		−0.083	−0.059	−0.611**		−0.705***	−0.674***	−1.232***
		(−0.495)	(−0.355)	(−2.443)		(−3.490)	(−3.257)	(−4.092)
yh			−0.169	−0.092			−0.210	−0.132
			(−0.930)	(−0.528)			(−1.108)	(−0.628)
gov				333.6***				336.8**
				(3.063)				(2.569)

续表

变量	以北京为参照				以上海为参照			
C	7.657***	9.700***	8.851***	11.710***	9.967***	17.390***	16.330***	19.210***
	（15.660）	（5.404）	（4.742）	（5.185）	（16.910）	（8.071）	（6.972）	（7.071）
obs	616	616	616	616	616	616	616	616
R^2	0.062	0.074	0.078	0.094	0.079	0.098	0.102	0.112
LM 检验	0.000***	0.000***	0.000***	0.000***	0.000***	0.000***	0.000***	0.000***
C-D 检验	有效	有效	有效	有效	有效	有效	有效	有效

注：***、**和*分别表示1%、5%、10%的显著性水平。括号内为t统计量。

表4-48 省级区域出口与生产性服务资源错配（以京沪为参照，联立方程）

变量	以北京为参照				以上海为参照			
ex	−0.261***	−0.476***	−0.383***	−0.343***	−0.272***	−0.441***	−0.253***	−0.260***
	（−10.790）	（−7.701）	（−4.894）	（−4.236）	（−9.445）	（−5.989）	（−2.718）	（−2.705）
patent		0.177***	0.116	0.141*		0.094	−0.030	−0.042
		（2.590）	（1.538）	（1.783）		（1.156）	（−0.331）	（−0.447）
wage		0.322***	0.292***	0.132		0.476***	0.414***	0.472***
		（3.594）	（3.200）	（0.880）		（4.450）	（3.821）	（2.642）
yh			−0.219*	−0.188			−0.444***	−0.459***
			（−1.796）	（−1.503）			（−3.068）	（−3.090）
gov				121.70				−43.73
				（1.345）				（−0.406）
C	8.094***	6.310***	5.934***	6.532***	8.978***	5.730***	4.970***	4.678***
	（24.500）	（7.736）	（7.139）	（6.556）	（22.820）	（5.892）	（5.032）	（3.948）
obs	924	924	924	924	924	924	924	924
R^2	0.036	0.053	0.060	0.066	0.028	0.049	0.064	0.064

注：***、**和*分别表示1%、5%、10%的显著性水平。括号内为t统计量。

（3）高等教育与生产性服务资源错配

表4-49报告了以京沪为参照测度所得生产性服务资源错配为被解释变量、省级区域高等教育为解释变量的OLS估计结果。由表4-49可知，就业人口中受过高等教育的比重越大，越有助于降低生产性服务资源错配程度，从而助力生产性服务资源高效实用和生产性服务业高质量发展。这一结论在依次加入控制变量的情况下均显著成立，这在很大程度上证实了前文机理分析、跨国层面实证分析和以美国、德国为参照省级层面

实证分析结论的正确性。

表4-49 省级区域高等教育与生产性服务资源错配（以京沪为参照，OLS）

变量	以北京为参照				以上海为参照			
hum	−2.404**	−4.988***	−4.140***	−3.899***	−3.914***	−10.110***	−9.143***	−9.114***
	（−2.292）	（−3.321）	（−2.865）	（−2.612）	（−3.167）	（−5.776）	（−5.246）	（−5.218）
patent		−0.215***	−0.157***	−0.048		−0.272***	−0.206***	−0.194***
		（−6.584）	（−4.236）	（−0.911）		（−7.173）	（−5.136）	（−3.153）
wage		0.578***	0.485***	0.160		1.025***	0.919***	0.881***
		（4.646）	（3.757）	（0.936）		（7.074）	（6.336）	（4.392）
yh			−0.467***	−0.341***			−0.531***	−0.516***
			（−4.802）	（−3.152）			（−4.635）	（−4.075）
gov				244.30***				28.94
				（2.744）				（0.278）
C	4.759***	0.985	1.508	3.317***	5.621***	−1.843	−1.249	−1.035
	（48.470）	（0.934）	（1.415）	（2.684）	（48.580）	（−1.499）	（−1.021）	（−0.715）
obs	924	924	924	924	924	924	924	924
R^2	0.006	0.053	0.076	0.084	0.011	0.080	0.101	0.101

注：***、**和*分别表示1%、5%、10%的显著性水平。括号内为t统计量。

为确保以京沪为参照的省级层面估计结果准确可靠，本书进一步借助2SLS和联立方程进行稳健性检验，表4-50和表4-51分别报告了两类稳健性检验的结果。在两类稳健性检验中，高等教育变量均呈现出显著为负的特征，可见高等教育规模的扩大和质量的提升能在很大程度上消除本国生产性服务资源错配情况，进而助力生产性服务业的高质量发展。这一现象出现的本质原因在于：员工素质和技能的提升能够为制造业营造更多的高技术环节，从而为生产性服务业发展提供更多的高技术匹配对象，实现生产性服务资源与制造业高水平耦合。

表4-50 省级区域高等教育与生产性服务资源错配（以京沪为参照，2SLS）

变量	以北京为参照				以上海为参照			
hum	−7.203***	−12.940***	−10.840***	−8.546**	−9.452***	−11.970***	−9.650***	−6.979*
	（−3.695）	（−3.976）	（−3.574）	（−2.213）	（−4.079）	（−3.081）	（−2.592）	（−1.807）
patent		−0.207***	−0.146***	−0.042		−0.233***	−0.165***	−0.044
		（−5.156）	（−3.164）	（−0.525）		（−4.857）	（−3.240）	（−0.460）

续表

变量	以北京为参照				以上海为参照			
wage		1.452*** (3.784)	1.220*** (3.294)	0.599 (0.995)		0.736 (1.606)	0.479 (1.049)	−0.244 (−0.337)
yh			−0.480*** (−3.879)	−0.370*** (−2.669)			−0.532*** (−3.959)	−0.404** (−2.426)
gov				212.3 (1.605)				247.1 (1.557)
C	5.292*** (27.080)	−7.355** (−2.072)	−5.545* (−1.645)	−0.731 (−0.143)	6.372*** (27.440)	1.061 (0.250)	3.065 (0.730)	8.668 (1.413)
obs	616	616	616	616	616	616	616	616
R^2	−0.004	0.038	0.067	0.078	0.041	0.073	0.095	0.103
LM 检验	0.000***	0.000***	0.000***	0.000***	0.000***	0.000***	0.000***	0.000***
C-D 检验	有效	有效	有效	有效	有效	有效	有效	有效

注：***、** 和 * 分别表示 1%、5%、10% 的显著性水平。括号内为 t 统计量。

表 4-51　省级区域高等教育与生产性服务资源错配（以京沪为参照，联立方程）

变量	以北京为参照				以上海为参照			
hum	−4.729*** (−4.526)	−6.903*** (−4.614)	−5.921*** (−3.977)	−5.582*** (−3.757)	−7.664*** (−6.240)	−13.370*** (−7.689)	−12.250*** (−7.071)	−12.220*** (−7.041)
patent		−0.209*** (−6.421)	−0.152*** (−4.421)	−0.0458 (−0.878)		−0.260*** (−6.888)	−0.197*** (−4.925)	−0.188*** (−3.078)
wage		0.578*** (4.668)	0.487*** (3.926)	0.169 (0.993)		1.016*** (7.059)	0.914*** (6.342)	0.887*** (4.452)
yh			−0.461*** (−4.712)	−0.338*** (−3.141)			−0.518*** (−4.547)	−0.507*** (−4.032)
gov				238.80*** (2.694)				20.64 (0.199)
C	4.954*** (50.610)	1.091 (1.038)	1.599 (1.530)	3.361*** (2.732)	5.935*** (51.560)	−1.588 (−1.299)	−1.025 (−0.843)	−0.873 (−0.607)
obs	924	924	924	924	924	924	924	924
R^2	0.000	0.050	0.073	0.081	0.001	0.072	0.094	0.094

注：*** 表示 1% 的显著性水平。括号内为 t 统计量。

（4）资源禀赋与生产性服务资源错配

表4-52报告了以京沪为参照测度所得生产性服务资源错配为被解释变量、省级区域资源禀赋为解释变量的OLS估计结果。由表4-52可知，在依次加入控制变量的条件下，资源禀赋变量表现出显著的正效应，即在变更参照对象的条件下，资源禀赋变量对生产性服务资源错配依然表现出显著的加剧效应，这进一步证实了前文估计结果的可靠性。

表4-52 省级区域资源禀赋与生产性服务资源错配（以京沪为参照，OLS）

变量	以北京为参照				以上海为参照			
zyb	0.0355★★	0.0606★	0.0447★★	0.0216★★	0.0368★★	0.0852★★	0.0361★★	0.0319★★
	（2.183）	（1.894）	（2.251）	（2.253）	（2.075）	（2.262）	（1.800）	（2.290）
patent		−0.239★★★	−0.113★★★	−0.021		−0.303★★★	−0.157★★★	−0.140★★
		（−6.497）	（−2.662）	（−0.371）		（−6.970）	（−2.974）	（−2.111）
wage		0.355★★★	0.202★★	−0.087		0.539★★★	0.363★★★	0.310★
		（3.669）	（2.024）	（−0.594）		（4.729）	（3.056）	（1.789）
yh			−0.578★★★	−0.408★★★			−0.666★★★	−0.635★★★
			（−5.018）	（−3.047）			（−4.762）	（−4.009）
gov				247.0★★★				44.6
				（2.702）				（0.413）
C	4.720★★★	2.727★★★	3.870★★★	5.359★★★	5.461★★★	2.035★★	3.352★★★	3.621★★★
	（32.210）	（3.202）	（4.561）	（5.201）	（33.230）	（2.029）	（3.256）	（2.970）
obs	924	924	924	924	924	924	924	924
R^2	0.002	0.046	0.070	0.077	0.001	0.052	0.074	0.075

注：★★★、★★和★分别表示1%、5%、10%的显著性水平。括号内为t统计量。

表4-53、表4-54分别报告以京沪为参照作为被解释变量的2SLS和联立方程估计结果。在两类稳健性检验结果中，资源禀赋均表现出显著为正的特征，这与跨国层面计量结果、以美国和德国为参照的省级层面实证结果高度一致。这不仅证实了表4-52估计结果的稳健性，也进一步证实了前文估计结果的科学性和可靠性。

表 4-53　省级区域资源禀赋与生产性服务资源错配（以京沪为参照，2SLS）

变量	以北京为参照				以上海为参照			
zyb	0.0471**	0.0273**	0.0991**	0.0391*	0.0536**	0.0274**	0.1100**	0.0506*
	（2.258）	（1.667）	（2.175）	（1.752）	（2.179）	（2.259）	（2.094）	（1.809）
patent		−0.176***	−0.0345	0.0826		−0.205***	−0.0516	0.0638
		（−4.088）	（−0.716）	（1.279）		（−3.986）	（−0.976）	（0.822）
wage		0.111	−0.042	−0.604**		−0.502**	−0.669***	−1.223***
		（0.637）	（−0.259）	（−2.399）		（−2.405）	（−3.268）	（−4.040）
yh			−0.733***	−0.416**			−0.795***	−0.482**
			（−4.856）	（−2.316）			（−4.910）	（−2.236）
gov				354.6***				349.5**
				（3.116）				（2.556）
C	4.816***	4.880***	6.029***	9.704***	5.710***	12.360***	13.600***	17.230***
	（26.650）	（2.882）	（3.926）	（4.721）	（25.990）	（6.107）	（6.795）	（6.972）
obs	616	616	616	616	616	616	616	616
R^2	0.000	0.034	0.067	0.083	0.000	0.067	0.094	0.104
LM 检验	0.000***	0.000***	0.000***	0.000***	0.000***	0.000***	0.000***	0.000***
C-D 检验	有效	有效	有效	有效	有效	有效	有效	有效

注：***、** 和 * 分别表示 1%、5%、10% 的显著性水平。括号内为 t 统计量。

表 4-54　省级区域资源禀赋与生产性服务资源错配（以京沪为参照，联立方程）

变量	以北京为参照				以上海为参照			
zyb	0.0692**	0.0482**	0.0530**	0.0266***	0.0718**	0.0747**	0.0419***	0.0372*
	（2.395）	（2.009）	（1.988）	（3.684）	（2.100）	（1.986）	（2.931）	（1.806）
patent		−0.238***	−0.112**	−0.021		−0.301***	−0.156***	−0.140**
		（−6.462）	（−2.508）	（−0.366）		（−6.949）	（−2.968）	（−2.112）
wage		0.355***	0.202**	−0.086		0.539***	0.363***	0.311*
		（3.676）	（2.013）	（−0.590）		（4.738）	（3.065）	（1.800）
yh			−0.577***	−0.408***			−0.665***	−0.635***
			（−4.876）	（−3.057）			（−4.770）	（−4.021）
gov				246.30***				43.91
				（2.703）				（0.407）
C	4.873***	2.769***	3.896***	5.370***	5.621***	2.071**	3.370***	3.633***
	（35.110）	（3.258）	（4.473）	（5.229）	（34.260）	（2.069）	（3.283）	（2.990）
obs	924	924	924	924	924	924	924	924
R^2	0.040	0.046	0.070	0.077	0.042	0.051	0.074	0.075

注：***、** 和 * 分别表示 1%、5%、10% 的显著性水平。括号内为 t 统计量。

（5）外国直接投资与生产性服务资源错配

表4-55报告了以京沪为参照测度所得生产性服务资源错配为被解释变量、省级区域外国直接投资为解释变量的OLS估计结果。由表4-55可知，外国直接投资变量在八个估计结果中均显著为负，与以美国和德国为参照的省级层面估计结果一致，这进一步表明前文"外国直接投资增加有助于提升生产性服务资源的配置效率"结论的准确性。

表4-55 省级区域FDI与生产性服务资源错配（以京沪为参照，OLS）

变量	以北京为参照				以上海为参照			
fdi	−0.138***	−0.107**	−0.056**	−0.025**	−0.144***	−0.078**	−0.013**	−0.007**
	（−6.130）	（−2.489）	（−2.269）	（−2.169）	（−5.405）	（−2.126）	（−2.242）	（−2.111）
patent		−0.094*	−0.091*	−0.044		−0.175***	−0.171***	−0.160**
		（−1.669）	（−1.696）	（−0.756）		（−2.640）	（−2.620）	（−2.329）
wage		0.274***	0.240**	−0.110		0.442***	0.400***	0.315*
		（2.954）	（2.549）	（−0.684）		（4.040）	（3.687）	（1.649）
yh			−0.467***	−0.364***			−0.595***	−0.571***
			（−4.573）	（−3.359）			（−4.992）	（−4.454）
gov				287.40***				69.15
				（2.637）				（0.536）
C	6.184***	3.863***	3.721***	5.298***	6.995***	3.243***	3.063***	3.442***
	（23.010）	（4.658）	（4.651）	（5.228）	（21.930）	（3.310）	（3.164）	（2.870）
obs	924	924	924	924	924	924	924	924
R^2	0.039	0.048	0.070	0.077	0.031	0.049	0.074	0.074

注：***、**和*分别表示1%、5%、10%的显著性水平。括号内为t统计量。

表4-56、表4-57分别报告以京沪为参照作为被解释变量的2SLS和联立方程估计结果。在两类稳健性检验结果中，fdi变量均表现出显著的负效应。可见在变更计量方法的情况下，fdi变量均呈现出显著为负的特征，这既证实了表4-56和表4-57估计结果的准确性，也证实了前文以美国和德国为参照所得估计结论的可靠性。

表4-56 省级区域FDI与生产性服务资源错配（以京沪为参照，2SLS）

变量	以北京为参照				以上海为参照			
fdi	−0.194***	−0.297***	−0.173***	−0.093**	−0.281***	−0.368***	−0.238***	−0.188*
	（−6.070）	（−4.143）	（−2.909）	（−2.028）	（−7.271）	（−4.288）	（−3.153）	（−1.724）

续表

变量	以北京为参照				以上海为参照			
patent		0.149★	0.076	0.117		0.194★	0.117	0.143
		（1.754）	（1.052）	（1.510）		（1.913）	（1.355）	（1.535）
wage		−0.175	−0.078	−0.503★		−0.850★★★	−0.749★★★	−1.014★★★
		（−0.974）	（−0.457）	（−1.843）		（−3.956）	（−3.412）	（−3.088）
yh			−0.504★★★	−0.364★★			−0.528★★★	−0.440★★★
			（−4.137）	（−2.572）			（−4.097）	（−2.590）
gov				277.5★				173.0
				（1.866）				（0.968）
C	6.984★★★	8.743★★★	7.027★★★	9.457★★★	8.919★★★	17.060★★★	15.270★★★	16.780★★★
	（17.610）	（4.777）	（4.107）	（4.590）	（18.590）	（7.795）	（6.712）	（6.773）
obs	616	616	616	616	616	616	616	616
R^2	0.045	0.039	0.073	0.082	0.055	0.070	0.098	0.102
LM检验	0.000★★★	0.000★★★	0.000★★★	0.000★★★	0.000★★★	0.000★★★	0.000★★★	0.000★★★
C-D检验	有效	有效	有效	有效	有效	有效	有效	有效

注：★★★、★★和★分别表示1%、5%、10%的显著性水平。括号内为t统计量。

表4-57 省级区域FDI与生产性服务资源错配（以京沪为参照，联立方程）

变量	以北京为参照				以上海为参照			
fdi	−0.199★★★	−0.189★★★	−0.135★★★	−0.059★★	−0.208★★★	−0.163★★★	−0.093★	−0.079★★
	（−8.882）	（−4.422）	（−3.092）	（−2.104）	（−7.819）	（−3.218）	（−1.794）	（−2.260）
patent		−0.068	−0.068	−0.027		−0.146★★	−0.146★★	−0.139★★
		（−1.230）	（−1.234）	（−0.471）		（−2.232）	（−2.257）	（−2.048）
wage		0.283★★★	0.252★★★	−0.061		0.449★★★	0.409★★★	0.355★
		（3.092）	（2.771）	（−0.381）		（4.137）	（3.802）	（1.876）
yh			−0.432★★★	−0.342★★★			−0.559★★★	−0.544★★★
			（−4.319）	（−3.191）			（−4.729）	（−4.286）
gov				256.10★★				43.54
				（2.374）				（0.341）
C	6.902★★★	4.513★★★	4.328★★★	5.702★★★	7.745★★★	3.939★★★	3.693★★★	3.925★★★
	（25.810）	（5.501）	（5.326）	（5.685）	（24.380）	（4.056）	（3.847）	（3.302）
obs	924	924	924	924	924	924	924	924
R^2	0.032	0.040	0.063	0.071	0.025	0.042	0.069	0.069

注：★★★、★★和★分别表示1%、5%、10%的显著性水平。括号内为t统计量。

（6）工业产值与生产性服务资源错配

表4-58报告了以京沪为参照测度所得生产性服务资源错配为被解释变量、省级区域工业产值为解释变量的OLS估计结果。在依次加入控制变量的情况下，省级区域工业产值变量均表现出显著的正效应，即工业产值越大的区域，其生产性服务资源错配的可能性越大。这一结论与以美国和德国为参照的估计结果高度一致，可见"工业规模扩大加剧生产性服务资源错配"的机制是科学稳健的，这也从生产性服务资源配置效率提升视角，证实了中国从当前制造业大国向制造业强国转变策略的科学性。

表4-58 省级区域工业产值与生产性服务资源错配（以京沪为参照，OLS）

变量	以北京为参照				以上海为参照			
indout	0.635***	0.465***	0.574***	0.511***	0.415***	0.318***	0.410***	0.382***
	（5.490）	（3.438）	（4.151）	（3.710）	（4.180）	（2.700）	（3.523）	（3.172）
patent		0.0292***	0.0120	−0.0007		0.0289***	0.0143**	0.0084
		（4.108）	（1.569）	（−0.0680）		（4.665）	（2.196）	（0.943）
wage		−0.0613***	−0.0509***	−0.0090		−0.0851***	−0.0763***	−0.0570**
		（−3.391）	（−2.730）	（−0.310）		（−5.408）	（−4.921）	（−2.241）
yh			0.120***	0.102***			0.102***	0.0936***
			（6.397）	（4.733）			（6.120）	（4.976）
gov				−32.40*				−14.94
				（−1.813）				（−0.958）
C	0.685***	1.124***	1.080***	0.861***	0.645***	1.295***	1.258***	1.157***
	（14.150）	（7.194）	（6.374）	（4.418）	（15.720）	（9.523）	（9.423）	（6.802）
obs	924	924	924	924	924	924	924	924
R^2	0.033	0.053	0.092	0.096	0.019	0.054	0.091	0.092

注：***、**和*分别表示1%、5%、10%的显著性水平。括号内为t统计量。

表4-59、表4-60分别报告了以京沪为参照作为被解释变量的2SLS和联立方程估计结果。在两类稳健性检验结果中，工业产值变量均显著为正，这进一步证实了表4-58中工业产值变量估计结果的科学性和可靠性，即前文关于工业产值与生产性服务资源关系的论述是准确可靠的。

表4-59　省级区域工业产值与生产性服务资源错配（以京沪为参照，2LS）

变量	以北京为参照				以上海为参照			
indout	1.177*** （5.903）	0.836*** （3.864）	0.964*** （4.339）	0.886*** （3.976）	1.059*** （6.249）	0.672*** （3.680）	0.774*** （4.601）	0.704*** （3.730）
patent		0.0146* （1.860）	-0.0038 （-0.444）	-0.0193* （-1.795）		0.0129* （1.958）	-0.0017 （-0.258）	-0.0155* （-1.705）
wage		0.0115 （0.388）	0.0166 （0.563）	0.0839* （1.891）		0.0330 （1.320）	0.0370 （1.481）	0.0973*** （2.589）
yh			0.140*** （6.515）	0.116*** （4.630）			0.112*** （6.121）	0.090*** （4.234）
gov				-38.63* （-1.940）				-34.58** （-2.049）
C	0.432*** （5.050）	0.330 （1.108）	0.340 （1.167）	-0.099 （-0.281）	0.336*** （4.626）	0.045 （0.180）	0.054 （0.215）	-0.339 （-1.135）
obs	616	616	616	616	616	616	616	616
R^2	0.045	0.065	0.124	0.132	0.038	0.070	0.123	0.131
LM检验	0.000***	0.000***	0.000***	0.000***	0.000***	0.000***	0.000***	0.000***
C-D检验	有效	有效	有效	有效	有效	有效	有效	有效

注：***、**和*分别表示1%、5%、10%的显著性水平。括号内为t统计量。

表4-60　省级区域工业产值与生产性服务资源错配（以京沪为参照，联立方程）

变量	以北京为参照				以上海为参照			
indout	1.169*** （10.490）	1.009*** （7.565）	1.062*** （8.046）	0.995*** （7.306）	0.770*** （7.826）	0.669*** （5.729）	0.719*** （6.223）	0.690*** （5.782）
patent		0.0223*** （3.171）	0.0070 （0.936）	-0.0032 （-0.310）		0.0244*** （3.971）	0.0110* （1.694）	0.0066 （0.747）
wage		-0.0592*** （-3.320）	-0.0498*** （-2.834）	-0.0161 （-0.559）		-0.0835*** （-5.348）	-0.0753*** （-4.894）	-0.0608** （-2.410）
yh			0.113*** （5.962）	0.098*** （4.618）			0.098*** （5.923）	0.092*** （4.917）
gov				-26.11 （-1.479）				-11.24 （-0.726）
C	0.468*** （10.140）	0.939*** （6.091）	0.916*** （6.049）	0.745*** （3.865）	0.501*** （12.300）	1.173*** （8.696）	1.152*** （8.691）	1.079*** （6.388）
obs	924	924	924	924	924	924	924	924
R^2	0.010	0.034	0.076	0.081	0.005	0.044	0.083	0.084

注：***、**和*分别表示1%、5%、10%的显著性水平。括号内为t统计量。

综合对比以美国和德国为参照所得被解释变量与以京沪为参照所得被解释变量的估计结果，可以发现：经济发展水平、出口、高等教育、资源禀赋、外国直接投资和工业产值等变量在两类参照中的估计结果高度一致。这不仅表明前文关于经济发展水平、出口、高等教育、资源禀赋、外国直接投资和工业产值等变量估计结果的可靠性，还在很大程度上表明：以美国和德国为参照测度所得生产性服务资源错配系数与以京沪为参照所得生产性服务资源错配系数具有高度的相似性，即第 3 章测度结果中以京沪为参照所得生产性服务资源错配系数也是准确可靠的。

4.3　本章小结

生产性服务业是制造业高质量发展的重要推动力量（Markusen et al.，2005；于斌斌，2018），也是全球产业竞争的制高点，是引领产业向价值链高端提升（戴翔，2020；顾雪芹，2020）、实现产业发展蛙跳式超越技术领先国的关键手段（罗军，2020）。然而中国的生产性服务资源存在显著的错配特征（陈晓华等，2019；刘慧等，2020），这不仅不利于中国生产性服务业的高质量发展，还造成了生产性服务资源的浪费，更使得生产性服务业并未充分发挥促进制造业高质量发展的功能。有鉴于此，本部分基于第 3 章跨国和省级层面生产性服务资源错配系数，运用 DOLS、OLS、2SLS 和联立方程等计量方法，从跨国和省级区域双层面细致剖析生产性服务资源错配演进的影响因素，并进行多重稳健性检验，以确保估计结果的科学可靠。得到的结论与启示主要有：

第一，经济发展水平提升、出口增长和高等教育水平提升均有助于生产性服务资源配置效率提升、生产性服务资源错配程度降低。这一估计结论在跨国层面、以美国和德国为参照的省级区域层面与以北京和上海为参照层面的实证检验中均稳健成立，为此，稳增长、稳出口和大力提升高等教育水平可以成为降低生产性服务资源错配程度的重要途径。对于中国而言，一是在继续执行稳健积极的财政政策和货币政策的基础上，探寻新的、高质量的经济增长点，促使经济从"低质量循环"转向

"高质量循环"，实现经济数量和质量的同步提升，助力经济增长水平的提升，从而推动生产性服务资源配置效率的提升；二是可通过进一步签署自贸区协议、深化国内自贸区的功能内涵的方式，为出口营造更为便利的环境，助力"稳出口"政策的实施，从而更好地发挥出口扩大对生产性服务资源错配程度的降低功能；三是可以通过大力引进国外高水平院校和适度扩大中国高水平高校招生规模的形式，提升中国高等教育的质量，为中国的制造业和生产性服务业发展提供更多的高水平熟练劳动力，促进生产性服务资源高效配置。

第二，产品出口技术复杂度提升和经济效率提升有助于降低生产性服务资源错配程度。出口产品技术复杂度和经济效率的提升是一国经济增长质量提升的重要标志，这在很大程度上证实了中国当前提升经济增长质量的政策的科学性，该政策还能极大地提升生产性服务业与制造业的融合效率。对于中国而言，一方面应加大力度引进和消化高端技术，大力培养本土高技术水平企业，以持续提升产品的出口技术复杂度，为生产性服务业提供更多高技术含量的匹配对象，促进生产性服务业与制造业高效融合；另一方面应进一步发挥市场在配置资源中的作用，积极消除制造业生产过程中的资源错配和不合理现象，提升经济的运行效率，助力生产性服务资源配置效率的提高和错配程度的降低。

第三，丰富的资源禀赋和较大的工业规模变量会加剧生产性服务资源错配，而增加外国直接投资则有助于降低生产性服务资源错配程度。这一结论在以美国和德国为参照的实证估计与以京沪为参照的实证估计中均稳健成立。资源丰富和工业规模大本是省级区域发展经济的重要着力点与优势，但这两大优势却会对生产性服务资源配置效率产生不利影响。为此，对于资源禀赋丰裕的地区而言，应妥善处理优势资源型产业和生产性服务资源错配之间的关系，可通过大力发展与本地区优势资源密切相关的高端产业的形式，优化本地区资源密集型产业结构，以降低资源丰裕的优势给生产性服务资源配置效率带来的不利影响。对于工业规模较大的地区而言，可通过淘汰落后产能、淘汰僵尸企业的方式，逐步消除低端落后产能对生产性服务资源的"侵占"，使得生产性服务资源更多地流向高技术含量企业，实现生产性服务业与制造业的高水平耦合互促，进而在提升生产性服务业配置效率的基础上，助力生产性服务业和制造业高质量发展。

第四，增加制造业高技术企业的数量和比例有助于生产性服务资源配置效率的提升。本章对生产性服务资源错配的影响因素进行了细致的剖析，从经济发展水平、工业规模、出口技术复杂度和经济效率的实证结果可以很明显地推断出：提升生产性服务业融入对象（制造业企业）的质量有助于实现生产性服务资源配置效率的提升。为此，一方面可以通过改善营商环境、优化引资和"引智"政策加大对国外高技术企业的引进力度，并通过鼓励外资与本土企业融合、鼓励人才流动的形式和积极推动市场竞争的形式助力、倒逼本土企业进行技术革新，从而为生产性服务资源提供更多高技术含量的内外资嵌入对象，实现生产性服务资源的高效配置；另一方面可通过引导有传统优势的本土企业蛙跳介入新兴产业、鼓励本土企业专攻本领域的核心技术和营造有利于本土高技术企业发展的"政策温室"的形式，促进本土企业从低端生产环节向高端环节转变，甚至成长为本领域的"独角兽"，优化本土企业与生产性服务业的融合效果，进而推动生产性服务资源配置效率的快速提升。

5

生产性服务资源错配演进的影响效应分析

生产性服务资源是制造业高质量发展的重要推动力量，也是经济发展方式转变的重要支撑（于斌斌，2018；陈启斐和刘志彪，2014），党的十九大报告也对生产服务业提出了重要的期望，走生产性服务业高质量发展之路和提升生产性服务业服务制造业的能力、效率也成了中国制定生产性服务业产业政策的重要方向。为此，深入研究生产性服务资源错配演进的影响因素、演进的影响效应和相应的对策策略，具有重要的现实价值。前文从跨国和省级区域双层面细致分析了生产性服务资源错配演进的影响因素，本章将进一步从跨国和省级区域双层面挖掘生产性服务资源错配演进对经济发展的深层次影响，以为制定生产性服务资源配置效率提升方面更为科学的政策路径提供经验证据。

5.1 跨国层面生产性服务资源错配演进的影响效应解析

科学理解生产性服务资源错配演进的经济效应是制定生产性服务资源配置效率提升政策的重要基础，跨国层面的经验对中国制定生产性服务业发展方面的政策也极具参考价值，甚至能够在一定程度上提供省级层面无法洞察的经验证据。结合数据的可获得性和中国当前走高质量发展之路的政策方针，本部分主要从跨国层面研究生产性服务资源错配（环节偏好）对高技术产品、中间品进口依赖和中间投入品出口技术复杂度的作用机制，以助力中国经济高质量发展。

5.1.1　生产性服务资源错配对高技术产品出口的影响

改革开放以后，中国经济长期保持高速增长，创造了举世瞩目的"中国奇迹"，成为世界第二大经济体和第一大出口国。然而在"奇迹"的背后仍然存在着一些令人头疼的非均衡现象（杨高举和黄先海，2013；陈晓华和刘慧，2015），如高技术含量核心装备、零部件和工艺的生产能力与国际竞争力并未与经济总量同步均衡提升，使得"中国制造"一直以来难以摆脱低质低价、出口企业利润微薄以及在全球价值链体系和劳动分工中处于劣势地位的国际形象（黄先海等，2018），这也逐渐演变成为中国经济长期可持续发展的重要障碍（刘志彪，2015）。不仅如此，人口红利逐渐消失、要素成本快速上升、环保成本日益提高和劳动力丰裕国的"产能侵蚀"使得中国在传统制造业领域形成的比较优势遭受到了前所未有的冲击（蔡昉，2011；黄先海等，2018），一旦传统优势消失，在高技术领域又未能有效建立比较优势，那么中国企业将遭遇比较严峻的"比较优势真空"，使得中国在国际竞争中面临"高不成、低不就"的尴尬局面。为此，在贸易保护主义逐渐抬头的今天，营造高技术产业的比较优势和为高技术产业赢得更多出口是中国走出上述困境的必由之路。

高技术产品的生产往往被分割为众多环节和"片段"，生产性服务业植根于生产环节分割（Markusen et al.，2005），成为各个环节协同共进的衔接剂和润滑剂（Antràs et al.，2012），生产性服务资源能将专业化分工日益深化的知识资本和人力资本引入工业生产过程中，从而促进工业的技术进步与效率提升（于斌斌，2018；唐晓华等，2018），为此，生产性服务资源是高技术产业规模扩张和质量提升的重要推动力量。然而生产性服务资源并非"均衡无差异"地融入各生产环节中，而是以其特有的偏好融入生产环节（刘慧等，2016；Antràs and Chor，2013），这种偏好容易使得部分生产环节积聚过多的生产性服务资源，而部分环节则缺乏生产性服务资源的支持，进而造成生产性服务资源的错配①（Hillberry and Fally，2015；毛海涛和钱学锋，2018）。现有研究多表明：中国生产性服务资源在融入制造业时，往往偏向于上游（刘慧等，2016；Antràs and Chor，2013），与美欧等偏向中游生产环节相差甚远，生产性服务资源可能存在一定的错配。由此，我们自然就产生了疑问：作为高技术产业发展中坚力量的生产性服务业，其错配特征是否会阻碍中国的高技术产业出口？为哪些生产环节提供支持能更有效地发挥生产性服务资源的功能？提升高技术出口占比和生产性服务资源利用效率是中国经济实现健康可持续发展的核心内容和根本途径，也是应对当前成本上升和外需疲软等"内忧外患"的重要手段（唐晓华等，2018）。为此，研究这方面的问题对中国制定经济增长质量提升、生产性服务资源有效利用、规避"比较优势真空"和实现高技术产业赶超发达国家方面的政策均具有较高的参考价值。

综合分析高技术产品出口和资源错配等领域的研究，可以发现生产性服务资源错配对高技术产品出口的作用力可能表现为两个方面：一是抑制效应。生产性服务资源错配不仅意味着生产性服务资源在部分生产环节过于"拥挤"，还意味着生产性服务资源的实际价格低于其发挥的价值，即实际价值被低估（袁志刚和解栋栋，2011；Hsieh and Klenow，2009；王海涛和钱学锋，2018），这会在很大程度上"挫伤"生产性服务资源的积极性，进而不利于其促进高技术产品出口功能的发挥，甚至还可能使得高技术异质性生产环节难以得到有效的衔接和"润滑"，进而对高技术产品出口产生负面效应。二是促进效应。错配往往容易导致生产性服务资源价格被低估，而价值被低估容易成为企业的"利好"因素，这意味着企业能够用相对较低的成本获得质量效用相对较高的生产性服务资源（Jovanovic。2014），提高了企业使用生产性服务资源的性价比和营

---

① 这种偏好出现的原因一般有两个：一是外部政策干预或政策导向引致的偏好。政策干预或政策导向往往会导致市场信号失灵，进而造成不同程度的资源错配（Hsieh and Klenow，2009；王宁和史晋川，2015）。二是自发选择引致的偏好。由于各个利益主体目标不一致，自发选择有可能导致市场中各种外部性相互之间不能完全抵消，进而造成市场不完全和市场资源错配（毛海涛和钱学锋，2018）。

利能力，进而使得企业生产工艺革新、高技术设备引进和高技术中间品引进的能力得以提升，最终提升一国高技术产品出口的能力。[①] 虽然基于已有研究能清晰界定出生产性服务资源错配对高技术产品出口的作用机理，学界也对生产性服务业、资源错配和环节偏好分别进行了相对系统的研究，但是鲜有学者涉足生产性服务资源对制造业环节偏好领域，更无学者从环节偏好视角分析生产性服务资源错配，亦无学者深入剖析生产性服务资源错配对高技术产品出口的影响，这在一定程度上使得学界对中国生产性服务资源错配的"窘境"显得"作为甚少"，甚至"无能为力"。有鉴于此，本部分基于第 3 章发展中国家生产性服务资源错配测度结果，在纳入贸易地理优势异质性的基础上，细致分析了生产性服务资源错配对高技术产品出口的作用机制，以期弥补现有研究的缺憾。

（1）生产性服务资源错配与高技术产品出口关系的初步判定

目前学界并无学者就生产性服务资源错配对高技术产品出口的作用机制进行经验分析，为此，本书基于第 3 章中各发展中国家生产性服务资源错配系数的测度结果和世界银行统计数据库中各国高技术产品出口占比数据，运用误差修正面板模型（ECM Panel）对两者长期均衡关系进行检验，以避免无长期均衡关系的伪回归出现。表 5-1 报告了相应的估计结果，在滞后一期和滞后二期的情况下，四类检验均显著证实了长期关系的存在性，排除了伪回归的可能。在此基础上，本书进一步对两者进行无控制变量的 OLS 分位回归，回归中分位数取 0.05，且自由抽样400 次，运用后文式（5-1）中剔除控制变量和解释变量平方项的方程进行回归。图 5-1 报告了高技术产品出口与生产性服务资源错配分位数回归系数变化情况，生产性服务资源错配对高技术产品出口的作用力呈现倒 U 形，过于偏向下游（如接近于 0）和过于偏向上游的错配对高技术产品出口的正向作用力均逊色于中值附近的系数，当然这仅仅是不考虑内生性和无控制变量的初步估计结果，后文将通过加入控制变量和控制

---

① 陈晓华和刘慧（2015）的基于异质性企业层面的实证结果表明：资源错配引致的资本要素价格扭曲和劳动力要素价格扭曲不仅提升了企业使用高质量要素的性价比，还成了企业生产技术革新的助推型力量。

内生性的形式得到更为准确的结果。

表 5-1 高技术产品出口与生产性服务资源错配间长期均衡关系的检验结果

检验类型	滞后一期	滞后二期	检验类型	滞后一期	滞后二期
Gt	−3.294 （0.000）	−4.188 （0.000）	Pt	−36.500 （0.000）	−34.449 （0.000）
Ga	−17.384 （0.000）	−14.736 （0.000）	Pa	−18.060 （0.000）	−14.778 （0.000）

注：括号内为 p 值。

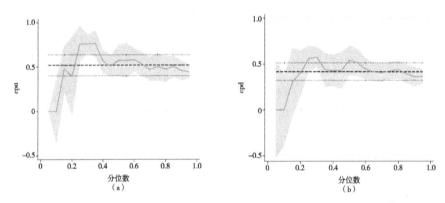

图 5-1　高技术产品出口与生产性服务资源错配分位数回归系数变化情况①

（2）控制变量与实证方法的选择

本部分的主要目的是刻画生产性服务资源错配对发展中国家高技术产品出口的影响机制。为此，本部分以 WIOD 中 17 个发展中国家高技术产品出口占制成品出口比重为被解释变量，以前文测度所得的异质性生产性服务资源错配系数为解释变量。前文分位回归的初步分析表明解释变量对被解释变量的作用机制可能呈现倒 U 形，为此，本书在实证中加入解释变量的平方项。具体实证方程如下：

$$\mathrm{GJS}_{jt} = \alpha_0 + \alpha_1 \mathrm{HCP}_{ijt} + \alpha_2 \mathrm{CP}_{ijt}^2 + \beta X_{jt}^m + \varepsilon_t \tag{5-1}$$

其中：GJS_{jt} 为 j 国 t 年高技术产品出口占比；HCP_{ijt} 为 j 国 t 年生产性服务资源 i 的错配系数；X 为控制变量。本书选取了一些既能刻画各国属性，

① （a）为以美国为参照的错配系数回归结果，（b）为以德国为参照的错配系数回归结果。灰色部分为 95% 的置信区间。

又可能对高技术产品出口有影响的变量作为控制变量，以提高估计结果的准确性，具体有：①高等教育（EDU）。高技术产业的发展离不开高端人力资本的积累和集聚，高等教育是高端人力资本的重要"生产工厂"，因此，高等教育是高技术产业发展的关键保障力量，本书以联合国教科文组织提供的各国高校入学率的自然对数表示。②经济效率（XL）。经济效率不仅体现了一国的资源配置能力，还体现了该国的技术水平，本书以 WDI 数据库中各国每千克石油产生的 GDP 的自然对数表示。③资源禀赋（ZY）。资源禀赋是一国出口产品结构的重要支撑，为此，资源禀赋会对一国的高技术产品出口能力产生一定的影响，本书以 WIOD 中各国矿产业总产出占制造业总产出百分比的自然对数表示。④企业经营环境（SS）。好的经营环境不仅有利于培养本土的高技术企业，还能够吸引国外高技术企业入驻，本书以 WDI 数据库中各国上市公司资本总额占 GDP 百分比的自然对数表示。⑤地理优势。新经济地理学的研究表明"冰山成本"对产品的出口额发挥着重要作用，为此，本书进一步纳入地理优势变量来控制各国的异质性地理特征，具体为是否沿海（YH）、是否毗邻大进口国（DG）①和当年是否为 WTO 成员（WTO）。⑥金融危机（JR）。为了进一步考察金融危机对各发展中国家高技术产品出口的影响，本书加入金融危机虚拟变量，当年份大于 2007 时，令 JR 为 1，否则为 0。

（3）基准模型的回归结果

表 5-2 报告了基准模型的回归结果，从中可知：4 个方程中生产性服务资源错配平方项的估计系数显著为负，该系数的水平项则显著为正。这表明生产性服务资源错配与发展中经济体高技术产业出口呈现倒 U 形关系，这印证了前文分位数回归结果的准确性。值得一提的是，倒 U 形曲线的定点均在 1（与参照国相同）附近，即生产性服务资源促进高技术出口的最优状态是无错配，错配的出现将削弱生产性服务资源对高技术产品出口的正向作用力。这一结果也在一定程度上证明了本书采用美

---

① 本书以 2012 年进口排名世界前五的国家为进口大国，分别为美国、中国、英国、德国和日本，与上述国家中的任何一个或多个交界的经济体被定义为毗邻大进口国。

表 5-2　基准模型回归结果

变量	以美国为参照				以德国为参照（稳健性检验）			
	（1）	（2）	（3）	（4）	（a）	（b）	（c）	（d）
HCP	0.812★★★	0.602★★★	0.650★★★	0.6111★★★	1.501★★★	1.114★★★	1.269★★★	1.050★★
	（3.578）	（2.989）	（2.975）	（3.100）	（5.838）	（4.854）	（5.056）	（4.63）
HCP^2	−0.481★★★	−0.345★★★	−0.332★★★	−0.286★★★	−0.885★★★	−0.640★★★	−0.620★★★	−0.495★★
	（−5.428）	（−4.374）	（−3.889）	（−3.720）	（−7.944）	（−6.408）	（−5.656）	（−5.000）
EDU			0.388★★★	0.054			0.387★★★	0.0560
			（12.44）	（1.53）			（12.44）	（1.60）
XL			−0.0314	0.3235★★★			−0.0393	0.3182★★
			（−0.688）	（6.110）			（−0.849）	（5.960）
ZY			−1.447★★★	−0.938★★★			−1.423★★★	−0.920★★
			（−14.78）	（−9.50）			（−14.28）	（−9.18）
SS			0.218★★★	0.216★★★			0.219★★★	0.216★★
			（18.56）	（18.14）			（18.66）	（18.20）
YH		−0.340★★★		0.018		−0.349★★★		0.016
		（−8.284）		（0.390）		（−8.542）		（0.340）
DG		−0.286★★★		0.374★★★		−0.268★★★		0.370★★
		（−9.76）		（10.55）		（−9.14）		（10.46）
WTO		−0.371★★★		0.514★★★		−0.368★★★		0.513★★
		（−12.78）		（11.46）		（−12.75）		（11.46）
JR		−0.140★★★		−0.157★★★		−0.145★★★		−0.162★★
		（−4.24）		（−4.01）		（−4.46）		（−4.16）
C	2.308★★★	3.048★★★	1.185★★★	1.774★★★	2.026★★★	2.835★★★	0.847★★★	1.529★★
	（16.83）	（23.88）	（4.93）	（7.62）	（13.93）	（21.00）	（3.44）	（6.40）
R^2	0.048	0.254	0.292	0.423	0.063	0.262	0.295	0.425
Prob>F	0.0000	0.0000	0.0000	0.0000	0.0000	0.0000	0.0000	0.0000
obs	2010	2010	1677	1677	2010	2010	1677	1677

注：★★★、★★ 分别表示 1%、5% 的显著性水平。括号内为 t 统计量。

国作为参照国的科学性。陈晓华和刘慧（2015）发现，要素资源错配已经成为制造业生产技术革新的重要"助推力量"；本书的研究则表明，生产性服务资源错配会对高技术产品出口产生不利影响，偏向下游型错配和偏向上游型错配均不利于高技术产品出口。本书研究结论与陈晓华和刘慧（2015）相左的原因可能在于：一方面，资源错配可能仅能推动低技术产业的技术革新和量增，对于高技术产业的技术革新和量增则显得"无能为力"，即高技术产业更需要高质量要素的积极性，而非资源错配引致的"高性价比"（低技术产业刚好相反）；另一方面，要素资源错配和生产性服务资源错配对制造技术革新和量增的作用机制可能不同，生产性服务资源具有知识密集度高、难以替代等特征，其错配可能会使得高技术产业的环节难以得到高效衔接，从而使得高技术产业的生产难以科学连贯地运转，最终对高技术产品出口产生负效应。上述结论也表明，高技术产业对生产性服务资源高效配置需求的迫切性高于普通制造业。

（4）考虑内生性的回归结果

生产性服务资源是高技术产业不同生产环节的润滑剂和衔接剂，而高技术产业的发展又决定了生产性服务资源能匹配到的服务环节。为此，生产性服务资源错配和高技术产品出口之间可能存在互为因果关系的内生性。有鉴于此，本书进一步以 2SLS 对两者的关系进行进一步检验，借鉴邱斌等（2014）的研究，工具变量以错配的滞后一期表示。表 5-3 报告了相应的回归结果，C-D 检验、LM 检验均表明工具变量是合理有效的。错配的平方项在 4 个方程中均显著为负，错配的水平项则显著为正，可见在控制内生性以后，倒 U 形关系依然成立，即前文的倒 U 形关系是稳健可靠的。

通过分析控制变量的估计结果，我们可以得到以下结论。[①]一是高等教育变量显著为正。扩大高等教育规模能有效推动高技术产品出口比重的提升，高等教育对高技术产业的发展能够起到人才输送功能和知识输送功能，为此，高等教育可以成为高技术产品出口和经济发展方式转型的重要突破口。二是经济效率的提高和企业经营环境的改善能有效地促进高技术产品出口，这表明：一方面，以经济效率提升为目标的发展方式转变会对中国的高技术产品出口产生正效应，即高技术产业的发展和经济发展方式转变是相辅相成的；另一方面，发展中国家企业经营能力普遍较弱，有较大的改进空间，为此，持续改进企业经营环境（如加快市场化步伐、减少企业负担和提升政府服务企业的效率与水平等）可

---

① 由于考虑内生性的估计结果往往比不考虑内生性的结果更为科学准确，本书借助表5-3的估计结果进一步分析控制变量对高技术产品出口的作用力。

表5-3 考虑内生性的回归结果

变量	以美国为参照				以德国为参照（稳健性检验）			
	（1）	（2）	（3）	（4）	（a）	（b）	（c）	（d）
HCP	0.8782***	0.6641***	0.8043***	0.7600***	1.4788***	1.0990***	1.2434***	1.0540***
	（3.50）	（2.98）	（3.56）	（3.75）	（5.24）	（4.36）	（4.83）	（4.57）
HCP^2	−0.5113***	−0.3697***	−0.3587***	−0.3136***	−0.8943***	−0.6494***	−0.5769***	−0.4702***
	（−5.27）	（−4.28）	（−4.12）	（−4.02）	（−7.39）	（−5.98）	（−5.22）	（−4.73）
EDU			0.4622***	0.1375***			0.4624***	0.1406***
			（15.45）	（4.04）			（15.50）	（4.14）
XL				0.3960***				0.3890***
				（7.66）				（7.46）
ZY			−1.823***	−1.344***			−1.805***	−1.331***
			（−18.52）	（−13.51）			（−17.98）	（−13.19）
SS			0.2795***	0.2965***			0.2807***	0.2974***
			（23.88）	（24.68）			（24.07）	（24.80）
YH		0.2966***		0.1816***		0.3041***		0.1808***
		（7.05）		（4.12）		（7.27）		（4.12）
DG		0.2791***		0.3054***		0.2603***		0.2999***
		（9.29）		（9.11）		（8.66）		（8.97）
WTO		0.3918***		0.5771***		0.3890***		0.5763***
		（13.15）		（13.69）		（13.15）		（13.72）
JR		−0.1182***		−0.1127***		−0.1206***		−0.1136***
		（−3.59）		（−3.14）		（−3.70）		（−3.17）
C	2.2563***	2.9646***	0.7056***	0.9904	2.0370***	2.8070***	0.4658*	0.8393***
	（14.81）	（21.02）	（3.00）	（4.16）	（12.70）	（18.90）	（1.93）	（3.45）
C-R^2	0.0473	0.2522	0.3924	0.5151	0.0675	0.2626	0.3976	0.5181
Prob >F	0.0000	0.0000	0.0000	0.0000	0.0000	0.0000	0.0000	0.0000
obs	1876	1876	1561	1561	1876	1876	1561	1561
LM 检验	0.000***	0.000***	0.000***	0.000***	0.000***	0.000***	0.000***	0.000***
C-D 检验	有效	有效	有效	有效	有效	有效	有效	有效

注：***、* 分别表示1%和10%的显著性水平。括号内为 t 统计量。

以成为发展中国家提升高技术产品出口占比的重要途径。三是资源禀赋变量对高技术产品出口具有显著的负效应，这表明资源越丰富的发展中国家出口高技术产品的倾向越小，"资源诅咒"现象显著地存在于发展中国家中，为此，打破"资源诅咒"可以成为提升高技术产品出口占比的重要途径。四是金融危机变量的估计系数显著为负，这表明金融危机对发展中经济体高技术产品出口起到了负向作用，金融危机不仅使得国际需求减少，还会使得贸易的壁垒和摩擦增多，由此可见，当前美国政府针对中国出口产品的增税行为会对中国高技术产品出口产生不利影响，为此，和美国处理好税收问题对中国高技术产品出口至关重要。五是地理优势的 3 个变量对高技术产品出口均具有显著的正效应，可见空间型地理优势和契约型地理优势均能有效地促进高技术产品出口，空间型地理优势难以改变。为此，中国可以通过与更多国家和经济体签订自贸区协议的形式促进高技术产品出口（如加快推进中日韩自贸区建设），以在一定程度上减轻美国加税行为给中国带来的压力。

（4）异质性估计结果与分析

为进一步考察解释变量和被解释变量的动态变化情况，本书以 2008 年为界进一步进行 2SLS 分析。表 5-4 报告了分段回归的结果。两个时间段错配变量的估计结果的预期符号及显著性与前文一致，即倒 U 形关系在分段回归中依然成立，这在一定程度上印证了前文回归结果的稳健性。值得一提的是，高等教育变量在 2008—2011 年并不显著，这一现象出现的原因可能在于：多数样本国高等教育入学率在 1997—2007 年呈显著提高的趋势，而 2008—2011 年高等教育入学率趋于稳定，扩大的空间相对有限。受实际发展条件的限制，高等教育的入学率一般难以做到持续提高，为此，提升高等教育质量可以成为未来促进高技术出口的重要途径。此外，经济效率对高技术产品出口的作用力呈现一定提升趋势，而"资源诅咒"的负效应呈现出一定的减弱趋势，这表明提升经济运行效率能为高技术产品出口赢得更多的空间，而"资源诅咒"对高技术产品出口的约束则逐步淡化。

表5-4 分时间段回归结果

变量	以美国为参照		以德国为参照（稳健性检验）	
	1997—2007年	2008—2011年	1997—2007年	2008—2011年
	(1)	(2)	(a)	(b)
HCP	0.8138***	0.8592***	1.0040***	1.1526***
	（3.45）	（2.62）	（3.65）	（3.24）
HCP2	−0.3409***	−0.3032***	−0.4407***	−0.4781***
	（−3.64）	（−2.63）	（−3.59）	（−3.45）
EDU	0.1423***	0.1044	0.1458***	0.0986
	（3.91）	（1.25）	（4.00）	（1.19）
XL	0.4642***	0.7639***	0.4640***	0.7627***
	（8.33）	（5.15）	（8.24）	（5.18）
ZY	−1.2920***	−0.8585***	−1.2980***	−0.7377***
	（−12.32）	（−2.62）	（−12.19）	（−2.20）
SS	0.3377***	0.1544***	0.3393***	0.1491***
	（24.65）	（5.79）	（24.77）	（5.62）
YH	0.1564***	0.5645***	0.1564***	0.5515***
	（3.16）	（6.94）	（3.17）	（6.80）
DG	0.2224***	0.8121***	0.2186***	0.7922***
	（6.22）	（10.29）	（6.12）	（10.05）
WTO	0.7199***	0.0191**	0.7201***	0.0305**
	（15.08）	（2.25）	（15.13）	（2.40）
C	0.6278***	0.1332	0.5213*	−0.0242
	（2.38）	（0.24）	（1.91）	（−0.05）
C-R^2	0.5438	0.6056	0.5463	0.6103
Prob>F	0.0000	0.0000	0.0000	0.0000
obs	1294	267	1294	267
LM检验	0.000***	0.000***	0.000***	0.000***
C-D检验	有效	有效	有效	有效

注：**、*** 分别表示5%、1%的显著性水平。括号内为 t 统计量。

　　WIOD中生产性服务业由9类产业组成，不同的生产性服务资源的偏好和内外部发展约束可能存在较大的差异，为此，有必要针对不同的生产性服务资源进行子样本检验。表5-5报告了以美国为参照的生产性服务资源子产业的2SLS回归结果。由表5-5可知，除了其他交通支持和辅助服务业（C26）外，剩余8个生产性服务资源行业的错配系数均呈现出显著的倒U形关系。这一现象出现的原因可能在于：其他交通支持和辅助服务业包含的交通支持行业比较杂，其内部异质性产业对制造业环节偏好的差异相对较大，使得其错配对高技术产品出口具有多种作用方向（方向甚至相反），进而使得错配对其高技术产品出口的作用力不显著。控制变量的估计结果在显著性方面虽然因样本容量的减小而有所弱化，但在预期符号方面并未与全样本明显相悖，为此，前文的估计结果是可靠的。

（6）稳健性检验

为确保前文实证结果的稳健可靠，本书采用两种方法进行稳健性检验。一是将各样本国生产性服务资源融入制造业环节偏好与德国该系数之比作为前文错配的替代变量进行稳健性检验。表5-2、表5-3、表5-4中以德国为参照部分和表5-6报告了相应的估计结果，可知以德国为参照所得错配系数的估计结果与以美国为参照所得错配系数的估计结果高度吻合，各控制变量的估计结果也不存在明显差异。为此，前文的估计结果是稳健可靠的。二是考虑到高技术产品出口比重的上升会提高一国出口技术复杂度，为此，以各国出口技术复杂度替代高技术产品出口占比的形式进行再次检验，借鉴刘慧等（2016）的研究，此处以相似度法核算各国的出口技术复杂度。表5-7报告了相应的稳健性检验结果。由表5-7可知，倒U形关系在出口复杂度为被解释变量的估计结果中依然成立，控制变量的估计结果则与前文存在略微不同。高等教育变量在2008—2011年的稳健性检验中显著为正（前文为不显著），这一现象出现的原因可能在于：高技术产业升级对高等教育的要求高于出口技术复杂度升级，为此，趋于稳定的高等教育规模虽然对高技术产品出口不敏感，但仍在出口技术复杂度升级的"有效作用区间"。资源禀赋变量在2008—2011年的回归中不显著（前文显著为负），这一现象出现的原因可能在于："资源诅咒"对高技术产业发展的约束明显大于普通制造业的出口技术复杂度升级。综上而言，我们可以推定前文的分析结果是稳健可靠的。

表5-5 生产性服务资源细分产业回归结果（以美国为参照）

变量	C20	C21	C22	C23	C24	C25	C26	C27	C28
HCP	18.310***	11.320***	11.190***	9.271***	0.784*	1.458*	-0.307	7.343**	9.170***
	(6.372)	(5.422)	(6.433)	(6.166)	(1.720)	(1.744)	(-0.029)	(1.987)	(3.548)
HCP2	-7.923***	-3.337***	-4.499***	-4.475***	-0.313**	-0.713**	0.295	-4.713**	-4.444***
	(-6.117)	(-5.374)	(-6.532)	(-6.174)	(-1.988)	(-2.189)	(0.053)	(-2.015)	(-3.710)
EDU	0.184**	0.196**	0.256***	0.173*	0.208*	0.102	0.078	0.100	0.131
	(2.032)	(2.042)	(2.732)	(1.882)	(1.882)	(0.986)	(0.596)	(0.983)	(1.345)
XL	0.542***	0.496***	0.381**	0.439***	0.301*	0.244	0.520***	0.455***	0.433**
	(3.678)	(3.262)	(2.647)	(2.974)	(1.905)	(1.494)	(2.760)	(2.900)	(2.220)
ZY	-1.020***	-1.106***	-1.111***	-1.087***	-1.102***	-0.943***	-1.492***	-1.499***	-0.521
	(-3.456)	(-3.693)	(-3.724)	(-3.557)	(-3.447)	(-2.993)	(-4.924)	(-5.139)	(-1.428)
SS	0.270***	0.288***	0.306***	0.294***	0.303***	0.288***	0.320***	0.294***	0.280***
	(8.398)	(8.699)	(9.403)	(9.003)	(8.109)	(7.881)	(7.214)	(8.207)	(7.823)
YH	0.183	0.238*	0.577***	0.151	0.214	0.157	0.203	0.186	0.096
	(1.565)	(1.889)	(4.182)	(1.265)	(1.584)	(1.218)	(1.369)	(1.411)	(0.675)
DG	0.280***	0.323***	0.615***	0.246***	0.315***	0.304***	0.340***	0.229**	0.228**
	(3.103)	(3.520)	(5.580)	(2.634)	(3.151)	(3.091)	(3.211)	(2.078)	(2.209)
WTO	0.475***	0.500***	0.385***	0.392***	0.568***	0.616***	0.658***	0.638***	0.741***
	(4.183)	(4.137)	(3.260)	(3.344)	(4.570)	(4.989)	(4.862)	(4.907)	(5.410)
JR	-0.302***	-0.242**	-0.135	-0.154	-0.114	-0.043	-0.127	-0.166	-0.114
	(-2.989)	(-2.269)	(-1.384)	(-1.586)	(-1.042)	(-0.402)	(-0.799)	(-1.456)	(-1.086)
C	-9.470***	-8.513***	-5.928***	-3.682***	0.612	0.843	1.461	4.354***	-3.773**
	(-5.373)	(-4.473)	(-4.678)	(-3.732)	(0.775)	(1.051)	(0.302)	(2.764)	(-2.269)

续表

变量	C20	C21	C22	C23	C24	C25	C26	C27	C28
$C\text{-}R^2$	175	167	175	175	175	175	169	175	175
Prob>F	0.0000	0.0000	0.0000	0.0000	0.0000	0.0000	0.0000	0.0000	0.0000
obs	0.617	0.613	0.599	0.605	0.522	0.536	0.509	0.514	0.548
LM检验	0.000***	0.000***	0.000***	0.000***	0.000***	0.000***	0.000***	0.000***	0.000***
C-D检验	有效	有效	有效	有效	有效	有效	有效	有效	有效

注：*、**、*** 分别表示10%、5%、1%的显著性水平。括号内为 t 统计量。

表5-6 生产性服务资源细分产业回归结果（以德国为参照）

变量	C20	C21	C22	C23	C24	C25	C26	C27	C28
HCP	17.510***	14.500***	5.725***	2.338**	2.085***	1.584	-5.081	12.440***	8.621***
	(6.323)	(5.786)	(5.241)	(2.079)	(2.890)	(1.605)	(-1.427)	(2.807)	(3.674)
HCP^2	-7.229***	-5.714***	-1.847***	-0.773	-1.010***	-0.885**	3.298	-5.901***	-4.243***
	(-5.991)	(-5.602)	(-5.425)	(-1.511)	(-3.085)	(-2.003)	(1.483)	(-2.803)	(-3.952)
EDU	0.152*	0.159*	0.214**	0.150	0.258**	0.090	0.125	-0.024	0.170*
	(1.714)	(1.658)	(2.230)	(1.483)	(2.305)	(0.856)	(1.234)	(-0.222)	(1.731)
XL	0.599***	0.553***	0.335**	0.565***	0.217	0.256	0.457***	0.565***	0.361*
	(4.090)	(3.614)	(2.277)	(3.604)	(1.350)	(1.554)	(2.898)	(3.103)	(1.888)
ZY	-1.224***	-1.309***	-1.006***	-1.904***	-0.971***	-0.953***	-1.446***	-1.431***	-0.449
	(-4.202)	(-4.343)	(-3.330)	(-5.750)	(-3.016)	(-2.946)	(-5.000)	(-4.965)	(-1.231)
SS	0.268***	0.281***	0.301***	0.317***	0.312***	0.283***	0.297***	0.292***	0.295***
	(8.313)	(8.386)	(9.020)	(8.805)	(8.312)	(7.701)	(8.293)	(7.804)	(8.243)

续表

变量	C20	C21	C22	C23	C24	C25	C26	C27	C28
YH	0.153	0.220*	0.433***	0.192	0.275**	0.153	0.172	0.289**	0.175
	(1.322)	(1.745)	(3.191)	(1.492)	(2.029)	(1.180)	(1.300)	(2.183)	(1.255)
DG	0.276***	0.319***	0.510***	0.312***	0.333***	0.304***	0.245**	0.348***	0.262***
	(3.093)	(3.477)	(4.614)	(3.223)	(3.370)	(3.083)	(2.228)	(3.429)	(2.623)
WTO	0.487***	0.513***	0.462***	0.477***	0.560***	0.614***	0.617***	0.685***	0.698***
	(4.353)	(4.245)	(3.871)	(3.821)	(4.551)	(4.928)	(4.723)	(5.304)	(5.156)
JR	-0.275***	-0.189*	-0.172*	-0.121	-0.135	-0.065	-0.145	0.036	-0.082
	(-2.852)	(-1.891)	(-1.677)	(-1.174)	(-1.271)	(-0.613)	(-1.316)	(0.288)	(-0.757)
C	-9.215***	-7.813***	-3.346***	0.0187	-0.173	0.938	3.335**	-4.653**	-3.676***
	(-5.372)	(-4.716)	(-3.156)	(0.024)	(-0.205)	(1.168)	(2.225)	(-2.040)	(-2.318)
C-R²	175	167	175	175	175	175	175	169	175
Prob>F	0.0000	0.0000	0.0000	0.0000	0.0000	0.0000	0.0000	0.0000	0.0000
obs	0.625	0.610	0.575	0.548	0.531	0.531	0.515	0.548	0.551
LM检验	0.000***	0.000***	0.000***	0.000***	0.000***	0.000***	0.000***	0.000***	0.000***
C-D检验	有效	有效	有效	有效	有效	有效	有效	有效	有效

注：*、**、***分别表示10%、5%、1%的显著性水平。括号内为 t 统计量。

表5-7 基于出口技术复杂度的稳健性检验（2SLS）

变量	1997—2011年	1997—2008年	2008—2011年	C20	C21	C22	C23	C24	C25	C26	C27	C28
HCP	0.375*** (2.988)	0.415** (2.504)	0.498*** (2.983)	9.592*** (5.295)	6.023*** (4.587)	6.675*** (6.061)	4.525*** (4.665)	0.382 (1.345)	0.380 (0.723)	-0.762 (-0.115)	-4.426* (-1.945)	4.937*** (3.041)
HCP^2	-0.140*** (-2.903)	-0.163** (-2.412)	-0.163*** (-2.794)	-4.040*** (-4.949)	-1.726*** (-4.421)	-2.607*** (-5.978)	-2.115*** (-4.523)	-0.131** (-2.335)	-0.215** (-2.051)	0.374 (0.109)	2.896** (2.011)	-2.281*** (-3.032)
EDU	0.0757*** (3.586)	0.0788*** (3.401)	0.0696* (1.678)	0.095* (1.668)	0.107* (1.776)	0.144** (2.420)	0.087 (1.471)	0.110 (1.598)	0.051 (0.785)	0.054 (0.668)	0.053 (0.850)	0.067 (1.097)
ZY	-0.765*** (-12.400)	-0.778*** (-11.860)	-0.209 (-1.486)	-0.660*** (-3.546)	-0.706*** (-3.752)	-0.718*** (-3.801)	-0.708*** (-3.594)	-0.694*** (-3.480)	-0.590*** (-2.979)	-0.794*** (-4.229)	-0.830*** (-4.619)	-0.345 (-1.505)
$C\text{-}R^2$	0.461	0.517	0.571	0.560	0.554	0.535	0.524	0.462	0.470	0.453	0.467	0.484
obs	1561	1187	374	175	167	175	175	175	175	169	175	175

注：*、**、***分别表示10%、5%、1%的显著性水平。括号内为t统计量。为免累赘，此处给出了错配系数和存在明显差异变量的估计结果，其他略去。

（7）小结

提高出口产品中高技术产品占比和降低生产性服务资源错配程度是中国实现经济发展方式转变的重要途径。为此，理清生产性服务资源错配和高技术产品出口的关系，使生产性服务资源更有效地推动高技术产品出口成了当前亟待解决的问题。有鉴于此，本部分以 WIOD 中的发展中国家为样本，细致分析生产性服务资源错配对发展中国家高技术产品出口的作用机理。研究发现：首先，生产性服务资源错配系数对发展中国家高技术产品出口的作用力呈现倒 U 形，最优值在 1 附近，这一结论在分位数回归、控制内生性、分时间段和分产业等条件下依然稳健，即生产性服务资源错配不利于发展中国家高技术产品的出口，为此，减少、消除当前上游偏向型错配和下游偏向型错配显得十分迫切。其次，中国生产性服务资源错配系数在所有样本国中最高，这一症结的源头在于中国生产性服务资源过于偏向上游原料环节。为此，中国生产性服务资源对高技术产业发展的促进作用处于"偏离最优值较远的低效扭曲使用"状态，不仅造成了生产性服务资源的浪费，还使得中国减少、消除生产性服务资源错配的压力远大于其他国家。最后，空间型贸易地理优势和契约型贸易地理优势均有助于高技术产品的出口，金融危机则对高技术产品出口产生了较为显著的负向冲击，可见中美贸易摩擦引致的贸易保护行为可能会对中国高技术产品出口产生一定的冲击。

5.1.2 生产性服务资源错配对中间品进口依赖的影响：环节偏好视角

改革开放以来，中国经济虽然创造了为学界所赞叹的"奇迹"，但中国经济的高质量发展仍面临较大的困境。一方面，高技术制造型中间品生产水平提升进程严重滞后于经济增长与贸易增长速度（余淼杰和李乐融，2016），使得总量型奇迹存在明显的技术短板。中国出口导向型的贸易模式使得中国企业热衷于"为出口而进口"（陈勇兵等，2012；祝树金等，2018），即进口国外高技术含量中间品后再进行加工组装出口，进而赚取微薄的利润（黄先海等，2018），这一模式不仅使得中国中间品进口额急剧增长，还使得生产中间品的本土企业未能有效地培育起来，制造业呈现出显著的"外力依赖型技术赶超"特征（刘慧等，2016），导致中国的技术赶超和经济增长质量提升步伐受制于外部力量，进而陷入中间品进口依赖加剧，甚至"技术赶超陷阱"的被动局面（张建忠，刘志彪，2011）。另一方面，作为制造业中间品的生产性服务资源利用效率偏低，部分资源还呈现出显著的错配特征（王恕立和刘军，2014）。生产性服务以人力资本和知识资本的形式介入制造业生产环节（唐晓华等，2018），既是制造业高质量增长的"助推器"和异质性生产环节的"衔接剂"（Markusen et al.，2005），也是提升制造业生产效率、技术创新水平和中间品生产能力的重要工具（Yang et al.，2018；原毅军和郭然，2018）。生产性服务资源与制造业环节的匹配性是决定生产性服务资源利用效率的关键因素（Beverelli et al.，2017），如刘慧等（2016）认为中国生产性服务资源融入制造业环节并不合理，错配是生产性服务资源配置效率偏低的根本原因。

生产性服务资源错配、中间品进口依赖加剧和生产性服务资源有助于中间品生产能力提升的现实特征使得我们不禁产生如下疑惑：生产性服务资源如何融入制造业环节才能更有效地减少中间品进口依赖？生产性服务资源融入制造业环节不合理和错配是否会加剧中间品进口依赖？降低生产性服务资源错配程度和中间品外部依赖性是经济高质量增长和供给侧结构性改革的重要支撑，此外，"中兴事件"也从现实视角印证了克服中间品进口依赖的重要性。为此，探索上述问题的答案不仅能为中国走出当前生产性服务资源环节配置不当和中间品进口依赖困境提供一定的启示，进而有助于摆脱生产性服务资源的低效率、错配型均衡和高技术领域的"心脏病"，而且能为中国制定促进经济发展方式快速转变方面的政策提供有价值的参考。

（1）生产性服务资源环节偏好与中间品进口依赖关系的初步判定

为保持前文研究方法的延续性，本部分继续运用第3章中修正后的Antràs et al.（2012）方法进行测度，实证中以式（4-20）的测度结果进行分析，即以环节偏好进行分析，以刻画过于偏好上游生产环节型和过于偏好下游生产环节型生产性服务资源错配对中间品进口依赖的作用机制。基于 WIOD 的数据和后文实证分析变量的可获得性，本书选择了 34 国为研究对象①，测度了样本国家 1997—2011 年 9 类生产性服务资源②的环节偏好。表 5-8 报告了生产性服务资源的平均环节偏好指数，由表 5-8 可知，环节偏好指数均值最高的 3 个国家为中国、印度和俄罗斯，环节偏好指数均值最低的 3 个国家为希腊、印度尼西亚和墨西哥，6 国中有 5 个为发展中国家。中国、印度、俄罗斯 3 国生产性服务资源环节偏好指数均值位居前三的原因可能在于：一方面，作为发展中大国的中国和印度，其制造业巨大的产能需大量的原料作为支撑，从而使得上游原料环节变得更加"有利可图"，进而使得大量的生产性服务资源流向上游环节，最终出现生产性服务资源环节偏好指数较高的情况；另一方面，作为能源和原料大国的俄罗斯，其经济发展依赖上游原料和能源，从而使得生产性服务资源集聚于上游环节，并呈现偏好上游的特征。同时，发达国家偏好指数均值多位于样本国中间区域，表 5-8 中位于中值区域的 14 国（均值排名 11—24）中有 10 国为发达国家，发达国家生产性服务资源配置效率往往高于发展中国家，这在一定程度上表明：偏向中游环节有助于生产性服务资源配置效率的提升。此外，1997—2011 年仅有保加利亚、拉脱维亚和爱尔兰的环节偏好均值变化幅度超过 10%，多数国家环节偏好指数均值变化在 4% 以内，这在一定程度上表明：生产性服务资源一旦与制造业特定生产环节形成耦合机制，生产性服务资源在环节偏好上很难出现大幅波动，呈现出一定的"锁定效应"。

---

① 34 国分别为俄罗斯、加拿大、希腊、斯洛伐克、拉脱维亚、波兰、印度尼西亚、芬兰、巴西、墨西哥、爱尔兰、英国、丹麦、瑞典、荷兰、比利时、奥地利、葡萄牙、美国、德国、匈牙利、土耳其、法国、西班牙、捷克、罗马尼亚、澳大利亚、爱沙尼亚、韩国、印度、意大利、日本、保加利亚和中国。
② 产业种类与第 3 章一致。

表 5-8 1997—2011 年 34 个经济体 9 类生产性服务资源环节偏指数均值

排名	国家	1997 年	2011 年	增幅 /%	均值	排名	国家	1997 年	2011 年	增幅 /%	均值
1	希腊 ★	1.4654	1.4402	−1.72	1.4671	18	德国 ★	1.8375	1.8857	2.63	1.8984
2	印度尼西亚	1.6283	1.5652	−3.88	1.5132	19	斯洛伐克	1.8047	1.9189	6.33	1.8990
3	墨西哥	1.5982	1.5243	−4.62	1.5462	20	巴西	1.8563	1.8428	−0.73	1.9001
4	荷兰 ★	1.5838	1.5302	−3.38	1.5998	21	比利时 ★	1.8806	1.8229	−3.07	1.9057
5	奥地利 ★	1.5762	1.6756	6.31	1.6498	22	日本 ★	1.9146	1.8638	−2.65	1.9061
6	匈牙利	1.6381	1.6786	2.47	1.6949	23	韩国 ★	1.8440	1.8986	2.96	1.9157
7	罗马尼亚	1.7987	1.8368	2.12	1.7535	24	法国 ★	1.8451	1.8900	2.43	1.9572
8	英国 ★	1.8421	1.7007	−7.68	1.7728	25	捷克	1.9855	1.8294	−7.86	1.9586
9	保加利亚	1.7035	2.0209	18.63	1.7740	26	瑞典 ★	1.9972	1.9285	−3.44	1.9643
10	拉脱维亚	1.6293	1.8571	13.98	1.7893	27	爱沙尼亚	1.8217	1.9887	9.16	1.9748
11	波兰	1.9438	1.7842	−8.21	1.7913	28	澳大利亚 ★	2.0886	1.8986	−9.10	1.9912
12	葡萄牙 ★	1.9339	1.7857	−7.66	1.8155	29	芬兰 ★	2.0200	1.9721	−2.37	2.0058
13	美国 ★	1.9396	1.7419	−10.20	1.8364	30	西班牙 ★	2.1431	1.9549	−8.78	2.0196
14	丹麦 ★	2.0518	1.7094	−16.70	1.8393	31	意大利 ★	2.0030	1.9593	−2.18	2.0384
15	土耳其	1.6482	1.9125	16.03	1.8658	32	俄罗斯	1.9968	2.0854	4.44	2.0964
16	加拿大 ★	1.8053	1.9168	6.18	1.8660	33	印度	2.1448	2.1946	2.32	2.1677
17	爱尔兰 ★	2.1574	1.6972	−21.30	1.8983	34	中国	2.8298	2.7871	−1.51	2.7607

注：★为发达国家，均值为 1997—2011 年各经济体的均值，限于篇幅，仅给出了 1997 年值、2011 年值、全部均值和增幅，其他数据作者存档备索。

与以往采用中间品进口绝对额进行分析不同的是，本书以投入产出表中异质性中间品进口额与制造业消耗国内外中间品总额之比表示中间品进口依赖，计算方法如下：

$$R_i = \frac{\sum\limits_{i=1, i=1}^{N} x_{ii}^*}{\sum\limits_{i=1, i=1}^{N} x_{ii} + \sum\limits_{i=1, i=1}^{N} x_{ii}^*}, \quad R_j = \frac{\sum\limits_{i=1, j=1}^{N} x_{ij}^*}{\sum\limits_{i=1, j=1}^{N} x_{ij} + \sum\limits_{i=1, j=1}^{N} x_{ij}^*} \quad (5\text{-}2)$$

其中，x 为制造业的中间品投入，x^* 为制造业中间投入品中从国外进口的额度，i、j 分别代表制造业和生产性服务业，R_i、R_j 分别代表一国制造业的制造型和生产服务型中间品进口占比，该值越高则该国制造业的发展越依赖国外中间品，制造业的发展越容易受制于外部力量。

基于生产性服务资源环节偏好和中间品进口占比的测度结果，表5-9报告了三类环节偏好国家的异质性中间品进口占比情况。由表5-9可知，上游环节偏好型国家和下游环节偏好型国家两类中间品进口占比明显高于中游环节偏好型国家，这在一定程度上表明生产性服务资源偏好上游环节和下游环节的经济体，其中间品进口依赖的压力会比中游环节偏好型国家更大。同时，整体层面和三种类型国家中间品进口依赖程度均呈提高趋势，整体而言，制造型和生产服务型中间品进口占比分别增加了21.09%、18.74%，这一现象出现的原因在于：随着全球价值链分工模式的深化，跨国公司整合全球资源的能力进一步上升，进而将更多的环节置于生产成本最低的他国，从而提高了不同国家的中间品进口占比。此外，制造型中间品进口占比明显高于生产服务型中间品进口占比，这既表明各国对制造型中间品的进口依赖强于生产服务型中间品，也表明制造型中间品的国际化程度高于生产服务型中间品。

表5-9　生产性服务资源环节偏好与异质性中间品进口占比均值 [1]

年份	整体		下游偏向型国家		中游偏向型国家		上游偏向型国家	
	制造型	生产服务型	制造型	生产服务型	制造型	生产服务型	制造型	生产服务型
1997	0.3203	0.1640	0.3804	0.1850	0.2786	0.1523	0.3187	0.1594
1998	0.3395	0.1677	0.4109	0.1883	0.2922	0.1521	0.3344	0.1690
1999	0.3398	0.1668	0.4179	0.1783	0.2846	0.1540	0.3390	0.1731
2000	0.3546	0.1807	0.4296	0.1897	0.2976	0.1671	0.3593	0.1909
2001	0.3595	0.1802	0.4323	0.1915	0.2970	0.1645	0.3743	0.1910
2002	0.3464	0.1732	0.4312	0.1792	0.2901	0.1601	0.3404	0.1855
2003	0.3537	0.1737	0.4277	0.1775	0.3026	0.1619	0.3511	0.1865
2004	0.3655	0.1813	0.4492	0.1847	0.3087	0.1724	0.3614	0.1903
2005	0.3673	0.1843	0.4417	0.1813	0.3099	0.1793	0.3733	0.1942
2006	0.3818	0.1907	0.4676	0.1917	0.3163	0.1810	0.3877	0.2032
2007	0.3881	0.1880	0.4846	0.1923	0.3186	0.1766	0.3889	0.1998
2008	0.3815	0.1927	0.4784	0.1987	0.3152	0.1857	0.3773	0.1966
2009	0.3537	0.1805	0.4361	0.1845	0.2986	0.1670	0.3485	0.1955
2010	0.3791	0.1871	0.4716	0.1868	0.3191	0.1760	0.3706	0.2029
2011	0.3879	0.1948	0.4854	0.1927	0.3286	0.1840	0.3734	0.2120
增幅/%	21.09	18.74	27.63	4.16	17.95	20.77	17.15	32.96

[1]　上游环节偏好型为表5-8中均值排名前十的国家，下游环节偏好型国家是表5-8中排名后十的国家。中间14国为中游环节偏好型。

（2）模型的设定与变量的选择

本部分的主要目的是刻画生产性服务资源环节偏好对异质性中间品进口占比的作用机制，为此，被解释变量为各国历年制造型中间品和生产服务型中间品进口占比，解释变量为各国生产性服务资源融入制造业环节偏好的自然对数，解释变量细化到生产性服务资源的亚产业层面。考虑到前文分析中上游环节偏好和下游环节偏好的中间品进口占比高于中游环节偏好，本书在实证分析中加入环节偏好的平方项，构建如下方程：

$$ZJP_{jt} = \alpha_0 + \alpha_1 HJP_{ijt} + \alpha_2 HJP_{ijt}^2 + \beta X_{jt}^m + \varepsilon_t \qquad (5\text{-}3)$$

其中，ZJP_{jt} 为 j 国 t 年中间品进口占比（制造型和生产服务型），HJP_{ijt} 为 j 国 t 年生产性服务资源 i 的环节偏好，X 表示控制变量。本书选取了既能刻画国别属性又可能会对中间品进口产生影响的变量作为控制变量，以提高研究结论的准确性，具体为：①高等教育（EDU）。高等教育是人力资本和知识资本积累的关键途径，也有助于一国提升高端产品的生产能力，本书以联合国教科文组织提供的各国高校入学率的自然对数表示。②经济运行效率（XL）。经济运行效率是一国资源配置能力的重要体现，对一国技术进步和中间品生产能力发挥重要作用，本书以各国每千克石油产生的 GDP 的自然对数表示。③税收负担（TAX）。税收负担实际上刻画了一国的营商环境，税收负担的高低会对高技术进入和退出产生一定的影响，本书以各国总税收占 GDP 比重的自然对数表示。④高技术产品出口占比（GJS）。高技术产品出口占比用于刻画一国高技术产品的生产能力，本书用各国高技术产品出口占制成品出口百分比的自然对数表示。⑥出口技术复杂度（FZD）。出口技术复杂度用于刻画一国出口品的总体性技术含量，本书采用 Schott（2008）的方法测度而得，实证中用经自然对数处理后的数值表示，考虑到出口技术复杂度和高技术产品出口占比具有一定的相似性，本书在实证中将两个变量错开回归。

（3）基准回归结果与分析

表5-10报告了基准回归（OLS）的结论，在依次加入控制变量的情

表5-10　基准模型回归结果（OLS）

变量	制造业中间品进口					生产性服务业中间品进口				
HJP	-0.390*** (-3.714)	-0.355*** (-3.333)	-0.298*** (-2.879)	-0.285*** (-2.731)	-0.425*** (-4.094)	-0.213* (-1.874)	-0.209 (-1.783)	-0.242** (-2.131)	-0.230* (-1.956)	-0.328*** (-3.140)
HJP²	0.808*** (8.770)	0.721*** (7.580)	0.697*** (7.643)	0.629*** (6.745)	0.797*** (8.579)	0.321*** (3.218)	0.288*** (2.743)	0.357*** (3.564)	0.315*** (2.993)	0.383*** (4.094)
EDU	-0.311*** (-23.11)	-0.261*** (-16.96)	-0.337*** (-25.07)	-0.302*** (-19.61)	-0.346*** (-22.13)	-0.192*** (-13.22)	-0.119*** (-6.975)	-0.184*** (-12.47)	-0.107*** (-6.157)	-0.264*** (-16.78)
XL	0.120*** (5.468)	0.298*** (12.62)	0.105*** (4.833)	0.262*** (11.26)	0.249*** (10.72)	0.335*** (14.08)	0.454*** (17.41)	0.340*** (14.28)	0.464*** (17.71)	0.355*** (15.19)
TAX		0.217*** (18.52)		0.209*** (18.22)	0.156*** (12.92)	0.224*** (17.35)			0.226*** (17.53)	0.123*** (10.10)
GJS			0.971*** (11.35)	1.109*** (12.89)			-0.315*** (-3.352)		-0.322*** (-3.323)	
FZD					0.818*** (9.497)					1.670*** (19.240)
C	1.978*** (33.12)	1.883*** (28.19)	1.964*** (33.41)	1.935*** (29.57)	1.839*** (26.64)	1.930*** (29.89)	1.850*** (25.12)	1.934*** (29.99)	1.835*** (24.89)	1.716*** (24.67)
obs	3888	3636	3888	3636	3501	3888	3636	3888	3636	3501
R^2	0.204	0.240	0.229	0.273	0.275	0.070	0.129	0.073	0.132	0.218

注：*、**、***分别表示10%、5%、1%的显著性水平。括号内为t统计量。

况下，生产性服务资源环节偏好指数的平方项在制造型中间品和生产服务型中间品的回归结果中均显著为正，环节偏好指数的水平项显著为负。可见生产性服务资源环节偏好对制造业制造型中间品和生产服务型中间品进口占比的作用力均呈现 U 形特征，由此我们可以得到如下推论：生产性服务资源过于偏向上游环节或下游环节可能会加剧一国制造业的中间品进口依赖，即生产性服务资源错配会加剧中间品进口依赖。这一现象出现的原因可能在于，一国的生产性服务资源是相对有限的，当该资源集聚于上下游环节时，中游中间品环节未能得到足够的支持，从而中间品的生产能力及中间品技术含量提升能力受到影响，其制造业发展更依赖于国外中间品厂商。同时，发达国家生产性服务资源融入制造业生产环节的模式优于发展中国家，发展中国家的生产性服务资源错配程度高于发达国家，中间品往往是制造业最核心、附加值最高和技术含量最高的环节，而发展中国家的生产性服务业多偏向上游和下游环节，发展中国家生产性服务资源对中游环节支持不足不仅造成了其对国外中间品的进口依赖，还在一定程度上造成了其生产性服务资源的低效配置和错配。此外，中国生产性服务资源错配情况较为严重，其环节偏好指数在样本国中是最高的，可见中国生产性服务资源对中间品生产的作用力处于"偏离最优状态"运行，不利于中国"补短板，强弱项"目标的实现，因而一方面应引导更多的生产性服务资源流向中游环节，另一方面应培育和引进更多的中间品生产企业，为生产性服务资源营造更多的服务对象，从而形成中间品生产与生产性服务资源配置效率提升的良性互动机制，以降低中国中间品进口的依赖程度。

（4）稳健性检验分析

为了确保前文基准分析结果的可靠性，本书采用了三种方法进行稳健性检验。一是借鉴马述忠和吴国杰（2016）的做法，以分位数回归对解释变量和被解释变量进行无约束 OLS 回归，回归时分位数取 0.05，且自由抽样 400 次。图 5-2 报告了生产性服务资源环节偏好与两类中间品进口占比关系的分位回归。从整体趋势上看，生产性服务资源环节偏好对中间品进口占比的作用力呈现 U 形关系，即生产性服务资源环节错配会加剧中间品进口依赖，这印证了前文估计结果的可靠性。

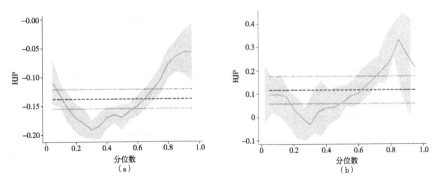

图 5-2　生产性服务资源环节偏好对中间品进口依赖的分位回归结果 [①]

二是借鉴盛斌和毛其淋（2017）的做法，以 2SLS 对 OLS 估计结果进行稳健性检验，工具变量则借鉴邱斌等（2014）的研究以解释变量的一期滞后项表示。对比表 5-10 和表 5-11 可以发现，在控制内生性的情况下，U 形关系依然稳健成立，环节偏好变量的预期符号和显著性高度一致。

三是运用联立方程对 OLS 估计结果进行稳健性检验。具体为以式（5-3）为联立方程的第一个方程，第二个方程设置为

$$\text{HJP}_{ijt} = \theta_0 + \theta_1 \text{ZJP}_{it} + \delta Y_{it}^m + \xi_t。$$

其中，Y 为控制变量。

结合环节偏好变量的特征，第二个方程的控制变量选取了经济发展水平（PGDP）及其滞后项和就业率（JY）。表 5-12 报告了联立方程的估计结果，表 5-12 与表 5-10 的估计结果并未出现严重的逆向变化现象，这进一步证实了前文实证结果的可靠性。[②]

（5）倒 U 形机制的稳固性分析

倒 U 形机制表明，过于偏好上游环节或下游环节的错配会加剧一国的中间品进口依赖，那么这种倒 U 形机制是否会随着经济发展水平的变化而发生变化？新冠肺炎疫情使得全球经济遭受了类似 2008 年金融危机

---

① （a）为制造型中间品的估计结果，（b）为生产服务型中间品的估计结果。
② 后文拓展研究中的所有回归均采用联立方程进行了稳健性检验，联立方程的估计结果证实了拓展研究中 2SLS 估计结果的可靠性。为免赘述，本书略去了后文联立方程的估计结果。

表 5-11　稳健性检验回归结果（2SLS）①

变量	制造业中间品进口						生产性服务业中间品进口					
HJP	-0.358***	-0.343***	-0.257**	-0.265**	-0.420***	-0.176	-0.285**	-0.289**	-0.321**	-0.313**	-0.421***	-0.438***
	（-2.985）	（-2.828）	（-2.174）	（-2.232）	（-3.543）	（-1.385）	（-2.207）	（-2.166）	（-2.477）	（-2.344）	（-3.545）	（-3.154）
HJP²	0.794***	0.724***	0.672***	0.620***	0.803***	0.503***	0.372***	0.346***	0.415***	0.377***	0.447***	0.540***
	（7.629）	（6.749）	（6.519）	（5.905）	（7.667）	（4.315）	（3.313）	（2.929）	（3.681）	（3.189）	（4.261）	（4.246）
EDU	-0.317***	-0.268***	-0.342***	-0.308***	-0.352***	-0.214***	-0.188***	-0.106***	-0.179***	-0.094***	-0.250***	-0.168***
	（-22.17）	（-15.41）	（-23.98）	（-18.93）	（-21.29）	（-11.20）	（-12.16）	（-5.89）	（-11.49）	（-5.15）	（-15.10）	（-8.07）
XL	0.122***	0.312***	0.107***	0.275***	0.261***	0.294***	0.323***	0.457***	0.328***	0.468***	0.358***	0.431***
	（5.22）	（12.41）	（4.63）	（11.16）	（10.60）	（11.93）	（12.80）	（16.51）	（13.02）	（16.83）	（14.53）	（16.03）
TAX		0.224***		0.217***	0.166***	0.175***		0.235***		0.237***	0.138***	0.133***
		（18.45）		（18.33）	（13.24）	（14.13）		（17.56）		（17.72）	（10.99）	（9.82）
GJS			0.986***	1.152***		1.052***			-0.347***	-0.348***		-0.198**
			（11.160）	（13.040）		（11.720）			（-3.582）	（-3.499）		（-2.019）
FZD					0.925***						1.813***	
					（10.30）						（20.14）	
JRSH						-0.635***						-1.765***
						（-8.592）						（-21.880）
C	1.984***	1.886***	1.959***	1.929***	1.808***	4.291***	1.947***	1.828***	1.955***	1.815***	1.646***	9.899***
	（30.53）	（26.07）	（30.65）	（27.30）	（24.17）	（12.25）	（27.78）	（22.96）	（27.93）	（22.81）	（21.96）	（25.92）
obs	3654	3420	3654	3420	3294	3267	3654	3420	3654	3420	3294	3267
C-R²	0.199	0.246	0.226	0.282	0.283	0.208	0.064	0.129	0.067	0.133	0.224	0.236

注：**、*** 分别表示 5%、1% 的显著性水平。括号内为 t 统计量。

① 表 5-11、表 5-12、表 5-13 中的工具变量均通过了 LM 检验、C-D 检验，为免赘述，本书略去了检验结果。

表5-12　稳健性检验回归结果（联立方程）

变量	制造业中间品进口					生产性服务业中间品进口				
HJP	-44.60*** (-5.714)	-23.81*** (-6.789)	-26.54*** (-6.842)	-15.73*** (-7.556)	-28.43*** (-6.782)	-26.57*** (-5.255)	-14.72*** (-6.224)	-24.36*** (-6.781)	-15.18*** (-7.385)	-25.57*** (-6.653)
HJP²	38.20*** (5.789)	20.86*** (6.930)	22.96*** (6.981)	13.92*** (7.774)	24.82*** (6.903)	22.57*** (5.281)	12.71*** (6.264)	20.78*** (6.820)	13.15*** (7.435)	22.00*** (6.671)
EDU	0.190 (1.427)	-0.206*** (-3.160)	0.013 (0.164)	-0.234*** (-5.111)	-0.304*** (-3.765)	0.090 (1.076)	-0.093*** (-2.147)	0.118 (1.593)	-0.053 (-1.152)	-0.243*** (-3.315)
XL	1.307*** (5.021)	0.734*** (6.484)	0.844*** (5.887)	0.584*** (7.604)	0.729*** (5.422)	0.996*** (6.033)	0.687*** (9.076)	0.967*** (7.263)	0.729*** (9.556)	0.733*** (5.985)
TAX		0.122** (2.497)		0.156*** (4.741)	0.032 (0.522)		0.167*** (5.142)		0.172*** (5.261)	0.009 (0.167)
GJS			0.806* (1.786)	0.381 (1.486)				-1.951*** (-4.643)	-1.046*** (-4.104)	
FZD					1.603*** (3.670)					2.526*** (6.365)
C	8.752*** (6.739)	6.372*** (8.589)	5.925*** (8.961)	4.810*** (10.84)	7.032*** (8.056)	6.131*** (7.336)	4.741*** (9.497)	5.769*** (9.410)	4.758*** (10.84)	6.516*** (8.154)
obs	3528	3330	3528	3330	3204	3528	3330	3528	3330	3204

注：*、**、***分别表示10%、5%、1%的显著性水平。括号内为t统计量。限于篇幅，此处仅给出联立方程中第一个方程的估计结果，第二个方程的估计结果略去。

的外部不利冲击，那么这种冲击是否会改变倒 U 形关系呢？本部分将进一步探索上述问题的答案。

本部分进一步以人均 GDP 变量（PGDP）表示经济发展水平进行分析，并采用经济发展水平与生产性服务资源环节偏好的交互项进行检验。表 5-13（1）—（4）列报告了相应的检验结果。可知，交互项的平方项显著为正，交互项的水平项则显著为负，即加入人均 GDP 变量后 U 形关系依然成立。可见经济发展水平提升不会改变生产性服务资源环节偏好对中间品进口占比的作用机制。考虑到金融危机也是一个非常显著的负向冲击，本书用金融危机来刻画负向冲击，金融危机的爆发不仅突出了金融服务（生产服务资源）与实体经济之间难以分割的联系（王国静和田国强，2014），而且会对一国的最终产品和中间品进出口产生深远影响。本部分以金融危机冲击来刻画经济冲击，具体以虚拟变量的形式刻画（JR），当年份小于 2008 时，令 JR 为 0，否则为 1。实证中以交互项的形式纳入回归，表 5-13（5）至（8）列报告了相应的估计结果。生产性服务资源环节偏好平方项与金融危机的交互项显著为正，水平交互项则显著为负，这表明：金融危机冲击下生产性服务资源环节偏好对中间品进口占比的作用机制仍然呈 U 形，可见，外部冲击并不会改变两者的 U 形关系，这也在一定程度上表明，在美国贸易保护主义冲击下，中国在同时优化中间品进口和生产性服务资源环节偏好时，依然需遵循 U 形规律。

（6）小结

提升生产性服务资源配置效率和减少中间品外部依赖是中国经济实现从高速增长向高质量增长转变的重要途径。理清生产性服务资源环节偏好与中间品进口占比之间的关系，使生产服务资源更好地为"补短板，强弱项"目标提供服务成为当前亟待解决的问题。为此，本部分从多维度揭示了生产性服务资源环节偏好对制造型中间品和生产服务型中间品进口占比的作用机制。得到的结论主要有：①生产性服务资源环节偏好对中间品进口占比的作用轨迹呈 U 形，过于偏好上游或下游均不利于降低一国中间品进口占比，偏好中游环节则能有效地减少一国中间品进口

表 5-13 经济增长和金融冲击的回归结果(两步最小二乘法)

变量	经济增长				变量	金融危机冲击			
	制造业中间品		生产性服务业中间品			制造业中间品		生产性服务业中间品	
	(1)	(2)	(3)	(4)		(5)	(6)	(7)	(8)
HJP	-0.043***	-0.053***	-0.059***	-0.065***	HJP	-1.149***	-0.934***	-0.730***	-0.888***
	(-3.602)	(-4.390)	(-4.410)	(-5.369)		(-9.929)	(-7.941)	(-6.468)	(-6.894)
PGDP	0.008***	0.010***	0.007***	0.007***	JR	1.470***	1.216***	0.725***	0.867***
	(7.680)	(8.821)	(5.761)	(6.106)		(10.540)	(8.630)	(5.330)	(5.617)
HJP^2					HJP^2				
$PGDP^2$					JR^2				
EDU	-0.362***	-0.410***	-0.120***	-0.266***	EDU	-0.325***	-0.288***	-0.227***	-0.063***
	(-21.85)	(-24.17)	(-6.43)	(-15.59)		(-19.06)	(-17.08)	(-13.68)	(-3.42)
XL	0.233***	0.212***	0.453***	0.344***	XL	0.263***	0.276***	0.392***	0.519***
	(9.59)	(8.76)	(16.54)	(14.12)		(10.21)	(10.60)	(15.62)	(18.20)
TAX	0.224***	0.175***	0.237***	0.140***	TAX	0.193***	0.236***	0.162***	0.265***
	(19.07)	(14.17)	(17.92)	(11.29)		(14.84)	(19.09)	(12.78)	(19.57)
GJS	1.094***		-0.386***		GJS	1.044***		-1.859***	
	(12.44)		(-3.89)			(11.46)		(-20.93)	
FZD		0.842***		1.799***	FZD		1.150***		0.497***
		(9.37)		(19.91)			(12.49)		(4.93)
C	2.269***	2.194***	1.992***	1.794***	C	1.803***	1.998***	1.490***	1.686***
	(31.92)	(28.78)	(24.82)	(23.41)		(24.99)	(30.00)	(21.18)	(23.11)
obs	3420	3294	3420	3294	obs	3294	3420	3294	3420
C-R^2	0.291	0.291	0.140	0.228	C-R^2	0.258	0.258	0.240	0.153

注:*** 表示 1% 的显著性水平。括号内为 t 统计量。

依赖，即生产性服务资源错配会提高一国中间品进口依赖程度，在考虑贸易地理优势、经济增长动静态影响和金融冲击的情况下，U 形关系依然稳健成立。②发展中国家生产性服务资源融入制造业环节多偏向上游和下游，而发达国家多位于中游区域，这使得发达国家生产性服务资源有效地发挥促进本国中间品发展壮大的功能，发展中国家生产性服务资源则以偏离最优值较远的形式支持中间品发展，即发展中国家生产性服务资源的错配程度高于发达国家。③中国生产性服务资源错配程度较高，前文的研究结果表明中国的生产性服务资源环节偏好指数在所有样本国中是最高的，呈现出过于偏好上游的环节错配特征，为此，降低中国生产性服务资源错配程度不仅有助于中国降低中间品进口依赖程度，还有助于中国生产性服务业的高质量发展。

5.1.3 生产性服务资源错配对中间品出口技术复杂度的影响：环节偏好视角

中国中间投入品技术复杂度不高和生产性服务资源配置效率偏低，甚至错配的事实特征与生产性服务资源有助于中间投入品生产能力、技术内涵提升（张少军和刘志彪，2018）的研究结论，使我们产生了如下疑惑：生产性服务资源如何选择所嵌入生产环节才能最有效地促进中间投入品出口技术复杂度升级？提升中间投入品技术复杂度和生产性服务资源配置效率（降低错配）是提升中国经济增长质量、实现"补短板，强弱项"目标的核心内容和根本途径。2018 年爆发的"中芯事件"、2019年 10 月美国将海康威视等企业列入"出口管制实体清单"事件和 2020 年5 月美国"深度围剿"华为事件也证实了拥有高技术复杂度中间投入品的重要性。为此，迫切需要深入剖析生产性服务资源嵌入制造业生产环节（错配）对中间投入品出口技术复杂度的作用机制。生产性服务资源错配程度的降低和中间投入品技术复杂度的提升不仅是经济发展质量优化的参照，也是中国制造业突破全球价值链关键节点（Johnson and Noguera，2012）、消除制造业技术赶超核心部件外部依赖"痛点"的重要支撑（张少军和刘志彪，2018）。为此，探究生产性服务资源嵌入制造业生产环节选择对中间投入品出口技术复杂度的作用机理具有重要的现实价值。

（1）理论分析与研究假说

生产性服务资源源于制造业（Markusen et al.，2005），是制造业转型升级和价值链攀升的重要支撑力量（张少军和刘志彪，2018）。为此，做大生产性服务资源规模、提升生产性服务资源服务制造业的水平，一直是各国发展生产性服务业的重要目标。然而受经济发展水平、开放程度、科技水平和营商环境等因素的约束，各国生产性服务资源均具有稀缺性，难以为所有制造业生产环节提供无限制的服务。生产性服务资源是制造业异质性生产环节的"衔接器"和"润滑剂"，其只有植根于制造业生产过程（韩峰和阳立高，2020），才能有效地发挥其促进制造业效率优化、国际分工地位提升和技术进步等功能（于斌斌，2018；Francois and Hoekman，2010；陈启斐和刘志彪，2014）。在全球价值链引致的国际分散化生产模式主导下，生产性服务资源嵌入制造业生产环节时会做出三种选择：

一是嵌入制造业上游生产环节。制造业上游环节是整个生产过程的初始阶段，也是产业的基础性阶段，主要包含了制造业的原材料采掘、加工和生产环节，制造业上游环节的发展水平很大程度上决定了制造业中下游环节的规模。二是嵌入制造业中游生产环节。中游生产环节介于上游环节和下游环节之间，是衔接整个生产过程的桥梁，其主要功能是对上游产品进行深加工，为下游生产环节提供关键零部件、中间品和半成品，由于高技术含量、高附加值中间品的生产多位于中游环节。为此，中游环节已经成为各国跨国公司争相介入的生产阶段，该环节产品的技术含量是各国制造业国际竞争力的重要体现（陈晓华等，2019）。三是嵌入制造业下游生产环节。下游环节是整个生产环节的末端，主要功能是将上游环节和中游环节所得产品进行组装，从而得到最终产品并结束整个生产过程。三个生产环节相辅相成，缺一不可，共同组成了制造业做大做强的基石。然而在生产性服务资源稀缺性的制约下，上游、中游和下游生产环节难以同时得到生产性服务资源的充分支持。为此，在收益率、政策导向等因素的影响下，生产性服务资源嵌入制造业的环节选择会存在一定的偏向，三个生产环节得到生产性服务资源支持的力度可能并不相同。

由于生产性服务资源对制造业技术进步具有显著的促进作用（陈启斐和刘志彪，2014），生产性服务资源嵌入特定环节时，会对该生产环节产品出口技术复杂度产生提升作用。那么生产性服务资源嵌入不同生产环节会对中间投入品产生什么样的影响呢？首先，上游环节和中游环节所得产品往往会成为下游生产环节的中间投入品，中间投入品的出口技术复杂度实际上在很大程度上刻画了上游环节和中游环节产品的技术复杂度。为此，生产性服务资源嵌入制造业上游环节和中游环节时，有助于推动中间投入品出口技术复杂度升级。其次，生产性服务资源嵌入下游环节时，有助于下游生产工艺和技术的升级，从而推动下游生产环节产品和最终产品的出口技术复杂度升级，而下游生产环节产品的技术复杂度升级往往会通过倒逼机制和技术溢出机制推动中上游环节升级，进而推动中间投入品出口技术复杂度升级。最后，上游和下游生产环节存在两个极限情况：一是最上游生产环节，这一环节的产品多为原料（铁矿石、石油和煤炭），其产品的技术复杂度差异并不大，也难以快速推动原料的技术复杂度的提升；二是最下游生产环节，这一环节多为劳动密集型组装环节，组装环节不仅技术含量低，附加值低，而且技术提升速度和技术创新性速度也相对较慢（张少军和刘志彪，2018；吕越等，2018）。为此，生产性服务资源嵌入过于上游（下游）生产环节时，对上游（下游）生产环节产品出口技术复杂度升级的作用力相对有限。[①]

综合以上观点，我们可以推定：当有限的生产性服务资源过多地嵌入过于上游（下游）生产环节时，本应嵌入高技术复杂度的中游生产环节的生产性服务资源被"挤占"，不仅使得高技术复杂度的中游环节得不到足够的生产性服务资源支持，还提高了中游环节使用生产性服务资源的成本，最终不利于中间投入品出口技术复杂度升级，即生产性服务资源错配不利于中间品出口技术复杂度升级；当有限的生产性服务资源大量嵌

---

① 也就是说，生产性服务资源偏好过于上游或过于下游。

入中游环节时，能有效地促进中游生产环节产品技术升级，进而推动中游生产环节产品出口技术复杂度升级。由此，我们提出如下待检验假说。

假说1：生产性服务资源嵌入制造业过于上游（下游）生产环节，会对中间投入品出口技术复杂度升级产生负效应；生产性服务资源嵌入制造业中游生产环节，会对中间投入品出口技术复杂度产生显著的正效应。也就是说，生产性服务资源嵌入制造业生产环节对中间投入品出口技术复杂度的作用呈倒U形，嵌入中游生产环节是生产性服务资源的最优选择。

生产性服务资源嵌入制造业生产环节对中间投入品出口技术复杂度的影响机制取决于两个因素：一是生产性服务资源的稀缺程度；二是制造业的国际生产模式。生产性服务资源嵌入制造业生产环节对中间投入品作用机制的稳态性也取决于这两个因素，稀缺性使得制造业生产环节无法得到生产性服务资源的无限支持，也使得生产性服务资源的使用存在机会成本，更使得生产性服务资源嵌入制造业异质性生产环节存在差异。然而由于受科技水平、发展水平、要素禀赋和制造业规模等因素的影响，生产性服务资源的稀缺性将长期存在，由此可见，稀缺性具有较好的稳态性。跨国公司在利润最大化目标的驱使下，通过配置世界资源进行生产，进而将不同的生产环节分割于不同的国家（诸竹君等，2018；黄先海等，2018）。随着全球化进程的进一步推进，这一生产模式不仅成了当前国际分工的主要特征，还以全球价值链的形式将更多的经济体融入进来（吕越等，2018），使得这一生产模式更加稳定。综上可知：生产性服务资源的稀缺性和制造业国际生产方式具有较强的稳态性。为此，我们提出如下待检验假说。

假说2：生产性服务资源嵌入制造业生产环节对中间投入品出口技术复杂度的作用机制具有一定的稳态性，外部冲击一般难以改变两者的作用机制。

（2）生产性服务资源环节偏好与中间品出口技术复杂度关系的初步判定

得益于WIOD投入产出表提供的丰富数据，本书得以对中间投入品的出口技术复杂度进行测度，WIOD 提供的 2016 年版投入产出表数据结构如表 5-14 所示，其中 X_{iM}^A 为 A 国 i 产业产出中被 M 国（$A \leqslant M \leqslant N$）作为中间投入品的金额，可测算出各国各产业中间投入品出口总额：

$$\begin{cases} \text{IEX}_{iA} = X_{iA}^B + X_{iA}^C + X_{iA}^D + \cdots + X_{iA}^N \\ \text{IEX}_{iB} = X_{iB}^A + X_{iB}^C + X_{iB}^D + \cdots + X_{iB}^N \\ \text{IEX}_{iC} = X_{iC}^A + X_{iC}^B + X_{iC}^D + \cdots + X_{iC}^N \\ \qquad\qquad\qquad\vdots \\ \text{IEX}_{iN} = X_{iN}^A + X_{iN}^B + X_{iN}^D + \cdots + X_{iN}^{N-1} \end{cases} \qquad (5-4)$$

表 5-14　WIOD 投入产出表结构（2016 年版）[①]

投入＼产出	中间投入品					最终品					总产出
	A 国	B 国	C 国		N 国	A 国	B 国	C 国		N 国	
中间投入品　A 国	X_{iA}^A	X_{iA}^B	X_{iA}^C		X_{iA}^N	X_{iA}^A	X_{iA}^B	X_{iA}^C		X_{iA}^N	X_{iA}
B 国	X_{iB}^A	X_{iB}^B	X_{iB}^C		X_{iB}^N	X_{iB}^A	X_{iB}^B	X_{iB}^C		X_{iA}^N	X_{iB}
C 国	X_{iC}^A	X_{iC}^B	X_{iC}^C		X_{iC}^N	X_{iC}^A	X_{iC}^B	X_{iC}^C		X_{iC}^N	X_{iC}
$\vdots$	$\vdots$	$\vdots$	$\vdots$		$\vdots$	$\vdots$	$\vdots$	$\vdots$		$\vdots$	$\vdots$
N 国	X_{iN}^A	X_{iN}^B	X_{iN}^C		X_{iN}^N	X_{iN}^A	X_{iN}^B	X_{iN}^C		X_{iN}^N	X_{iN}
中间投入品总投入	X_{iA}^T	X_{iB}^T	X_{iC}^T		X_{iN}^T						
增加值	v_{iA}	v_{iB}	v_{iC}		v_{iN}						

其中，IEX_{iA} 为 A 国 i 产业中间投入品出口额，借鉴 Hausmann et al.（2007）和陈晓华等（2011）的研究，本书以如下方程测算各产业中间投入品出口技术复杂度：

$$\text{PRODY}_m = \sum_j \frac{\text{IEX}_{ij} \,/\, \text{IEX}_j}{\sum_j \text{IEX}_{ij} \,/\, \text{IEX}_j} Y_j \qquad (5-5)$$

其中：PRODY_m 为中间投入品 m 的出口技术复杂度；IEX_{ij} 为 j 国 i 产业中间投入品出口额，由式（5-4）计算而得；IEX_j 为 j 国中间投入品出口总

---

① 限于表格篇幅，本书以表 5-14 所示简表刻画 WIOD2016 年版投入产出表，具体可见于 WIOD 网站。

额；Y_j 为 j 国人均 GDP。在核算出各产业的 GDP 之后，本书以如下方程核算各国制造型和生产服务型中间投入品出口技术复杂度：

$$PROD_j = \sum_m \frac{IEX_{mj}}{\sum IEX_{mj}} PRODY_m \qquad (5-6)$$

其中，$PROD_j$ 为 j 国中间投入品出口技术复杂度。

利用式（5-6）和 WIOD，本书核算了各国生产服务型中间投入品和制造型中间投入品出口技术复杂度。[①] 基于 5.1.2 的生产性服务资源嵌入制造业环节偏好的测度结果，表 5-15 报告了生产性服务资源嵌入制造业生产环节三类偏好国家的中间投入品出口技术复杂度均值。由表 5-15 可知，中游偏好国制造型和生产服务型中间投入品出口技术复杂度均值在 2000—2011 年均大于上游偏好国与下游偏好国的均值。这可能表明：偏好制造业中游环节能更好地促进中间投入品出口技术复杂度升级，中国过于偏好上游环节型错配，这不利于中国中间品出口技术复杂度的升级。这一现象出现的原因可能在于：具有高技术含量、高附加值的中间投入品生产多位于制造业的中游环节，生产性服务资源偏好嵌入中游环节则使得中间投入品生产得到更多的支持，进而有助于中间投入品技术内涵的攀升。此外，中游偏好国两类中间投入品出口技术复杂度均值与下游偏好国的差距已经从 2000 年的 1995.8（制造型）和 1369.5（生产服务型）上升到了 2011 年的 3506.8（制造型）和 3463.9（生产服务型），中游偏好国与上游偏好国两类中间投入品的出口技术复杂度均值的差距已经从 2000 年的 1671.7（制造型）和 2067.4（生产服务型）上升到了 2011 年的 3135.7（制造型）和 4100.7（生产服务型），可见中游偏好国中间投入品出口技术复杂度的优势在进一步扩大。由此我们可以推定：减少生产性服务资源偏好过于上游和过于下游环节型错配，促使更多的生产性服务资源流向制造业中游环节，能更有效地推动制造业"补短板，强弱项"

---

① 根据 WIOD 投入产出表，制造业有 C5—C23，生产性服务业有 C25—C56，具体产业名称见 WIOD 于 2016 年公布的投入产出表。在核算制造型中间投入品出口技术复杂度时，实际上是借助式（5-6），以各国各类制造型中间投入品产业出口额加权，即令 m 为制造中间投入品产业，计算生产服务型中间投入品时，令 m 为各生产性服务业。

目标和全球价值链分工地位攀升目标的实现，这在一定程度上证实了假说1的准确性。

表5-15　生产性服务资源嵌入制造业生产环节与中间投入品出口技术复杂度均值①

年份	下游偏好国		中游偏好国		上游偏好国	
	制造型	生产服务型	制造型	生产服务型	制造型	生产服务型
2000	14224.1	15435.5	16219.9	16805.0	14548.2	14737.6
2001	14197.5	15466.6	16160.1	17011.8	14465.5	14926.3
2002	15247.1	16945.0	17356.0	18761.5	15507.0	16441.4
2003	18024.3	20806.5	20408.2	22965.9	18300.6	20245.8
2004	20492.6	24120.1	23254.7	26774.4	20815.0	23535.1
2005	21675.8	25654.4	24617.9	28406.7	22064.3	25144.1
2006	23386.5	27722.1	26264.8	30540.6	23709.8	26970.8
2007	27119.5	32017.8	30182.6	34801.4	27462.4	30824.6
2008	29498.7	35058.4	32787.9	38006.2	29972.7	33968.7
2009	26308.6	31283.9	29425.4	34212.7	26702.5	30552.1
2010	27130.6	31835.3	30200.5	34887.1	27531.1	30894.9
2011	29412.2	35195.6	32919.0	38659.5	29783.3	34558.8
增幅/%	106.78	128.02	102.96	130.05	104.72	134.49

由于目前学界并无学者就生产性服务资源嵌入制造业生产环节对中间品出口技术复杂度的作用机制进行经验分析，本书运用误差修正面板模型（ECM Panel）对两者长期均衡关系进行检验，以避免"无长期均衡"关系和无因果关系的伪回归出现。表5-16报告了相应的估计结果，可知在滞后一期和滞后二期的情况下，四类检验均显著证实了长期均衡关系和因果关系的存在性，排除了伪回归的可能。为此，后文两者相互关系的经验结论是可靠的。

（3）模型的设置与变量的选择

本部分的主要目的是基于中间投入品出口技术复杂度视角，判断生产性服务资源嵌入制造业生产环节选择的重要性，进而勾勒出生产性服

① 上游环节偏好国为2000—2011年生产性服务资源嵌入制造业生产环节指数均值排名前十的国家，下游环节偏好国为上述指数均值排名后十的国家，其余14国为中游环节偏好国。

表 5-16　生产性服务资源嵌入环节与中间品出口技术复杂度长期均衡关系检验

产业	检验类型	滞后一期	滞后二期	检验类型	滞后一期	滞后二期
制造型	Gt	−3.734（0.000）	−94.551（0.000）	Pt	−46.726（0.000）	−99.080（0.000）
	Ga	−30.160（0.000）	−43.449（0.000）	Pa	−27.273（0.000）	−47.425（0.000）
生产服务型	Gt	−4.650（0.000）	−37.370（0.000）	Pt	−61.050（0.000）	−68.694（0.000）
	Ga	−16.622（0.000）	−30.086（0.000）	Pa	−14.413（0.000）	−28.939（0.000）

注：括号内为 p 值。

务资源环节错配对中间品出口技术复杂度的作用机制。为此，被解释变量为制造型和生产服务型中间投入品出口技术复杂度，解释变量为各国生产性服务资源嵌入制造业生产环节指数的自然对数。考虑到数据的匹配性，本书以 34 国 2000—2011 年的数据为研究对象，解释变量细化到生产性服务产业的异质性产业层面。前文特征分析显示：上游偏好国和下游偏好国两类中间投入品出口技术复杂度均值均低于中游偏好国相应均值。本文在实证中加入解释变量的平方项进行估计，构建如下方程：

$$\text{PROD}_{jt} = \alpha_0 + \alpha_1 \text{HJP}_{ijt} + \alpha_2 \text{HJP}_{ijt}^2 + \gamma_m X_{jt}^m + \varepsilon_t \qquad (5\text{-}7)$$

其中，HJP 为生产性服务资源嵌入制造业生产环节指数，X 为控制变量。

为提高计量结果的可靠性，我们进一步选取了既能刻画国别特征又可能会对两类中间投入品出口技术复杂度产生影响的变量作为控制变量，具体有：①高等教育水平（EDU）。高等教育既是一国提升人力资本数量与质量的重要支撑，也是提升知识资本和技术创新水平的重要途径，必然对一国中间投入品出口技术复杂度产生深远影响。本书以联合国教科文组织提供的各国高等教育毛入学率表示。②国际贸易地理优势。根据"冰山"理论，贸易地理优势有助于降低一国的交易成本，进而可能对一国的中间投入品出口量和技术内涵产生影响，在实证中以沿海优势（YH）、毗邻大进口国优势（DG）[①] 和当年是否为 WTO 成员等三个因素来刻画国际贸易地理优势，当经济体拥有上述优势时设定为 1，否则

---

① 本书以 2012 年进口排名世界前五的国家为大进口国，与其中 1 个及以上国家相邻则表示其拥有毗邻大进口国优势，5 国为美国、中国、英国、德国和日本。

为0。③研发投入（RD）。研发是一国获取新技术、提升产品技术水平的重要途径，本书以各国人均研发投入的自然对数表示。④最终产品出口技术复杂度（FZD）。最终产品技术含量的变迁势必会对中间投入品需求产生新的影响，进而影响中间投入品出口技术复杂度。由于Hausmann et al.（2007）的方法测度最终产品时包含人均GDP变量，会与其他控制变量产生多重共线性风险，本书采用Schott（2008）的方法测度最终品出口技术复杂度，以减少上述风险。⑤高技术产品出口占比（GJS），高技术产品出口量越大，往往会对高技术含量中间投入品产生越多的需求，本书以各国高技术产品出口占制成品出口百分比的自然对数表示。

（4）基准模型回归结果与分析

表5-17报告了基准模型的估计结果（OLS），在逐次加入控制变量条件下，两类回归中，生产性服务资源嵌入制造业生产环节指数的水平项显著为正，平方项则显著为负。这表明：生产性服务资源嵌入制造业生产环节对制造型中间投入品和生产服务型中间投入品出口技术复杂度的作用机制均呈倒U形，可见生产性服务资源偏好中游环节能更有效地促进中间投入品出口技术复杂度的升级。表5-17的倒U形机制还表明：当生产性服务资源嵌入制造业生产环节过于下游时，该系数对中间投入品出口技术复杂度的作用力为负（如嵌入最下游环节，环节指数为1，取自然对数后为0）；当生产性服务资源嵌入制造业生产环节过于上游时，也会对中间投入品出口技术复杂度产生负效应。为此，嵌入中游生产环节是生产性服务资源的最优选择。上述结论证实了假说1的准确性，即当以中游环节国家为参照参照时，生产性服务资源错配程度越高越不利于一国中间品出口技术复杂度升级。倒U形机制出现的原因可能在于：一方面，制造型中间投入品多位于生产流程的中游生产环节，生产性服务资源嵌入中游生产环节能够使得中间投入品生产得到足够的支持，从而在生产性服务资源技术革新和技术内涵提升功能的作用下（Yang et al.，2018），促进制造型中间投入品技术复杂度逐步提升；另一方面，制造型中间投入品生产过程的复杂程度往往高于上游原料生产环节和下游最终品组装环节，其对生产性服务资源的质量和技术内涵有更高的要

表 5-17　基准模型估计结果（OLS）

被解释变量	制造型中间投入品出口技术复杂度（MPROD）				生产服务型中间投入品出口技术复杂度（SPROD）			
	（1）	（2）	（3）	（4）	（1）	（2）	（3）	（4）
HJP	0.127*	0.193***	0.210***	0.369***	0.192**	0.296***	0.333***	0.487***
	（1.920）	（2.905）	（3.153）	（5.419）	（2.577）	（3.948）	（4.424）	（6.324）
HJP^2	−0.206**	−0.254***	−0.287***	−0.481***	−0.296***	−0.359***	−0.427***	−0.611***
	（−2.420）	（−3.021）	（−3.367）	（−5.565）	（−3.068）	（−3.770）	（−4.439）	（−6.251）
YH	−0.024*	−0.055***	−0.056***	−0.054***	0.008	−0.026	−0.029*	−0.025
	（−1.724）	（−3.771）	（−3.859）	（−3.732）	（0.529）	（−1.610）	（−1.775）	（−1.570）
DG	0.078***	0.074***	0.069***	0.076***	0.071***	0.066***	0.056***	0.062***
	（7.827）	（7.158）	（6.583）	（7.079）	（6.334）	（5.652）	（4.737）	（5.148）
EDU	0.160***	0.205***	0.206***	0.208***	0.203***	0.293***	0.296***	0.302***
	（17.42）	（10.87）	（10.94）	（10.99）	（19.60）	（13.73）	（13.89）	（14.12）
WTO	0.061***			0.117***	0.080***			0.141***
	（4.675）			（8.268）	（5.431）			（8.819）
RD		0.002	0.000	0.009		−0.016	−0.019*	−0.013
		（0.210）	（0.043）	（0.921）		（−1.432）	（−1.740）	（−1.112）
FZD			0.145**				0.302***	
			（2.340）				（4.315）	
GJS				−0.517***				−0.494***
				（−7.170）				（−6.051）
C	9.356***	9.243***	9.206***	9.217***	9.293***	9.155***	9.078***	9.124***
	（202.6）	（175.0）	（167.0）	（176.9）	（177.8）	（153.3）	（146.0）	（154.9）
obs	3141	2754	2754	2754	3141	2754	2754	2754
R^2	0.104	0.131	0.133	0.158	0.124	0.156	0.162	0.182

注：*、**、***分别表示10%、5%、1%的显著性水平。括号内为 t 统计量。

求。为此，嵌入制造业中游环节有助于生产性服务资源在高端服务需求的外部"倒逼"和"干中学"的内部训练中持续提升自身的技术水平，进而最终推动生产服务型中间投入品出口技术复杂度升级。我们还可以有如下推论：一是发达国家生产性服务资源与制造业的耦合模式比发展中国家更有助于两类中间投入品出口技术复杂度的提升，发达国家生产性服务资源多嵌入制造业中游环节，进而能更好地发挥促进两类中间投入品出口技术复杂度升级的功能；二是中国生产性服务资源嵌入制造业生产环节指数过高，以偏离最优值较远的形式嵌入制造业生产环节，不仅使得中国生产性服务资源对两类中间投入品出口技术复杂度升级的促进效率相对较低，还在一定程度上造成了生产性服务资源的浪费，也不利于"补短板，强弱项"目标的实现，这也在很大程度上表明中国生产性服务资源错配的现象较为严重。

（5）稳健性检验结果与分析

为了确保基准回归结果的可靠性，本书采用两种方法进行稳健性检验，一是借鉴盛斌和毛其淋（2017）的做法，运用 2SLS 对基准检验进行稳健性分析。工具变量借鉴陈启斐和刘志彪（2014）的处理方法，以解释变量的一期滞后项表示。二是以联立方程对基准分析进行稳健性检验，以式（5-7）为联立方程的第一个方程，令 $\mathrm{HJP}_{ijt} = c_0 + \theta\mathrm{PROD}_{it} + \mathrm{TAX}_{it} + \xi_{it}$ 为联立方程的第二个方程进行回归[①]，TAX 为税收，以各国总税收收入占本国 GDP 百分比的自然对数表示。表 5-18、表 5-19 分别报告了 2SLS 和联立方程的估计结果。在两类稳健性检验结果中，生产性服务资源嵌入制造业生产环节指数的水平项显著为正，平方项显著为负，可见，在稳健性检验情况下倒 U 形关系依然成立，可以推定基准检验所得结论是稳健可靠的。

表 5-18　两步最小二乘法（2SLS）稳健性检验结果

被解释变量	制造型中间投入品出口技术复杂度（MPROD）				生产服务型中间投入品出口技术复杂度（SPROD）			
	（1）	（2）	（3）	（4）	（1）	（2）	（3）	（4）
HJP	0.781★★ (2.307)	0.776★★ (2.444)	0.995★★ (2.496)	2.453★★★ (3.532)	1.066★★★ (2.789)	1.057★★★ (2.957)	1.480★★★ (3.231)	2.999★★★ (3.754)
HJP²	−1.230★★ (−2.434)	−1.176★★ (−2.515)	−1.515★★ (−2.552)	−3.615★★★ (−3.548)	−1.645★★★ (−2.884)	−1.542★★★ (−2.930)	−2.196★★★ (−3.220)	−4.376★★★ (−3.733)
YH	0.005 (0.315)	−0.024 (−1.467)	−0.022 (−1.290)	0.008 (0.332)	0.044★★ (2.216)	0.007 (0.378)	0.011 (0.557)	0.043 (1.629)

①　考虑到中间投入品技术复杂度和经济发展中很多变量存在较高的相关性，为减少多重共线性可能给估计结果带来的不利影响，本书仅选取税收作为第二个方程的控制变量。

续表

被解释变量	制造型中间投入品出口技术复杂度（MPROD）				生产服务型中间投入品出口技术复杂度（SPROD）			
	（1）	（2）	（3）	（4）	（1）	（2）	（3）	（4）
DG	0.078***	0.088***	0.083***	0.104***	0.071***	0.084***	0.074***	0.096***
	（7.641）	（7.867）	（7.432）	（6.720）	（6.163）	（6.650）	（5.744）	（5.422）
EDU	0.145***	0.178***	0.185***	0.216***	0.185***	0.261***	0.276***	0.312***
	（15.21）	（8.35）	（8.13）	（7.17）	（17.18）	（10.90）	（10.53）	（9.02）
WTO	0.097***			0.245***	0.126***			0.294***
	（4.302）			（4.880）	（4.992）			（5.080）
RD		0.006	0.001	0.003		−0.011	−0.020	−0.020
		（0.542）	（0.081）	（0.192）		（−0.914）	（−1.533）	（−1.235）
FZD			0.255**				0.493***	
			（2.266）				（3.810）	
GJS				−0.951***				−1.009***
				（−4.803）				（−4.429）
C	9.744***	9.638***	9.652***	10.190***	9.797***	9.644***	9.671***	10.290***
	（64.13）	（64.47）	（61.38）	（36.40）	（57.11）	（57.30）	（53.52）	（31.94）
obs	2862	2520	2520	2520	2862	2520	2520	2520
R^2	0.033	0.043	0.249	0.302	0.031	0.047	0.286	0.347

注：**、*** 分别表示 5%、1% 的显著性水平。括号内为 t 统计量。

表5-19 联立方程稳健性检验结果

被解释变量	制造型中间投入品出口技术复杂度（MPROD）				生产服务型中间投入品出口技术复杂度（SPROD）			
	（1）	（2）	（3）	（4）	（1）	（2）	（3）	（4）
HJP	0.325*	0.405**	1.760***	2.765***	0.386*	0.597***	0.431*	2.599***
	（1.665）	（2.001）	（9.564）	（12.820）	（1.752）	（2.588）	（1.805）	（11.220）
HJP^2	−0.423*	−0.361**	−2.119***	−3.298***	−0.497*	−0.507***	−0.389*	−3.091***
	（−1.805）	（−2.124）	（−9.589）	（−12.840）	（−1.878）	（−2.615）	（−1.955）	（−11.200）
YH	−0.026*	−0.047***	−0.082***	−0.081***	0.007	−0.014	−0.017	−0.048**
	（−1.788）	（−3.063）	（−4.905）	（−4.492）	（0.440）	（−0.797）	（−0.989）	（−2.514）
DG	0.072***	0.079***	0.053***	0.052***	0.067***	0.076***	0.070***	0.042***
	（6.643）	（7.091）	（4.328）	（3.820）	（5.460）	（5.959）	（5.519）	（2.948）
EDU	0.151***	0.164***	0.262***	0.289***	0.187***	0.231***	0.237***	0.364***
	（14.220）	（7.299）	（10.800）	（10.870）	（15.620）	（9.018）	（9.287）	（12.870）
WTO	0.065***			0.223***	0.084***			0.233***
	（4.617）			（11.300）	（5.268）			（11.120）

被解释变量	制造型中间投入品出口技术复杂度（MPROD）				生产服务型中间投入品出口技术复杂度（SPROD）			
	（1）	（2）	（3）	（4）	（1）	（2）	（3）	（4）
RD		0.016	−0.019★	−0.006		0.003	−0.002	−0.027★
		（1.466）	（−1.648）	（−0.524）		（0.238）	（−0.219）	（−1.917）
FZD			0.282★★★				0.248★★★	
			（3.731）				（3.116）	
GJS				−1.159★★★				−1.042★★★
				（−11.060）				（−9.351）
C	9.444★★★	9.114★★★	9.600★★★	9.805★★★	9.404★★★	8.987★★★	8.960★★★	9.680★★★
	（127.9）	（122.5）	（120.6）	（113.0）	（112.8）	（106.0）	（106.3）	（104.8）
obs	2934	2574	2574	2574	2934	2574	2574	2574
R^2	0.082	0.075	0.065	0.272	0.097	0.074	0.088	0.064

注：★、★★、★★★分别表示10%、5%、1%的显著性水平。括号内为 t 统计量。

（6）外部冲击与倒 U 形机制的稳固性

在中国提出以高质量增长和"补短板，强弱项"为目标的制造业强国战略的同时，发达国家的"再工业化"和贸易保护主义逐步抬头，这使得美国对中国发起了以加征关税为代表的贸易战，贸易战会给中国带来两个方面的直接冲击：一是加大中国经济总量增长的压力，从而放缓中国经济的增速；二是使得中国出口品面临的税赋有所增加。此外，2020年初的新冠肺炎疫情，不仅极大增加了世界经济的不确定性，还对经济增长产生了巨大的负面冲击，如2020年中国第一季度的GDP下降了6.8%。可以说，新冠肺炎疫情既增大了中国经济下行压力，也产生了类似金融危机的负向经济冲击。综上可知，中美贸易摩擦和新冠肺炎疫情会对经济产生下行冲击、税收冲击和类似金融危机的负向外部冲击。那么，这些冲击是否会改变生产性服务资源嵌入制造业生产环节对中间投入品出口技术复杂度的倒 U 形机制，进而改变生产性服务资源环节错配对中间品出口技术复杂度的作用机制，从而为各国提升中间投入品出口技术复杂度提供新的途径呢？以下将对上述问题进行探索，以期为中美贸易战和新冠肺炎疫情背景下，制定生产性服务资源配置效率和中间投入品出口技术复杂度协同提升的政策提供可靠的经验证据。为了刻画增速冲击（GR）、税赋冲击（TAX）和负向外部冲击（JR）的影响，本部分以 OECD 数据库中各国 GDP 的增长率来衡量经济增速，以各国总税收收入占本国 GDP 百分比的自然对数表示税赋，以 2008 年金融危机冲击来刻画负向外部冲击（JR），即当年份大于或等于 2008 时，令 JR 为 1，否则为 0。实证中以三类变量与生产性服务资源嵌入制造业生产环节指数的交互项进行计量分析，以判断其对倒 U 形关系的作用机制。

表 5-20（1）和（2）列报告了增长率变迁冲击的计量结果，从中可知，生产性服务资源嵌入制造业生产环节指数与经济增长率交互项的平方项显著为负，由此可以推定经济增长速度的变化无法撼动倒 U 形机制。可见在经济下行压力作用下，仍需遵循倒 U 形机制来发挥生产性服务资源对中间投入品出口技术复杂度深化的促进作用。表 5-20（3）和（4）列报告了税赋冲击的计量结果，从中可知两者交互项的水平项显著为正，而交互项的平方项显著为负，即税赋的变化并不会改变倒 U 形机制，即当前美国对中国出口品加征关税的行为并不会改变生产性服务资源嵌入制造业生产环节对中间投入品出口技术复杂度的作用机制。表 5-20（5）和（6）列报告了负向外部冲击与生产性服务资源嵌入制造业生产环节指数交互项的实证结果，从中可知负向外部冲击仍无法改变倒 U 形关系。由此我们可以得到以下两点启示：一是经济疲软、美国加征关税和新冠肺炎疫情引致的负向外部冲击均无法改变倒 U 形机制，为此，遵循倒 U 形机制，引导更多的生产性服务资源流向制造业中游环节才是有效地发挥生产性服务资源促进中间投入品出口技术复杂度升级功能的关键手段。上述现象出现的本质原因在于：上述冲击并未改变生产性服务资源的稀缺性和国际分散化生产的分工模式。证实了假说 2 的准确性，即在生产性服务资源稀缺性和国际分工模式约束下，倒 U 形机制具有很强的稳态性，优化生产性服务资源错配能够稳健地促进中间品出口技术复杂度升级。二是印证了本书实证结果的可靠性和稳健性，在基准检验、内生性检验、联立方程和三类冲击条件下，倒 U 形机制仍然稳健成立。

表5-20 外部冲击与 U 形稳固性检验（2SLS）[1]

变量	增长率		税收变化		金融冲击	
	制造型	生产服务型	制造型	生产服务型	制造型	生产服务型
	（1）	（2）	（3）	（4）	（5）	（6）
HJPXM	3.415	6.252	0.034**	0.049***	0.877***	0.885***
	（0.244）	（0.401）	（2.460）	（3.201）	（13.800）	（12.370）
HJPXM^2	−2.388***	−3.041***	−0.026***	−0.035***	−0.619***	−0.588***
	（−2.991）	（−3.412）	（−4.896）	（−5.809）	（−7.548）	（−6.374）
YH	−0.009	0.024	−0.019	0.0128	−0.012	0.018
	（−0.597）	（1.436）	（−1.381）	（0.828）	（−0.984）	（1.369）
DG	0.093***	0.087***	0.077***	0.069***	0.064***	0.057***
	（8.980）	（7.536）	（7.458）	（6.044）	（7.210）	（5.646）
WTO	0.089***	0.105***	0.113***	0.134***	0.066***	0.079***
	（6.409）	（6.812）	（7.313）	（7.808）	（5.402）	（5.822）
EDU	0.158***	0.197***	0.171***	0.206***	0.115***	0.153***
	（16.69）	（18.61）	（14.46）	（15.65）	（13.29）	（15.66）
GJS	−0.354***	−0.337***	−0.429***	−0.397***	−0.164***	−0.147**
	（−5.086）	（−4.328）	（−5.973）	（−4.978）	（−2.711）	（−2.158）
C	9.405***	9.357***	9.371***	9.344***	9.442***	9.383***
	（226.7）	（201.9）	（206.0）	（184.9）	（263.8）	（232.9）
obs	2862	2862	2628	2628	2862	2862
R^2	0.088	0.105	0.094	0.105	0.281	0.283

注：***、** 和 * 分别表示 1%、5%、10% 的显著性水平。括号内为 t 统计量。

（6）小结

本部分首次从生产性服务资源嵌入制造业生产环节视角，细致剖析生产性服务资源错配对两类中间投入品出口技术复杂度的作用机理，进而将出口技术复杂度研究从最终品领域拓展到了中间投入品领域。得到的结论主要有：①生产性服务资源嵌入制造业过于上游生产环节和过于下游生产环节时，会对中间投入品出口技术复杂度升级产生不利影响，而嵌入制造业中游环节是制造业的最优选择，其对中间投入品出口技术复

---

[1] 为免累赘，表5-17基准方程估计结果中的（4）列为外部冲击检验结果，稳健性检验表明研发投入多流向高技术产业，且研发投入变量估计结果并不稳定，本书在冲击检验中略去了研发投入变量。本书借用 OLS、2SLS 和联立方程三种方法进行了稳态性检验，为免累赘，仅报告了 2SLS 的估计结果。

杂度升级的促进效果是最大的，即生产性服务资源嵌入制造业生产环节对中间投入品出口技术复杂度的作用机制呈倒 U 形，即生产性服务资源错配不利于中间品出口技术复杂度的提升。值得一提的是，中国生产性服务资源嵌入制造业生产环节指数在样本国中是最高的，生产性服务资源存在较为强烈的错配特征，中国生产性服务资源并未以最优值的形式推动中间投入品出口技术复杂度升级，生产性服务资源存在一定的浪费。②生产性服务资源嵌入制造业生产环节选择对中间投入品出口技术复杂度的倒 U 型机制表现出显著的稳态性，倒 U 型机制不仅在 OLS、2SLS 和联立方程中稳健成立，在增长率变迁冲击、税赋变迁冲击和金融冲击条件下依然稳健成立。为此，在新冠肺炎疫情冲击和中美贸易摩擦背景下，制定中间投入品技术复杂度深化和扭转生产性服务资源错配方面的政策仍需遵循上述机制。③中国的制造型和生产服务型中间投入品的出口技术复杂度并不高，两类中间投入品出口技术复杂度不仅低于发达国家，还低于包括巴西、匈牙利和捷克在内的 10 个发展中国家，可见高质量、高技术复杂度中间投入品生产依然是中国经济增长质量提升的重要"短板"和"紧箍咒"，提升中国中间投入品技术复杂度显得尤为迫切。

5.1.4 生产性服务资源错配对出口品国内增加值率的影响：环节偏好视角

目前测度出口品国内增加值率的主流方法有基于宏观投入产出表和基于微观企业进出口数据两类（吕越等，2017；吕越和盛斌，2018），结合本书的数据特征，从宏观层面进行分析。借鉴魏浩和王聪（2015）、郑亚莉等（2018）的做法，本书采用非竞争投入产出模型（表格结构见表 5-21）来测

表 5-21　非竞争投入产出表结构

投入 \ 产出			中间品 部门	最终品				国内总产出和进口
				消费	投资	出口	最终合计	
中间投入	国内产品	部门	X_{ij}^D	F^{DC}	F^{DI}	F^{DE}	F^D	X
	国外产品	部门	X_{ij}^M	F^{MC}	F^{MI}		F^M	X^M
增加值			v_j					
总投入			X_j^T					

度出口品国内增加值率。基于非竞争投入产出模型的基本特征，将行列分别汇总可得

$$\sum_{j=1}^{n} X_{ij}^{D} + F_{i}^{D} = X_{i},$$

$$\sum_{j=1}^{n} X_{ij}^{M} + F_{i}^{M} = X_{i}^{M},$$

$$\sum_{i=1}^{n} X_{ij}^{D} + \sum_{i=1}^{n} X_{ij}^{M} + V_{j} = X_{j}^{T}。$$

令 $\boldsymbol{A}_V$ 为增加值系数矩阵、$\boldsymbol{A}^D$ 为国内中间品消耗矩阵、$\boldsymbol{A}^M$ 为进口中间品消耗矩阵，可得加总矩阵：

$$\boldsymbol{A}^D \boldsymbol{X} + \boldsymbol{F}^D = \boldsymbol{X} \qquad (5\text{-}8)$$

$$\boldsymbol{A}^M \boldsymbol{X} + \boldsymbol{F}^M = \boldsymbol{X}^M \qquad (5\text{-}9)$$

$$\mu \boldsymbol{A}^D + \mu \boldsymbol{A}^M + \boldsymbol{A}_V = \boldsymbol{I} \qquad (5\text{-}10)$$

其中，$\boldsymbol{X}$、$\boldsymbol{X}^D$、$\boldsymbol{F}^D$、$\boldsymbol{F}^M$ 分别表示总产出、国外总进出口、国内产品最终需求和国外产品进口，为单位向量。由式（5-8）可得

$$\boldsymbol{X} = (\boldsymbol{I} - \boldsymbol{A}^D)^{-1} \boldsymbol{F}^D = \boldsymbol{B}^D \boldsymbol{F}^D,$$

其中，$\boldsymbol{B}^D = (\boldsymbol{I} - \boldsymbol{A}^D)^{-1}$ 表示完全需求系数矩阵，根据魏浩和王聪（2015）、郑亚莉等（2018）的研究，借助 $\boldsymbol{B}^D = (\boldsymbol{I} - \boldsymbol{A}^D)^{-1}$ 和增加值系数向量 $\boldsymbol{A}_V = (V_j/X_j)$，可得各部门完全国内增加值系数矩阵 $\boldsymbol{B}_V$ 为

$$\boldsymbol{B}_V = (b_1^V, b_2^V, \ldots, b_n^V) = \boldsymbol{A}_V (\boldsymbol{I} - \boldsymbol{A}^D)^{-1} \qquad (5\text{-}11)$$

令 a_j^M 为部门 j 的直接进口消耗系数，b_j^M 为部门 j 的完全进口消耗系数，可得

$$a_j^M = \sum_{i=1}^{n} a_{ij}^M \ (\text{或 } A_M = \mu \boldsymbol{A}^M),$$

$$b_j^M = a_j^M + \sum_{i=1}^{n} a_i^M a_{ij}^D + \sum_{i=1}^{n} \sum_{k=1}^{n} a_k^M a_{ki}^D a_{ij}^D + \sum_{i=1}^{n} \sum_{k=1}^{n} \sum_{s=1}^{n} a_s^M a_{sk}^D a_{ki}^D a_{ij}^D + \cdots$$

或

$$\boldsymbol{B}_M = \boldsymbol{A}_M + \boldsymbol{A}_M \boldsymbol{A}^D + \boldsymbol{A}_M \boldsymbol{A}^D \boldsymbol{A}^D + \boldsymbol{A}_M \boldsymbol{A}^D \boldsymbol{A}^D \boldsymbol{A}^D + \cdots = \mu \boldsymbol{A}^M (\boldsymbol{I} - \boldsymbol{A}^D)^{-1}。$$

据此，可以测算出各部门完全进口消耗系数，根据魏浩和王聪（2015）、郑亚莉等（2018）的研究，出口品国内增加值率（$\boldsymbol{B}_V$）为 1 减

去完全进口消耗系数，即 $\boldsymbol{B}_V = \mu - \boldsymbol{B}_M$，对出口品国内增加值率向量 $\boldsymbol{B}_V$ 进行加权则可得到一国制造业出口品国内增加值率，本书采用各制造业出口额进行加权，具体如下：

$$DVSR = \sum_{j=1}^{m} b_j^V (EX_j / \sum_{j=1}^{m} EX_j) \qquad (5-12)$$

基于前文的测度方法和 WIOD 投入产出表，本书测度了 34 国制造业的出口品国内增加值率。表 5-22 报告了样本国整体、发达国家、发展中国家和三类环节偏好国家的出口品国内增加值率均值。由表 5-22 可知，整体上来看，各国出口品国内增加值率均值呈现出一定的下降趋势，这种下降趋势在发达国家、发展中国家及三类环节偏好型国家均得到了印证。可见伴随着全球化的深入和全球价值链的传导，各国制造业配置世界资源的能力逐渐增强，进而使得各国更多地利用国外中间品进行生产，值得一提的是，表 5-22 中各种出口品国内增加值率均在 2009 年呈现出一定的上升趋势，这表明金融危机冲击会使得各国采用更多国内中间品，进而提升出口品国内增加值率，这也说明金融危机爆发时，各国采用了一定的"逆全球化"策略。同时，发达国家出口品国内增加值率历年均值明显大于发展中国家，这表明发达国家制造业比发展中国家使用了更多的国内中间品。这一现象出现的原因可能在于：发展中国家生产技术水平往往低于发达国家，其在核心中间品、技术和设备方面的生产能力远低于发达国家，进而使得其制造业不得不从发达国家进口大量的核心产品。此外，生产性服务资源中游环节偏好型国家出口品国内增加值率明显高于上游环节偏好型国家和下游环节偏好型国家，这一现象出现的可能原因在于：中游偏好型国家的中间品生产环节得到了更多的生产性服务资源的支持，从而使得其中间品的生产能力得以提升，一定程度上降低了其使用国外中间品的比例，然后中游环节的中间品和零部件价值往往高于上游原料环节和下游组装环节，这会在很大程度上推动其出口品国内增加值率提升。

表5-22　不同类型经济体的出口品国内增加值率 [①]

年份	整体	发达国家	发展中国家	下游偏好国	中游偏好国	上游偏好国
1997	0.5340	0.5407	0.5291	0.5122	0.5479	0.5401
1998	0.5296	0.5322	0.5277	0.5097	0.5424	0.5351
1999	0.5287	0.5353	0.5238	0.5110	0.5402	0.5335
2000	0.5094	0.5162	0.5044	0.4911	0.5174	0.5173
2001	0.5086	0.5112	0.5067	0.4899	0.5186	0.5153
2002	0.5169	0.5176	0.5164	0.5035	0.5233	0.5222
2003	0.5123	0.5067	0.5165	0.5004	0.5183	0.5170
2004	0.5046	0.4979	0.5096	0.4901	0.5119	0.5103
2005	0.4991	0.4969	0.5007	0.4885	0.5046	0.5038
2006	0.4877	0.4871	0.4881	0.4733	0.4961	0.4923
2007	0.4886	0.4920	0.4861	0.4743	0.5016	0.4896
2008	0.4830	0.4877	0.4795	0.4686	0.4981	0.4824
2009	0.5062	0.5111	0.5026	0.4950	0.5176	0.5061
2010	0.4974	0.5033	0.4931	0.4917	0.5042	0.4966
2011	0.4867	0.4945	0.4810	0.4801	0.4934	0.4867
增幅/%	−8.858	−8.544	−9.090	−6.267	−9.947	−9.887

（1）模型的设定与变量的选择

本书的主要目的是揭示生产性服务资源环节偏好对制造业出口品国内增加值率的作用机理，被解释变量为制造业出口品国内增加值率，解释变量为各国异质性生产性服务资源环节偏好指数的自然对数。前文研究结果表明：中游环节偏好型国家出口品国内增加值率均值略高于上游和下游环节偏好型国家均值。为此，两者关系可能呈现出一定的非线性。本书在实证分析中加入解释变量的平方项，还进一步将地理优势变量纳入实证，设定如下计量方程：

$$\mathrm{DVSR}_{jt} = \alpha_0 + \alpha_1 \mathrm{HJP}_{ijt} + \alpha_2 \mathrm{HJP}_{ijt}^2 + \beta_n \mathrm{DLYS}_{jt}^n + \gamma_m X_{jt}^m + \varepsilon_t \quad （5\text{-}13）$$

其中，HJP_{ijt} 为 j 国 t 年生产性服务资源 i 环节偏好的自然对数。DLYS_{jt}

① 上游偏好国为表5-8中均值排名前十的国家，下游偏好国是表5-8中排名后十的国家，中间14国为中游环节偏好型。

为地理优势，本书选取了三个变量来刻画，分别为是否毗邻大进口国（DG）①、是否沿海（YH）和当年是否为 WTO 成员（WTO），三者均以虚拟变量的形式表示，当年有相应优势为 1，否则为 0。毗邻大进口国和沿海刻画的是空间型地理优势，是否为 WTO 成员刻画的则是契约型地理优势。X 为控制变量，具体有：①高等教育（EDU）。高等教育既是提高一国人力资本数量和质量的重要途径，也是一国生产技术快速提升的重要支撑，进而对一国国际分工地位和出口品国内增加值率产生重要影响，本书以联合国教科文组织提供的各国高等教育毛入学率自然对数表示。②经济效率（XL）。经济效率在很大程度上反映了一国的要素配置效率和要素错配程度，本书以各国每千克石油产生的 GDP 的自然对数刻画。③经营环境（SS）。好的经营环境不仅有助于国内企业成长，还能吸引国外企业入驻，进而影响一国的生产和出口，本书以各国上市公司总资本占当年 GDP 的比值表示。④研发投入（RD）。研发对一国中间品的生产能力和国际分工地位均可能产生影响，进而影响一国的出口品国内增加值率，本书以 WDI 数据库中各国研发投入量的自然对数表示。⑤出口技术复杂度（FZD）。出口技术复杂度的提高往往意味着一国生产技术的变迁，从而影响一国出口品国内增加值率，基于联合国出口统计数据，本书以 Schott（2008）的模型和美国 2008 年的出口数据为参照，测度出各国的出口技术复杂度。⑥高技术产品出口占比（GJS）。技术水平越高的产品用到国外核心中间品的概率越大，从而影响一国的出口品国内增加值率，本书以 WDI 数据库中高技术出口额与制成品出口额的比值表示。考虑到出口技术复杂度和高技术产品出口占比两个变量可能具有较高相关性，本书在实证中将两者错开。

（2）基准模型回归结果与分析

表 5-23 报告了 OLS 的计量结果，在逐次加入控制变量的条件下，生产性服务资源环节偏好的水平项显著为正，平方项则显著为负，可见生产性服务资源环节偏好对出口品国内增加值率的作用机制呈倒 U 形，

①　本书以 2017 年进口排名世界前五的国家为进口大国，分别为美国、中国、德国、日本和英国，与上述国家中的任何一个或多个交界的经济体被定义为毗邻大进口国。

表 5-23　基准模型（OLS）回归结果

变量	（1）	（2）	（3）	（4）	（5）	（6）	（7）	（8）
HJP	0.310***	0.231***	0.236***	0.219***	0.147***	0.140***	0.144***	0.113***
	（15.680）	（12.740）	（13.210）	（12.350）	（9.034）	（8.688）	（8.911）	（7.018）
HJP^2	−0.136***	−0.097***	−0.107***	−0.078***	−0.073***	−0.062***	−0.064***	−0.037***
	（−8.866）	（−6.963）	（−7.763）	（−5.617）	（−5.828）	（−4.885）	（−5.074）	（−2.923）
YH		0.0536***	0.0537***	0.0512***	0.0532***	0.0587***	0.0589***	0.0600***
		（19.80）	（19.88）	（19.09）	（21.75）	（22.64）	（22.75）	（23.47）
DG		−0.023***	−0.023***	−0.020***	−0.018***	−0.021***	−0.019***	−0.017***
		（−12.45）	（−11.84）	（−10.38）	（−10.30）	（−11.13）	（−10.39）	（−9.14）
WTO		0.0577***	0.0483***	0.0354***	0.0191***	0.0092***	0.0115***	0.0217***
		（23.11）	（19.23）	（12.29）	（7.129）	（3.357）	（4.061）	（7.334）
EDU			−0.028***	−0.034***	−0.028***	−0.040***	−0.039***	−0.039***
			（−16.52）	（−18.81）	（−17.16）	（−12.37）	（−12.20）	（−12.59）
XL				0.0303***	0.0313***	0.0412***	0.0411***	0.0384***
				（9.06）	（10.29）	（12.79）	（12.77）	（12.06）
SS					0.0180***	0.0188***	0.0191***	0.0189***
					（28.11）	（28.69）	（28.86）	（29.31）
RD						0.0093***	0.0095***	0.0123***
						（5.462）	（5.498）	（7.171）
FZD							−0.035***	
							（−3.061）	
GJS								−0.289***
								（−10.37）
C	0.377***	0.324***	0.436***	0.415***	0.338***	0.290***	0.296***	0.283***
	（59.00）	（52.95）	（48.73）	（45.35）	（38.76）	（29.08）	（29.09）	（28.77）
obs	4455	4455	3780	3753	3735	3348	3348	3348
R^2	0.139	0.293	0.344	0.362	0.473	0.485	0.486	0.501

注：*** 表示 1% 的显著性水平。括号内为 t 统计量。

结合生产性服务资源配置效率较高的发达国家（如美、德、日）生产性服务资源多偏好中游环节的结论，我们可以得到如下推论。

首先，生产性服务资源偏好制造业中游环节能在一定程度上减少制造业的中间品外部依赖，过于偏好下游环节或上游环节，则会提高其中间品外部依赖性，进而不利于制造业出口品国内增加值率上升。这一现象出现的原因可能在于：高附加值、高技术含量的零部件多位于中游环节，生产性服务资源过多地聚集于上游或下游，将使得中游的高附加值的零部件和中间品得不到生产性服务资源足够支持，使得核心中间品生产能力和技术提升能力受到影响，进而加剧其对国外核心中间品的依赖，从而对出口品国内增加值率产生不利影响。其次，就提升出口品国内增加值率、减少制造业外力依赖而言，发展中国家生产性服务资源支持制造业的模式亟待改善，发展中国家生产性服务资源多偏好上游环节或下游环节，在倒 U 形机制的作用下，如不改变当前的偏好模式，发展中国家制造业核心中间品外部依赖的特征可能难以逆转，相比之下发达国家生产性服务业融入制造业的环节偏好则更为合理。最后，中国优化生产性服务资源环节偏好的压力大于其他发展中国家，中国生产性服务资源环节偏好均值接近 2.8（见表 5-8），为所有样本国中最高，可见，中国生产性服务资源环节偏好以远离最优值的状态运行，这既不利于核心中间品产能和技术水平的提升，也不利于出口品国内增加值率的提升，还容易导致中国陷入核心中间品外力依赖型赶超和制造业发展受制于发达国家的被动局面，2018 年爆发的"中芯事件"则是这一被动局面的现实反映。

（3）稳健性检验结果与分析

为确保基准回归结果是稳健可靠的，本书采用两种能避免内生性的方法进行稳健性检验：一是 2SLS，参照邱斌等（2014）的做法，本书以生产性服务资源融入环节偏好的一期滞后项为工具变量；二是联立方程，以式（5-13）为联立方程的第一个方程，令 $HJPit = c_0 + \theta DVSRit + \delta mLmit$ 为第二方程，L 为控制变量，本书选取经济发展水平的水平项和一期滞后项以及 WDI 数据库中各国税赋率作为控制变量。表 5-24、表 5-25 分别报告了 2SLS 和联立方程的估计结果，可知两类估计结果中生产性服务资源环节偏好的平方项显著为负，水平项则显著为正。由此可以推定，在控制内生性的条件下，倒 U 形关系依然成立，此外其他变量的估计结果和预期符号与基准回归较为一致，由此我们可以推定基准回归所得结论是稳健可靠的。

贸易地理优势变量的估计结果显示：拥有沿海优势有助于一国出口品国内增加值率的提升，毗邻大进口国地理优势不利于出口品国内增加值率的提升，加入 WTO 有助于出口品国内增加值率的提升，可见沿海型地理优势和契约型地理优势能降低一国制造业对外部中间品的依赖程度。上述现象出现的原因可能在于：一方面，拥有贸易地理优势不仅有

表5-24 两步最小二乘法（2SLS）回归结果

变量	（1）	（2）	（3）	（4）	（5）	（6）	（7）	（8）
HJP	1.109★★★	0.881★★★	1.058★★★	1.031★★★	0.719★★★	0.734★★★	0.770★★★	0.681★★★
	（13.010）	（10.530）	（9.943）	（9.729）	（6.221）	（5.717）	（5.663）	（4.928）
HJP^2	−0.689★★★	−0.541★★★	−0.655★★★	−0.621★★★	−0.444★★★	−0.448★★★	−0.471★★★	−0.411★★★
	（−11.470）	（−9.338）	（−9.045）	（−8.562）	（−5.884）	（−5.301）	（−5.270）	（−4.482）
YH		0.0443★★★	0.0384★★★	0.0360★★★	0.0419★★★	0.0468★★★	0.0469★★★	0.0480★★★
		（12.96）	（9.622）	（9.080）	（11.55）	（12.54）	（12.37）	（12.64）
DG		−0.022★★★	−0.021★★★	−0.018★★★	−0.016★★★	−0.019★★★	−0.017★★★	−0.017★★★
		（−10.38）	（−8.108）	（−7.203）	（−7.575）	（−8.117）	（−7.235）	（−7.591）
WTO		0.0420★★★	0.0255★★★	0.0140★★★	0.00777★★	−0.00273	0.000532	0.00272
		（11.89）	（5.901）	（3.056）	（2.144）	（−0.703）	（0.138）	（0.557）
EDU			−0.025★★★	−0.030★★★	−0.026★★★	−0.036★★★	−0.036★★★	−0.036★★★
			（−10.66）	（−12.19）	（−12.73）	（−8.429）	（−8.256）	（−8.736）
XL				0.0282★★★	0.0308★★★	0.0383★★★	0.0379★★★	0.0375★★★
				（6.216）	（8.135）	（9.255）	（8.965）	（9.406）
SS					0.0135★★★	0.0142★★★	0.0143★★★	0.0146★★★
					（9.393）	（9.357）	（9.285）	（9.367）
RD						0.0089★★★	0.0093★★★	0.0100★★★
						（3.934）	（4.002）	（4.604）
FZD							−0.054★★★	
							（−3.226）	
GJS								−0.110★★
								（−2.425）
C	0.114★★★	0.130★★★	0.178★★★	0.160★★★	0.176★★★	0.126★★★	0.130★★★	0.135★★★
	（4.133）	（5.192）	（5.240）	（4.766）	（5.905）	（3.798）	（3.900）	（3.931）
obs	4158	4158	3546	3528	3510	3168	3168	3168
R^2	0.0740	0.0650	0.0697	0.0691	0.2860	0.2560	0.2290	0.2970
LM 检验	309.90	253.59	158.41	156.75	90.65	68.86	64.03	57.42
C-D 检验	167.31	134.83	82.74	81.83	46.41	35.08	32.56	29.14

注：★★、★★★分别表示5%、1%的显著性水平。括号内为 t 统计量。

助于促进一国的出口，还使得该国有更多的机会接触和配置到国际资源，进而提升其制造业出口品对国外资源的依赖程度，进而不利于其出口品国内增加值率的提升；另一方面，拥有贸易地理优势的国家还对外资具

表5-25 联立方程回归结果

变量	（1）	（2）	（3）	（4）	（5）	（6）	（7）	（8）
HJP	0.892***	0.653***	0.825***	0.821***	0.534***	0.510***	0.495***	0.512***
	（7.303）	（5.235）	（8.390）	（8.863）	（6.506）	（6.521）	（6.453）	（6.534）
HJP^2	−0.573***	−0.413***	−0.533***	−0.522***	−0.354***	−0.333***	−0.321***	−0.332***
	（−6.180）	（−4.404）	（−7.260）	（−7.466）	（−5.852）	（−5.735）	（−5.656）	（−5.652）
YH		0.0500***	0.0480***	0.0467***	0.0489***	0.0540***	0.0543***	0.0545***
		（15.92）	（14.07）	（13.83）	（17.17）	（18.31）	（18.52）	（18.38）
DG		−0.021***	−0.018***	−0.016***	−0.014***	−0.016***	−0.015***	−0.015***
		（−9.481）	（−7.435）	（−6.622）	（−6.900）	（−7.386）	（−7.289）	（−7.094）
WTO		0.0478***	0.0342***	0.0248***	0.0110***	0.0025	0.0041	0.0065*
		（12.820）	（9.190）	（6.618）	（3.542）	（0.780）	（1.278）	（1.716）
EDU			−0.028***	−0.033***	−0.024***	−0.032***	−0.032***	−0.034***
			（−11.53）	（−12.54）	（−10.90）	（−7.622）	（−7.602）	（−7.882）
XL				0.0236***	0.0308***	0.0355***	0.0359***	0.0343***
				（5.142）	（7.889）	（8.644）	（8.819）	（8.552）
SS					0.0172***	0.0183***	0.0185***	0.0182***
					（19.67）	（21.49）	（22.40）	（21.62）
RD						0.0076***	0.0077***	0.0091***
						（3.537）	（3.560）	（4.194）
FZD							−0.0217**	
							（−2.446）	
GJS								−0.0939**
								（−2.316）
C	0.195***	0.203***	0.266***	0.247***	0.212***	0.179***	0.187***	0.174***
	（5.259）	（5.663）	（8.549）	（8.705）	（9.379）	（8.194）	（9.033）	（8.272）
obs	3906	3906	3312	3294	3276	2961	2961	2961
R^2	0.069	0.194	0.117	0.127	0.391	0.397	0.405	0.397

注：*、**、*** 分别表示10%、5%、1%的显著性水平。括号内为 t 统计量。

有较强的吸引力，外资的流入会弥补其国内高增加值、高技术含量中间品的生产短板，从而降低其出口品的进口成分。由此我们可以推定：沿海地理优势和契约型地理优势对外资的吸引力大于毗邻大进口国地理优势，使得沿海地理优势和契约型地理优势对出口品国内增加值率呈现出正向影响。由此可见，充分发挥沿海地理优势和构建契约型地理优势可以成为中国"补短板，强弱项"目标的重要支撑。

综合控制变量的回归结果，还可以得到如下结论。

第一，高等教育会对一国出口品国内增加值率产生负向影响，可见，高等教育的扩大会增加一国出口品的进口成分。高等教育对制造业的发展能够起到人才输送功能和知识输送功能，为此，上述现象出现的机理可能在于：一方面，制造业人才素质和知识水平的提升不仅能提高其配置国际要素的能力，进而使得其制造业配置更多的进口成分，还能推动制造业技术进步，技术进步将对零部件等中间品产品的技术含量提出更高的要求，而国际市场上的中间品在质量和技术含量方面往往不逊于本土产品，进而提高其使用国外中间品的可能性。出口技术复杂度和高技术产品出口变量的估计结果显著为负也印证了这一结论。另一方面，制造业人才素质和知识水平的提升会推动一国高技术中间品产品生产能力的提升（陈晓华等，2019），进而降低其出口品中外国中间品的占比和依赖程度。可见高等教育给出口品国内增加值率带来的负向效应大于其正向效应，由此可以推定：高等教育虽能有效地提升一国出口品的质量和技术含量（陈晓华等，2019），但对国内增加值率将产生负向影响。

第二，经济效率的提升会对一国出口品国内增加值率产生正向影响，经济效率的提升往往意味着本国制造业要素配置效率的提升，可见，要素配置效率的提升能推动制造业国际分工环节的拓展，逐步消除中间品环节的生产短板，进而减少出口品的进口成分。综上可知：以经济效率提升为目标的发展方式转变会提升一国出口品国内增加值率，即"补短板，强弱项"目标和经济发展方式转变是相辅相成的。

第三，企业经营环境的改善和研发投入的增加有助于一国出口品国内增加值率的提升，这一现象出现的机理在于：一方面，企业经营环境的改善会吸引更多核心中间品生产企业的流入，对外部依赖型中间品起到进口替代功能，减少出口品的进口成分；另一方面，研发投入的增加有助于补足核心中间品的生产短板，并提升核心中间品的生产能力和质量，进而推动出口品国内增加值率的提升。值得一提的是：出口技术复杂度和高技术产品出口占比的提升均会对出口品国内增加值率产生负向影响，依托和配置全球性生产资源提升出口品技术含量是全球制造业通行的办法，为此，提升关键中间品的生产能力和技术水平才能使得一国在产品技术持续升级中掌握更多的自主权、主动权。

（4）异质性分类分析

为剖析异质性条件下生产性服务资源环节偏好对制造业出口品国内增加值率的作用机制，本书从贸易地理优势异质性、生产性服务产业异质性和分时间段三重视角进行回归分析。表5-26报告了异质性贸易地理优势条件下的2SLS计量结果。（1）—（5）列中环节偏好系数的平方项显著为

表5-26　地理异质性回归结果（2SLS）[①]

变量	沿海地区	非沿海地区	毗邻大进口国	非毗邻大进口国	WTO 成员	非 WTO 成员
	（1）	（2）	（3）	（4）	（5）	（6）
HJP	0.505★★★	1.176★★★	0.277★★★	0.035★★	0.223★★★	−0.192★★★
	（3.345）	（3.644）	（10.540）	（2.545）	（9.771）	（−2.773）
HJP^2	−0.382★★★	−1.100★★★	−0.294★★★	−0.025★	−0.260★★★	−0.085
	（−4.249）	（−3.228）	（−15.77）	（−1.839）	（−16.110）	（−0.950）
EDU	−0.0228★★★	−0.0605★★★	−0.0594★★★	0.0359★★★	−0.0429★★★	−0.0462★★★
	（−5.17）	（−8.16）	（−18.75）	（10.12）	（−17.10）	（−3.13）
XL	0.0139★★★	0.2090★★★	−0.0014	0.0095★★★	0.0215★★★	0.0818★★★
	（4.731）	（14.930）	（−0.467）	（3.246）	（9.169）	（7.386）
SS	0.0040★★★	0.0298★★★	0.0149★★★	0.0043★★★	0.0135★★★	−0.0269★★★
	（3.536）	（12.820）	（17.190）	（6.342）	（24.910）	（−7.328）
RD	0.0065★★★	0.0015	0.0246★★★	0.0002	0.0173★★★	−0.0732★★★
	（3.237）	（0.511）	（14.38）	（0.134）	（13.560）	（−6.459）
FZD	−0.275★★★	−0.250★★★	−0.309★★★	−0.484★★★	−0.381★★★	−0.667★★★
	（−8.029）	（−8.225）	（−25.760）	（−55.510）	（−48.320）	（−9.512）
C	0.439★★★	−0.053	0.514★★★	0.518★★★	0.520★★★	1.629★★★
	（7.46）	（−0.53）	（37.04）	（43.01）	（45.39）	（9.35）
obs	2709	459	1611	1557	2565	603
R^2	0.444	0.957	0.678	0.824	0.760	0.399
LM 检验	25.08	123.2	1444.8	1218.5	2224.9	113.8
C-D 检验	12.62	82.77	6967.90	2787.50	8363.80	8.69

注：★、★★、★★★分别表示10%、5%、1%的显著性水平。括号内为 t 统计量。

[①] 前文回归结果表明：出口技术复杂度和高技术出口占比对制造业出口品国内增加值率的作用机制基本一致，为免累赘，地理异质性分析中只给出包含出口技术复杂度变量的回归结果。此外考虑到2SLS结果在一定程度上克服了内生性，表5-26、表5-27、表5-28中本书给出了2SLS的计量结果，略去了OLS估计结果。

负，水平项显著为正，可见倒U形关系在沿海地区、非沿海地区、毗邻大进口国、非毗邻大进口国和WTO成员中依然成立，然而非WTO成员的估计结果中，生产性服务资源环节偏好变量的平方项不显著，即倒U形关系在非WTO成员中不成立。这一现象出现的原因可能在于：当一国未加入WTO时，一方面其全球化程度较低，制造业生产过程配置和使用国际要素的能力相对有限，另一方面其制造业嵌入全球价值链的程度较低，并未形成借力国际高端中间品提升自身产品质量或技术含量的生产模式。由此我们还可以推定：融入全球化和全球价值链分工模式是倒U形关系存在的根本原因。

　　表5-27报告了异质性生产性服务产业的估计结果。由表5-27可知，倒U形关系在住宿和餐饮服务业（C22）与其他交通支持和辅助服务业（C26）并不成立，而在其余7类亚产业中稳健成立。这一现象出现的原因可能在于：一方面，虽然住宿和餐饮服务业（C22）能为制造业的发展提供支持，但其与制造业生产过程的密切性逊色于其他生产性服务业，进而导致倒U形关系不成立，可见倒U形关系在与制造业生产过程越密切的生产性服务业中越明显。另一方面，其他交通支持和辅助服务业（C26）其内部产业属性差异较大，使得其环节偏好对制造业出口品国内增加值率可能具有多种作用关系（如线性和非线性共存），进而导致倒U形关系不成立。其他变量的估计结果在预期符合和显著性上与前文整体性回归基本一致，这进一步证实了前文回归结果的可靠性。对比表5-27中各生产性服务资源环节偏好最优值和2011年中国值，可以发现，中国生产性服务资源环节偏好系数均在一定程度上偏离最优值，其中偏离幅度最大的3个行业分别为内陆运输服务业（C23）、空运服务业（C25）和水运服务业（C24），偏离幅度分别达到了75.39%、68.95%和66.17%，其余行业的偏离幅度均大于20%，这表明中国生产性服务资源以偏离最优值较大的形式支持制造业生产，其对高端零部件和高附加值中间品生产的支持效率相对偏低，即生产性服务业并未最大化自身的"补短板，强弱项"的功能。

表 5-27 异质性产业回归结果（2SLS）①

变量	C20	C21	C22	C23	C24	C25	C26	C27	C28
HJP	0.724*** (4.113)	0.564*** (4.031)	0.115** (1.963)	0.339*** (2.971)	0.095*** (2.924)	0.197*** (4.028)	0.101 (0.646)	0.677*** (6.282)	0.758*** (2.684)
HJP^2	-0.524*** (-4.022)	-0.373*** (-3.348)	-0.088 (-1.276)	-0.244*** (-3.081)	-0.076*** (-2.739)	-0.181*** (-3.996)	-0.062 (-0.607)	-0.530*** (-7.043)	-0.444** (-2.148)
YH	0.0678*** (7.981)	0.0649*** (7.681)	0.0635*** (7.428)	0.0651*** (7.387)	0.0621*** (7.194)	0.0581*** (6.607)	0.0654*** (7.572)	0.0638*** (7.704)	0.0614*** (7.037)
DG	-0.018*** (-2.893)	-0.023*** (-3.748)	-0.022*** (-3.589)	-0.017*** (-2.729)	-0.016*** (-2.539)	-0.025*** (-3.960)	-0.019*** (-3.053)	-0.021*** (-3.485)	-0.018*** (-3.079)
WTO	0.0617*** (7.745)	0.0542*** (6.864)	0.0555*** (6.906)	0.0618*** (7.595)	0.0622*** (7.591)	0.0524*** (6.539)	0.0561*** (6.813)	0.0534*** (7.117)	0.0590*** (7.376)
EDU	-0.036*** (-6.448)	-0.034*** (-5.698)	-0.033*** (-5.770)	-0.038*** (-6.494)	-0.032*** (-5.577)	-0.039*** (-6.767)	-0.033*** (-5.476)	-0.038*** (-7.262)	-0.039*** (-6.576)
C	0.296*** (4.82)	0.740*** (15.21)	0.514*** (20.95)	0.439*** (11.09)	0.546*** (21.56)	0.528*** (21.99)	0.493*** (8.17)	0.744*** (17.63)	0.246*** (2.77)
obs	394	394	394	394	394	394	394	394	394
R^2	0.306	0.309	0.284	0.287	0.284	0.297	0.270	0.383	0.329
LM 检验	328.66	357.41	339.76	358.40	282.49	240.96	336.14	237.70	296.09
C-D 检验	973.43	1890.33	1212.14	1949.10	490.19	304.60	1124.35	294.29	585.20
最优值	1.995	2.130	2.465	2.003	1.868	1.723		1.894	2.348
2011 年中国值	2.579	2.569		3.513	3.104	2.911	2.474	2.348	3.129
偏离幅度 /%	29.27	20.61		75.39	66.17	68.95		23.97	33.26

注：**、***分别表示 5%、1% 的显著性水平。括号内为 t 统计量。

① 进行产业层面计量分析时，样本数量急剧减少，为保证足够的样本容量，异质性产业回归仅纳入高等教育作为控制变量。偏离幅度 = 100% × [（2011 年中国值 - 最优值）/ 最优值]。

表 5-28 报告了以 2004 年为界的分段回归结果。[①] 首先，生产性服务资源环节偏好指数在两个时间段的回归结果均显著，且水平项为正，平方项为负，可见倒 U 形关系在分段回归中依然存在，这也印证了整体性回归结果的可靠性。控制变量出现了以下动态变化：一是 WTO 变量在 1997—2004 年的估计结果中不显著，在 2005—2011 年的估计结果中显著，后者中 WTO 成员的数量明显大于前者，可见融入成员越多的世界一体化组织，越有助于吸收外资，进而促进出口品国内增加值率提升。二是研发投入变量在 2005—2011 年的回归中不显著，这可能是由于研发投入既有"补短板"功能，又有推动技术进步的功能，技术进步会对高技术中间品提出更多的需求，而这种需求可能靠国内生产水平短期内无法满足，进而加剧其中间品进口依赖。为此，从提升出口品国内增加值率视角而言，应适当优化研发投入模式，将其引导至更多的"补短板，强弱项"环节，进而降低制造业发展的外部依赖性。三是出口技术复杂度在第二时间段的估计结果不显著。这在一定程度上表明出口技术复杂度进步逐渐开始具备"补短板"功能，进而减少技术进步对国外中间品的依赖。

表 5-28　分时间段回归（2SLS）结果

变量	1997—2004 年	2005—2011 年
HJP	0.572★★★	0.406★★★
	（4.738）	（3.107）
HJP^2	−0.326★★★	−0.248★★★
	（−3.887）	（−2.711）
YH	0.0692★★★	0.0322★★★
	（15.19）	（8.207）
DG	−0.014★★★	−0.013★★★
	（−4.712）	（−5.050）
WTO	−0.00285	0.00676★
	（−0.634）	（1.769）
EDU	−0.035★★★	−0.026★★★
	（−6.383）	（−3.342）
XL	0.0624★★★	0.0374★★★
	（12.77）	（6.439）

① 为使得两个时间段的样本数量足够接近、足够大，本书以 1997—2011 年的中间年份 2004 年为分段点进行回归。

续表

变量	1997—2004 年	2005—2011 年
SS	0.0230★★★	0.0164★★★
	（17.91）	（16.24）
RD	0.0097★★★	0.0043
	（3.183）	（1.429）
FZD	−0.0660★★★	−0.0026
	（−3.177）	（−0.146）
C	0.084★★	0.217★★★
	（2.547）	（8.183）
obs	1377	1548
R^2	0.568	0.448
LM 检验	122.95	135.69
C-D 检验	66.96	73.83

注：★、★★、★★★ 分别表示 10%、5%、1% 的显著性水平。括号内为 t 统计量。

（5）小结

本书从多维细化视角刻画生产性服务资源环节偏好对制造业出口品国内增加值率的作用机制。得到的结论主要有：①生产性服务资源环节偏好对制造业出口品国内增加值率的作用机制呈倒 U 形，生产性服务资源偏好中游环节能起到一定的"补短板"作用，而过于偏好上游或下游环节会加剧制造业的外部依赖。这一机制在控制内生性、分段回归、分产业回归和空间型贸易地理优势异质性中均稳健成立。而倒 U 形机制存在的本质原因是经济体融入全球化和全球价值链分工体系，倒 U 形关系在非 WTO 成员计量结果中并不成立的情况较好地印证了这一观点，为此引导生产性服务资源流向中游和降低生产性服务资源错配可以成为出口品国内增加值率提升的重要路径。②中国生产性服务资源过于偏好上游环节，以远离最优值的形式支持制造业，不仅使得生产性服务资源处于错配型低效使用状态，还使得生产性服务资源在支持制造业克服关键核心技术和零部件方面显得十分乏力，值得一提的是，发达国家生产性服务资源与制造业的耦合机制优于发展中国家。③沿海地理优势和契约型（WTO 成员）贸易地理优势会对制造业出口品国内增加值率产生正向影响，而毗邻大进口国则不利于出口品国内增加值率提升，这一差异出现的机理在于贸易地理优势能否吸引到足够的外资，特别是核心零部件和中间品生产型外资和"外智"。④改善企业经营环境、提高经济运行效率会降低一国制造业核心产品的外部依赖性，高等教育水平提升、出口品技术复杂度提高和高技术产品出口占比提升则会在一定程度上加剧一国出口品的外部依赖。

5.2 中国省级区域层面生产性服务资源错配演进的经济效应解析

前文从高质量增长视角，从跨国层面剖析了生产性服务资源错配对高技术产品出口、中间品进口依赖和中间品出口技术复杂度的作用机理。研究结论多表明：生产性服务资源错配（环节偏好）与高技术产品出口、中间品进口依赖和中间品出口技术复杂度呈现 U 形或倒 U 形关系。结合生产性服务资源错配的实际测度方法，我们实际上可以推定：生产性服务资源环节错配既不利于高技术产品出口规模扩大，也会加剧中间品进口依赖，还不利于中间品出口技术复杂度提升。为进一步剖析生产性服务资源错配的影响效应，本部分基于第 4 章省级层面资源错配的测度结果，采用前文对资源错配变量的处理方法，进一步剖析生产性服务资源错配对经济发展水平、出口、外国直接投资和资本积累等因素的影响，以为后文构建生产性服务资源错配优化路径提供更为全面的经验证据。为此，构建如下计量方程：

$$Y_{jt} = \alpha_0 + \alpha_1 \ln CP_{ijt} + \gamma_m X_{ijt}^m + \varepsilon_t \qquad （5-14）$$

其中：Y 为被解释变量，在本部分为经济发展水平、出口、外国直接投资和物质资本存量等变量；CP 为生产性服务资源错配，变量选取与处理方法与前文一致；X 为控制变量；ε_t 为残差。为确保估计结果科学可靠，我们进一步选取了如下变量作为控制变量：①基础设施水平（infra）。考虑到式（5-14）被解释变量为经济发展水平、出口、外国直接投资和资本积累等因素，而基础设施不仅体现了区域经济发展的硬件基础和区域特征，还与上述经济变量密切相关，为与前文保持一致，此处以省级区域每万平方公里公路拥有量的自然对数表示。②贸易地理优势（yh）。考虑到贸易地理优势也是影响经济发展水平、出口和外国直接投资的重要因素，本书进一步将该变量作为控制变量，实证中以虚拟变量的形式表示，当该省份为沿海省份时，该值取1，否则为0。③城镇化率（csh）。城镇化是推动经济增长和促进经济变量波动的重要因素，也是体现区域竞争力和发展情况的重要指标，本书以各省级区域城镇就业人口占总就业人口之比表示。④价格指数（price）。价格指数波动不仅在一定程度上体现了省级区域通货膨胀情况，还是推动其他经济变量波动的重要力量。为此，本书选取该变量作为控制变量，实证中以各省级区域居民消费价格指数的自然对数表示。

5.2.1　生产性服务资源错配对经济发展水平的影响分析

经济发展水平不仅决定了经济体的生活水平，还影响着经济体的科技水平，更影响着经济体的社会发展。为此，经济发展水平一直是经济学界关注的热点问题。虽然中国政府和学者对经济发展的关注逐渐从以往注重数量型增长转向了注重质量型增长，而经济发展水平越高的经济体在其高技术产业、高配置效率和高附加值产品的支撑下，往往拥有较高的经济增长质量。为此，深入剖析生产性服务资源错配对经济发展水平的影响机制，对中国"稳增长"和提高经济增长质量等方面的政策均具有一定的参考价值。

表5-29报告了以京沪为参照所得生产性服务资源错配对经济发展水平的OLS估计结果。[①]由表5-29可知，在北京和上海两种参照条件下，生产性服务资源错配变量的估计显著为负，在依次加入控制变量的情况下，该变量均稳健为负，由此我们可以推定：生产性服务资源错配不利于经济发展水平的提升。生产性服务资源错配对经济发展水平的作用机

---

① 考虑到以美国和德国为参照所得生产性服务资源错配系数样本变量相对较少，且估计所得结论与京沪为参照估计结论基本一致，为免累赘，本书略去以美国、德国为参照所得生产性服务资源错配作为解释变量的估计过程和结果。

表5-29 生产性服务资源错配对经济发展水平影响的 OLS 估计结果

变量	以北京为参照				以上海为参照			
CP	−0.0677***	−0.00996***	−0.00778**	−0.00832**	−0.04360***	−0.00654**	−0.00468*	−0.00523*
	(−3.616)	(−2.990)	(−2.361)	(−2.516)	(−2.744)	(−2.314)	(−1.676)	(−1.860)
infra		1.172***	1.167***	1.133***		1.173***	1.167***	1.134***
		(164.4)	(165.3)	(53.6)		(164.3)	(165.1)	(53.5)
yh		0.0637***	0.0844***	0.0926***		0.0649***	0.0859***	0.0938***
		(6.438)	(8.145)	(8.105)		(6.526)	(8.256)	(8.202)
csh			0.0173***	0.0187***			0.0175***	0.0189***
			(5.777)	(6.025)			(5.849)	(6.085)
price				0.0380*				0.0374*
				(1.690)				(1.659)
C	10.080***	−0.479***	−0.530***	−0.621***	10.000***	−0.496***	−0.546***	−0.636***
	(113.300)	(−7.448)	(−8.299)	(−7.425)	(113.900)	(−7.755)	(−8.609)	(−7.624)
obs	924	924	924	924	924	924	924	924
R^2	0.014	0.970	0.971	0.972	0.008	0.970	0.971	0.971

注：*、**、***分别表示10%、5%、1%的显著性水平。括号内为 t 统计量。

制可能表现为两个方面：一是促进作用。对于生产性服务业大量嵌入的生产环节而言，生产性服务资源错配往往意味着部分生产性服务资源的价格被低估，此时，该环节厂商可以以更低的价格获得更多的生产性服务资源支持，其可借助该低价优势扩大产能，当该产业属于该地区主导产业或占比较大产业时，产能的扩大往往会促进经济总量的增长，进而推动经济发展水平的提升。二是抑制作用。对于生产性服务资源被其他生产环节所"挤占"的生产环节而言，生产性服务资源错配往往意味着该生产环节得不到足够的生产性服务资源的支持，从而不利于这些环节制造商产能的扩大，当该产业属于该地区主导产业或占比较大产业时，这一状况不利于经济总量的增长，进而影响经济发展水平的提升，此外经济生产性服务资源错配也不利于生产性服务资源发展规模的扩大和质量的提升，进而影响经济发展水平的提升。由此，我们可以推定：对于中国而言，生产性服务资源错配所带来的抑制效应，即生产性服务资源错配，不仅影响了生产性服务资源规模的扩大和质量的提升，还不利于中国主导产业或占比较大工业产业规模的扩大。由此可见，对于中国而言，提高生产性服务资源配置效率是提升经济发展水平的重要手段，结合跨国层面的估计结论还可以发现：优化生产性服务资源配置效率同时具备"量增"和"质提"两种功能。

为确保表5-29的估计结果稳健可靠，本书借鉴前文的处理方法，以能克服内生性的2SLS和联立方程进行稳健性检验。借鉴邱斌等（2014）的做法，2SLS以解释变量的一期滞后项为工具变量，联立方程以式（5-14）为第一个方程，以 $CP_{ijt}=\theta_0+\theta_1 \ln PGDP+X_{it}+\varepsilon_{it}$ 为第二个方程。表5-30、表5-31分别报告了2SLS和联立方程的估计结果，2SLS的估计结果中，LM检验、C-D检验结果均表明工具变量是有效的。表5-30和表5-31中，资源错配变量的估计结果均显著为负，且在以上海和北京为参照条件和依次加入控制变量情况下均稳健成立，由此，我们可以推定生产性服务资源错配不利于经济发展水平提升的结论是稳健可靠的。

表 5-30　生产性服务资源错配对经济发展水平影响的 2SLS 估计结果

变量	以北京为参照				以上海为参照			
CP	−0.2020***	−0.0070**	−0.0160**	−0.0208**	−0.0471**	−0.0005**	−0.0073**	−0.0123*
	（−4.463）	（2.494）	（2.118）	（2.400）	（−2.124）	（−2.035）	（−2.155）	（−1.930）
infra		1.151***	1.143***	1.207***		1.149***	1.144***	1.202***
		（77.87）	（78.27）	（34.47）		（65.64）	（66.80）	（34.75）
yh		0.0499***	0.0881***	0.0756***		0.0456***	0.0817***	0.0715***
		（3.089）	（4.944）	（4.065）		（2.955）	（4.835）	（3.908）
csh			0.0266***	0.0250***			0.0258***	0.0245***
			（5.953）	（5.499）			（5.876）	（5.441）
price				−0.0835**				−0.0706*
				（−2.065）				（−1.837）
C	11.100***	−0.359**	−0.455***	−0.192	10.420***	−0.303	−0.433**	−0.244
	（52.970）	（−2.189）	（−2.763）	（−0.952）	（45.320）	（−1.439）	（−2.045）	（−0.989）
obs	616	616	616	616	616	616	616	616
R^2	0.048	0.927	0.929	0.927	0.065	0.928	0.931	0.930
LM 检验	0.000***	0.000***	0.000***	0.000***	0.000***	0.000***	0.000***	0.000***
C-D 检验	有效	有效	有效	有效	有效	有效	有效	有效

注：*、**、***分别表示10%、5%、1%的显著性水平。括号内为 t 统计量。

表5-31　生产性服务资源错配对经济发展水平影响的联立方程估计结果

变量	以北京为参照				以上海为参照			
CP	-0.13200***	-0.00729***	-0.00366**	-0.00428**	-0.08560***	-0.00347***	-0.00026**	-0.00080**
	(-7.129)	(-2.193)	(-2.114)	(-2.299)	(-5.414)	(-2.233)	(-2.095)	(-2.315)
infra		1.173***	1.168***	1.135***		1.173***	1.168***	1.136***
		(164.9)	(165.9)	(53.8)		(164.8)	(165.7)	(53.8)
yh		0.0639***	0.0852***	0.0932***		0.0652***	0.0869***	0.0947***
		(6.476)	(8.245)	(8.192)		(6.575)	(8.387)	(8.313)
csh			0.0176***	0.0190***			0.0180***	0.0194***
			(5.909)	(6.147)			(6.027)	(6.250)
price				0.0374*				0.0367
				(1.673)				(1.632)
C	10.370***	-0.497***	-0.558***	-0.648***	10.220***	-0.518***	-0.578***	-0.666***
	(117.500)	(-7.742)	(-8.762)	(-7.765)	(116.900)	(-8.115)	(-9.145)	(-8.014)
obs	924	924	924	924	924	924	924	924
R^2	0.001	0.970	0.971	0.972	0.001	0.970	0.971	0.971

注：**、*** 分别表示 5%、1% 的显著性水平。括号内为 t 统计量。

5.2.2 生产性服务资源错配对出口的影响分析

改革开放以来，得益于对内改革策略和对外开放策略的成功运用，中国不仅通过低成本优势嵌入了全球价值链各生产环节，并在部分生产环节拥有显著的竞争优势，甚至成为世界第一大商品出口国，这既为中国经济增长注入了极大的活力，也创造了为世界所津津乐道的经济增长奇迹，更使得中国成为世界第一大制造业大国。那么生产性服务资源错配会对出口产生什么样的影响呢？本部分将借助式（5-14）对上述问题进行细致分析。

表5-32报告了生产性服务资源错配对出口影响的OLS估计结果。由表5-32可知，生产性服务资源错配变量在以北京和上海为参照的估计结果中，均显著为负，且估计结果在依次加入控制变量的情况下均稳健成立，这表明：生产性服务资源错配不利于升级区域出口扩大，即生产性服务资源配置效率的提升将有助于产业出口规模的扩大。这一现象出现的机制可能与生产性服务资源错配对经济发展水平的作用机制类似，即生产性服务资源错配对出口量增所产生的抑制作用大于其促进作用。此外，这一现象出现的原因还在于：中国省级区域生产性服务资源错配多为上游环节偏好型（生产性服务资源错配指数多大于1），生产性服务资源多聚集于上游环节给上游产业规模扩大注入了活力，然而中国多出口最终产品，很少出口上游原料环节的产品。为此，生产性服务资源上游环节偏好型错配并不利于中国产品出口规模的扩大。由此我们还可以得到如下推论：一是适当引导生产性服务资源流向中游环节（美国、德国，以及我国的北京和上海多偏好此环节），为最终品生产提供高质量中间品能有效地推动中国出口规模的扩大。二是提升生产性服务资源的配置效率，有助于形成出口规模扩大和生产性服务资源配置效率提升的良性互动机制。第4章的研究结果表明：出口规模扩大有助于生产性服务资源错配程度的降低（生产性服务资源配置效率提升），而本部分的研究结论则表明生产性服务资源错配程度降低有助于出口规模的扩大，可见生产性服务资源配置效率与出口规模扩大具有良好的良性互动机制。此

表5-32 生产性服务资源错配对出口影响的 OLS 估计结果

变量	以北京为参照				以上海为参照			
CP	-0.2940*** (-6.965)	-0.1140*** (-4.451)	-0.0607*** (-2.931)	-0.0464** (-2.290)	-0.2190*** (-6.099)	-0.0828*** (-3.812)	-0.0380** (-2.159)	-0.0231** (-2.341)
infra		1.748*** (31.90)	1.623*** (36.54)	2.521*** (19.47)		1.755*** (31.96)	1.626*** (36.55)	2.531*** (19.49)
yh		1.304*** (17.15)	1.810*** (27.76)	1.594*** (22.79)		1.311*** (17.15)	1.821*** (27.80)	1.605*** (22.91)
csh			0.423*** (22.43)	0.384*** (20.19)			0.424*** (22.48)	0.386*** (20.25)
price				-1.012*** (-7.355)				-1.021*** (-7.389)
C	14.900*** (74.220)	-1.656*** (-3.349)	-2.892*** (-7.201)	-0.452 (-0.881)	14.720*** (74.050)	-1.801*** (-3.661)	-3.008*** (-7.538)	-0.553 (-1.084)
obs	924	924	924	924	924	924	924	924
R^2	0.050	0.670	0.787	0.799	0.039	0.668	0.786	0.798

注：**、***分别表示 5%、1%的显著性水平。括号内为 t 统计量。

外，本部分的研究结论还表明：提升生产性服务资源配置效率可以成为改变外需疲软状况、提升出口国际竞争力和赢得更多国际市场的重要切入点。

为进一步确保表 5-32 估计所得结论的准确性，我们采用 2SLS 和联立方程进行稳健性检验，2SLS 中工具变量的处理和联立方程中第一、二个方程的处理与前文相似，表 5-33 和表 5-34 分别报告了两类稳健性检验的结果。在两类稳健性检验的 16 个估计结果中，生产性服务资源错配的估计系数均显著为负，这一估计结果并未随控制变量的变化而变化。由此，我们可以推定：前文关于生产性服务资源错配对出口作用机制的论述是稳健可靠的。

表 5-33　生产性服务资源错配对出口影响的 2SLS 估计结果

变量	以北京为参照				以上海为参照			
CP	−0.932***	−0.385***	−0.234***	−0.088**	−0.677***	−0.394***	−0.262***	−0.081**
	(−6.534)	(−3.589)	(−2.703)	(−2.142)	(−5.134)	(−3.722)	(−3.074)	(−2.166)
infra		1.680***	1.534***	3.505***		1.471***	1.391***	3.502***
		(14.92)	(17.37)	(19.42)		(10.35)	(12.57)	(19.31)
yh		1.088***	1.725***	1.345***		1.101***	1.717***	1.344***
		(8.85)	(16.00)	(14.04)		(8.78)	(15.72)	(14.00)
csh			0.443***	0.394***			0.440***	0.394***
			(16.39)	(16.84)			(15.52)	(16.66)
price				−2.536***				−2.585***
				(−12.17)				(−12.82)
C	18.400***	0.241	−1.370	6.621***	17.810***	2.524	0.303	7.198***
	(27.880)	(0.193)	(−1.373)	(6.362)	(24.630)	(1.479)	(0.222)	(5.557)
obs	616	616	616	616	616	616	616	616
R^2	0.231	0.498	0.691	0.772	0.093	0.442	0.658	0.771
LM 检验	0.000***	0.000***	0.000***	0.000***	0.000***	0.000***	0.000***	0.000***
C-D 检验	有效	有效	有效	有效	有效	有效	有效	有效

注：**、*** 分别表示 5%、1% 的显著性水平。括号内为 t 统计量。

表 5-34 生产性服务资源错配对出口影响的联立方程估计结果

系数	以北京为参照				以上海为参照			
CP	−0.559***	−0.208***	−0.129***	−0.111***	−0.422***	−0.155***	−0.088***	−0.070***
	(−13.570)	(−8.188)	(−6.275)	(−5.518)	(−11.970)	(−7.178)	(−5.031)	(−4.109)
infra		1.714***	1.602***	2.489***		1.726***	1.610***	2.506***
		(31.49)	(36.32)	(19.38)		(31.62)	(36.38)	(19.43)
yh		1.269***	1.779***	1.567***		1.286***	1.798***	1.586***
		(16.80)	(27.47)	(22.59)		(16.93)	(27.62)	(22.79)
csh			0.418***	0.381***			0.420***	0.383***
			(22.36)	(20.16)			(22.41)	(20.22)
price				−0.997***				−1.010***
				(−7.313)				(−7.365)
C	16.110***	−0.920*	−2.368***	0.003	15.800***	−1.161**	−2.575***	−0.174
	(82.120)	(−1.873)	(−5.934)	(0.006)	(80.930)	(−2.375)	(−6.487)	(−0.343)
obs	924	924	924	924	924	924	924	924
R^2	0.010	0.665	0.784	0.796	0.006	0.664	0.784	0.796

注：**、*** 分别表示 5%、1% 的显著性水平。括号内为 t 统计量。

5.2.3 生产性服务资源错配对外国直接投资的影响分析

当企业进入一个全新的市场时，为了更快地赢得当地市场或更好地与东道国企业竞争，往往会选择采用高于当地企业的技术水平进行生产。持续稳健的外资流入不仅有助于东道国的经济增长，还能通过竞争效应和技术溢出效应推动本土企业技术升级（徐晓慧等，2017），推动东道国经济的高质量增长。也就是说，外国直接投资对东道国的经济增长具有"量增"和"质提"两种功能，为此，持续吸引外资对中国经济增长具有重要的现实价值。那么生产性服务资源错配是否会降低外商投资中国的兴趣，从而对中国经济产生不利影响呢？为探索这一问题的答案，本书参考前文的研究方法，借助式（5-14）细致分析生产性服务资源错配对省级区域外资流入的影响机制。

表 5-35 报告了生产性服务资源错配对外国直接投资影响的 OLS 估计结果。在两类参照条件下，生产性服务资源错配均呈现出显著的负效应，且这一负效应在依次加入控制变量条件下均显著为正。可见生产性服务资源错配不利于中国省级区域的外资流入，这一现象出现的原因可

表 5-35　生产性服务资源错配对外国直接投资影响的 OLS 估计结果

变量	以北京为参照				以上海为参照			
CP	−0.2840***	−0.1270***	−0.0649**	−0.0289**	−0.2130***	−0.0960***	−0.0440*	−0.0069**
	(−6.130)	(−3.676)	(−2.179)	(−2.060)	(−5.405)	(−3.287)	(−1.742)	(−2.298)
infra		1.729***	1.585***	3.829***		1.737***	1.588***	3.841***
		(23.46)	(24.83)	(21.92)		(23.55)	(24.87)	(21.96)
yh		1.014***	1.601***	1.060***		1.019***	1.609***	1.072***
		(9.91)	(17.09)	(11.24)		(9.92)	(17.12)	(11.36)
csh			0.490***	0.395***			0.492***	0.397***
			(18.12)	(15.38)			(18.15)	(15.45)
price				−2.528***				−2.541***
				(−13.63)				(−13.66)
C	13.070***	−3.128***	−4.562***	1.535**	12.900***	−3.267***	−4.666***	1.444**
	(59.470)	(−4.701)	(−7.907)	(2.222)	(59.380)	(−4.943)	(−8.148)	(2.100)
obs	924	924	924	924	924	924	924	924
R^2	0.039	0.496	0.628	0.691	0.031	0.494	0.628	0.691

注：*、**、***分别表示 10%、5%、1% 的显著性水平。括号内为 t 统计量。

能在于：一方面外资为立足于中国市场，其技术水平往往高于中国企业，而且近些年高技术外资流入的量日渐增大，为此，其不仅需要生产性服务资源提供更高效的服务，还需要更多的生产性服务资源嵌入中游高技术复杂度环节和中下游环节（刘慧等，2020），生产性服务资源的错配不仅使得外企得不到高水平的生产性服务业支持，还会使其感觉配套条件跟不上，从而降低外资流入中国的兴趣和概率，进而不利于外资规模的扩大；另一方面生产性服务资源偏向上游型错配不仅导致生产性服务资源过多聚集于上游环节，而且导致中游高技术生产环节得不到生产性服务资源足够的支持，还导致处于中游高技术生产环节的企业成长较慢，无法为生产性服务资源发展提供足够的、高质量的嵌入和匹配对象。随着中国经济发展水平的逐步提升，虽然生产服务型外资流入量逐年增长（罗军，2020；陈明等，2019），但是高质量嵌入和匹配对象的不足会放缓生产性服务型外资流入步伐，进而不利于外资流入规模的扩大。综上可知，适当引导中国生产性服务资源流向中游环节，不仅有助于减少中国生产性服务资源错配，提升生产性服务资源配置效率，还能为吸引更高技术含量的制造型和生产服务型外资提供有效的支持，助力中国经济高质量发展。此外，结合第 4 章的实证结论，我们可以发现：生产性服务资源配置效率提升和外国直接投资规模之间也可以形成较好的良性互动，这也进一步折射出提高生产性服务资源配置效率的重要性。

为确保表 5-36 实证结果是稳健可靠的，本书借鉴前文的研究方法，采用 2SLS 和联立方程进行稳健性检验。表 5-36、表 5-37 分别报告了 2SLS 和联立方程的估计结果。在两类估计的 16 个方程中，生产性服务资源错配系数均显著为负，由此我们可以推定：生产性服务资源错配不利于外资流入规模扩大的结论是稳健可靠的。对于亟须提升经济增长质量和转变经济发展方式的中国而言，外资流入所具备的竞争效应和技术溢出效应是实现上述转变的重要途径。为此，改变中国生产性服务资源错配现状具有重要的现实价值。

表 5-36　生产性服务资源错配对外国直接投资影响的 2SLS 估计结果

变量	以北京为参照				以上海为参照			
CP	−0.871★★★	−0.436★★★	−0.248★★	−0.038★★	−0.619★★★	−0.462★★★	−0.297★★	−0.047★★
	（−5.609）	（−3.083）	（−2.080）	（−2.397）	（−4.258）	（−3.328）	（−2.564）	（−2.556）
infra		1.864★★★	1.683★★★	5.520★★★		1.615★★★	1.516★★★	5.533★★★
		（12.56）	（13.84）	（24.80）		（8.67）	（10.06）	（24.71）
yh		0.484★★★	1.279★★★	0.539★★★		0.491★★★	1.258★★★	0.547★★★
		（2.990）	（8.624）	（4.560）		（2.988）	（8.454）	（4.618）
csh			0.553★★★	0.458★★★			0.547★★★	0.459★★★
			（14.86）	（15.85）			（14.18）	（15.75）
price				−4.938★★★				−4.919★★★
				（−19.22）				（−19.76）
C	16.290★★★	−2.835★	−4.844★★★	10.720★★★	15.660★★★	−0.049	−2.812	10.310★★★
	（22.680）	（−1.723）	（−3.530）	（8.349）	（19.640）	（−0.022）	（−1.510）	（6.447）
obs	616	616	616	616	616	616	616	616
R^2	0.144	0.315	0.540	0.728	0.045	0.247	0.502	0.726
LM 检验	0.000★★★	0.000★★★	0.000★★★	0.000★★★	0.000★★★	0.000★★★	0.000★★★	0.000★★★
C-D 检验	有效	有效	有效	有效	有效	有效	有效	有效

注：★、★★、★★★ 分别表示 10%、5%、1% 的显著性水平。括号内为 t 统计量。

表 5-37　生产性服务资源错配对外国直接投资影响的联立方程估计结果

变量	以北京为参照				以上海为参照			
CP	−0.546***	−0.268***	−0.168***	−0.115***	−0.412***	−0.197***	−0.115***	−0.067***
	(−12.040)	(−7.867)	(−5.687)	(−4.269)	(−10.650)	(−6.819)	(−4.575)	(−2.901)
infra		1.680***	1.556***	3.768***		1.699***	1.567***	3.799***
		(22.98)	(24.56)	(21.75)		(23.17)	(24.68)	(21.86)
yh		0.983***	1.570***	1.043***		0.997***	1.587***	1.060***
		(9.72)	(16.90)	(11.16)		(9.79)	(17.00)	(11.31)
csh			0.481***	0.389***			0.485***	0.392***
			(17.94)	(15.29)			(18.02)	(15.38)
price				−2.486***				−2.513***
				(−13.51)				(−13.60)
C	14.270***	−2.044***	−3.794***	2.069***	13.960***	−2.387***	−4.069***	1.877***
	(66.140)	(−3.097)	(−6.619)	(3.018)	(65.210)	(−3.635)	(−7.142)	(2.746)
obs	924	924	924	924	924	924	924	924
R^2	0.006	0.486	0.623	0.687	0.004	0.487	0.624	0.688

注：*** 表示 1% 的显著性水平。括号内为 t 统计量。

5.2.4　生产性服务资源错配对物质资本积累的影响分析

经济增长理论的研究表明：劳动力（人力资本）和物质资本是经济增长的根本性动力（人力资本结构研究课题组，2012），劳动力增长速度很大程度上取决于人口的自然增长率和人口结构，即劳动力规模取决于劳动力的自然增长。物质资本则是在一定时间点上经济体生产资本的总量，是刻画一国经济增长状况和增长潜力的重要变量（杨轼波，2020），与劳动力增长受制于自然增长率不同的是，物质资本积累受制于整个社会发展系统，如特定产业处于快速成长期时，该产业的物质资本积累相对较快，当物质资本与特定行业劳动力技能匹配性较强时，其积累速度也会相对较快（马红旗，2017）。前文的研究结果表明：生产性服务资源错配对经济增长系统会产生较为不利的影响，那么错配是否会拖慢物质资本积累的速度呢？令人遗憾的是：目前并无文献就上述问题进行细致的分析。物质资本不仅是一国经济量增的核心推动力量，更是经济高质量发展的中坚力量，如多数研究发现：物质资本通过与人力资本科学的协调互动不仅有助于经济效率的提升，甚至对经济增长方式的优化和经济的可持续增长都起到至关重要的作用（人力资本结构研究课题组，2012；Young，1992）。为此，本部分细致分析生产性服务资源错配对物质资本积累的影响，不仅能为上述问题提供科学的答案，还具有重要的现实价值。

测度出各省级区域物质资本存量是解答上述问题的关键所在，本书借鉴张军等（2004）和陈晓华等（2011）的方法，以永续盘存法测度各省级区域的物质资本存量，最终以陈晓华等（2011）的方法测度了省级区域的物质资本存量，在实证中以各省级区域物质资本存量的自然对数进行刻画，借鉴前文的方法本书先就生产性服务资源错配对物质资本积累的作用机制进行 OLS 估计。

表5-38 报告了 OLS 的估计结果。由表5-38可知，在 OLS 估计的8个方程中，生产性服务资源错配的估计系数均显著为负，可见生产性服务资源错配会对物质资本积累产生侵蚀作用，不利于物质资本规模的扩大，进而对经济增长产生不利影响。物质资本积累也是一国技术进步和产品国际竞争力提升的关键因素。为此，侵蚀效应也可能会对中国经济增长质量提升产生不利影响。这一现象出现的原因可能在于：物质资本积累源于投资的多少，而投资的多少取决于资本回报率，在生产性服务资源错配情况下，生产性服务资本的平均回报率会被扭曲，从而不利于生产性服务资本规模的扩大。对于制造业而言，生产性服务资源错配会导致制造业资本回报率过低，从而制约制造业资本规模的扩大。在生产性服务业和制造业投资规模扩大受限制的情况下，物质资本迅速扩人的可能性并不大，最终使得生产性服务资源错配对物质资本积累产生负效应。

表5-38 生产性服务资源错配对物质资本积累影响的 OLS 估计结果

变量	以北京为参照				以上海为参照			
CP	−0.1210***	−0.0594***	−0.0170**	−0.0127**	−0.0973***	−0.0541***	−0.0185*	−0.0142**
	（−5.443）	（−3.552）	（−2.469）	（−2.102）	（−5.144）	（−3.825）	（−1.889）	（−2.449）
infra		0.911***	0.812***	1.079***		0.915***	0.813***	1.075***
		（25.47）	（32.69）	（14.59）		（25.61）	（32.77）	（14.54）
yh		0.269***	0.672***	0.608***		0.265***	0.668***	0.605***
		（5.42）	（18.44）	（15.23）		（5.32）	（18.30）	（15.18）
csh			0.337***	0.325***			0.336***	0.325***
			（31.97）	（29.94）			（31.95）	（29.95）
price				−0.301***				−0.296***
				（−3.830）				（−3.760）
C	10.170***	1.813***	0.829***	1.554***	10.130***	1.800***	0.843***	1.555***
	（95.950）	（5.614）	（3.693）	（5.315）	（96.940）	（5.624）	（3.792）	（5.347）
obs	924	924	924	924	924	924	924	924
R^2	0.031	0.485	0.756	0.760	0.028	0.486	0.756	0.760

注：*、**、*** 分别表示 10%、5%、1% 的显著性水平。括号内为 t 统计量。

为确保表5-38实证结果是稳健可靠的，本书借鉴前文的研究方法，采用 2SLS 和联立方程进行稳健性检验。表5-39、表5-40分别报告了 2SLS 和联立方程的估计结果，在 16 个方程中，生产性服务资源错配表现出显著为负的特征。由此可见，生产性服务资源错配对物质资本积累具有负效应的结论是稳健可靠的。综合前文结论可知：引导生产性服务资源流向中游环节，破解生产性服务资源错配之困，对中国经济增长数量和质量的提升均具有非常重要的现实意义。

表5-39 生产性服务资源错配对物质资本积累影响的 2SLS 估计结果

变量	以北京为参照				以上海为参照			
CP	−0.371***	−0.153**	−0.034*	−0.028***	−0.195***	−0.132**	−0.026**	−0.049**
	（−5.081）	（−2.461）	（−1.842）	（−2.729）	（−2.945）	（−2.239）	（−2.675）	（−2.393）
infra		1.106***	0.991***	1.822***		1.043***	0.979***	1.844***
		（16.88）	（24.05）	（20.25）		（13.22）	（19.95）	（20.10）
yh		0.119*	0.624***	0.464***		0.138**	0.631***	0.479***
		（1.667）	（12.420）	（9.713）		（1.980）	（13.040）	（9.858）
csh			0.352***	0.331***			0.352***	0.333***
			（27.87）	（28.34）			（28.04）	（27.90）

续表

变量	以北京为参照				以上海为参照			
price				−1.070★★★ （−10.30）				−1.059★★★ （−10.38）
C	11.590★★★ （34.280）	0.483 （0.665）	−0.794★ （−1.706）	2.579★★★ （4.970）	10.950★★★ （30.170）	1.066 （1.125）	−0.713 （−1.176）	2.112★★★ （3.223）
obs	616	616	616	616	616	616	616	616
R^2	−0.125	0.408	0.766	0.803	0.042	0.401	0.766	0.796
LM 检验	0.000★★★	0.000★★★	0.000★★★	0.000★★★	0.000★★★	0.000★★★	0.000★★★	0.000★★★
C-D 检验	有效	有效	有效	有效	有效	有效	有效	有效

注：★、★★、★★★分别表示10%、5%、1%的显著性水平。括号内为 t 统计量。

表5-40　生产性服务资源错配对物质资本积累影响的联立方程估计结果

变量	以北京为参照				以上海为参照			
CP	−0.235★★★ （−10.730）	−0.119★★★ （−7.168）	−0.046★★★ （−4.000）	−0.041★★★ （−3.592）	−0.189★★★ （−10.150）	−0.101★★★ （−7.238）	−0.042★★★ （−4.278）	−0.037★★★ （−3.796）
infra		0.890★★★ （25.04）	0.804★★★ （32.54）	1.068★★★ （14.55）		0.896★★★ （25.23）	0.806★★★ （32.64）	1.066★★★ （14.50）
yh		0.263★★★ （5.345）	0.666★★★ （18.380）	0.602★★★ （15.190）		0.259★★★ （5.255）	0.663★★★ （18.250）	0.601★★★ （15.150）
csh			0.334★★★ （31.84）	0.322★★★ （29.85）			0.333★★★ （31.85）	0.323★★★ （29.88）
price				−0.298★★★ （−3.817）				−0.293★★★ （−3.751）
C	10.690★★★ （102.400）	2.269★★★ （7.073）	1.045★★★ （4.679）	1.759★★★ （6.050）	10.620★★★ （103.000）	2.216★★★ （6.969）	1.041★★★ （4.701）	1.742★★★ （6.024）
obs	924	924	924	924	924	924	924	924
R^2	0.004	0.477	0.754	0.758	0.003	0.479	0.755	0.759

注：★★★表示1%的显著性水平。括号内为 t 统计量。

5.3　本章小结

本章以科学揭示生产性服务资源错配的经济效应为主体，借助多种计量方法细致分析了生产性服务资源环节配置不当对高技术产品出口、中间品进口依赖、中间投入品出口技术复杂度、经济增长、出口、外国直接投资和物质资本积累的影响。综合跨国和省级区域双层面的分析结论，我们可以得到如下几个核心观点和结论。

第一，生产性服务资源错配不利于经济体的高质量增长。跨国层面实证结果表明：生产性服务资源错配对高技术产品出口呈现出倒U形机制，生产性服务资源环节偏好对中间品进口依赖呈现U形机制，生产环节偏好对中间品投入品出口技术复杂度的作用机制呈现倒U形机制。在细致核对生产性服务资源环节错配的核算方法和上述三个结论后，可以发现：生产性服务资源错配不利于高技术产品出口，也会加剧中间品进口依赖，还不利于中间投入品出口技术复杂度升级，而这三者既是支撑经济增长质量提升的重要因素，也是经济增长质量提升的重要标志。由此可以推定：生产性服务资源错配不利于经济增长质量的提升。第二，生产性服务资源错配不利于经济的量增。省级区域层面的实证结论表明：生产性服务资源错配对经济发展水平、出口、外国直接投资和物质资本积累具有显著的负效应。而出口、外国直接投资和物质资本积累是推动经济增长的重要因素，由此可见，减少生产性服务资源错配同时具备"量增"和"质提"功能。第三，引导生产性服务资源流向制造业中游环节能最大化生产性服务资源推动经济"量增"和"质提"的功能，跨国和省级层面的实证结论均表明：生产性服务资源嵌入制造业环节偏好系数越接近美国和德国（错配程度越低），其促经济"量增"和"质提"的效果越明显，而美国和德国生产性服务资源多偏好制造业中游环节。为此，从"量增"和"质提"视角而言，嵌入制造业中游环节是生产性服务资源的最优选择，也是减少生产性服务资源错配、提升生产性服务资源配置效率的重要手段。

本章从环节错配视角刻画了生产性服务资源对经济"量增"和"质提"的作用机制，在一定程度上填补了生产性服务资源错配经济效应领域的研究空白，还为理解生产性服务资源对经济各变量的作用机制提供了全新的视角和经验证据，此外，本部分所得结论还对中国制定制造业和生产性服务业发展方面的政策具有重要的启示。首先，应优化中国生产性服务资源融入制造业的模式与环境，以逐步扭转生产性服务资源过于偏好上游环节型错配的不利局面。一方面加快生产性服务业要素市场化进程，打破生产性服务资源区域流动、环节流动壁垒，使得生产性服务资源能够更便利地流向中间品生产环节，以突破生产性服务资源"环节锁定"魔咒的约束，进而提升其配置效率。另一方面通过减税、补贴和政策倾斜等方式使生产性服务资源向中游核心零部件、工艺和设备等环节集聚，以优化生产性服务资源的环节偏好，降低生产性服务资源的环节错配程度。其次，应大力扶持和培育高技术复杂度中间投入品生产企业，持续优化高技术复杂度中间投入品生产所需的经营环境，为生产性服务资源流向中游环节提供更多的匹配对象，以形成生产性服务资源配置效率和经济高质量增长协同提升机制，助力本国中间投入品生产企业逐步在核心中间投入品领域成为"独角兽"和"隐形冠军"，也使得生产性服务资源嵌入制造业模式和经济"量增"、"质提"呈现协同优化。最后，营造高端制造业和高端生产性服务业融合互促的发展环境，以使得生产性服务业对经济"量增"和"质提"发挥更大的作用。高质量、高效率的融合是破解生产性服务资源错配问题的重要途径，而高端制造业和高端生产性服务业的融合效率往往高于高端生产性服务业与低端制造业效率，也高于低端生产性服务业与高端制造业融合效率。为此，营造高端制造业和高端生产性服务业融合互促的发展环境，不仅能为生产性服务业与制造业高效融合提供参照，更能够吸引国外高端生产性服务业的流入，推动中国生产性服务业整体性配置效率提升，促进中国经济高质量发展。

6

国际经验借鉴

发达国家的生产性服务资源配置效率往往高于发展中国家，而中国生产性服务资源存在过于偏好上游型的错配问题。为此，发达国家特定生产性服务业的发展经验对中国而言，具有较高的参考价值。有鉴于此，本部分细致梳理美国金融业、韩国航运业和美国信息服务业的发展经验，以期为中国生产性服务资源配置效率提升提供一定的经验与启示。

6.1 美国金融业配置效率持续提升的经验分析

作为全球经济与科学技术领域的领头羊和超级大国，美国不仅拥有大量高端科学技术的产出地（如硅谷、众多排名世界领先的大学和研究机构），还拥有高度发达的金融业（如华尔街、众多规模巨大的投资公司和银行）。美国的金融业不仅较好地推动了制造业的发展，还推动了制造业的技术创新和高质量发展，实现了金融资源配置效率提升与制造业高质量发展的良性互动，为制造业和金融业做大做强奠定了扎实的基础，更成了美国经济健康稳定增长的风向标。综合梳理美国金融业的发展经验和中国当前经济发展实际，本书以为以下几点经验可以为中国发展金融业和生产性服务业、降低生产性服务资源错配程度提供较好的经验参考。

6.1.1 紧跟科技前沿，与科技前沿良好互动

强大的科技创新能力和领先的科学技术是美国成为世界经济主导的重要支撑，而这在很大程度上得益于美国的金融行业，美国发达的资本市场、风险投资市场和科技产业形成了一套良好的互动体系。不仅如此，美国的金融业紧跟科技前沿，不断为前沿科技创新和成果转化注入活力，如20世纪60—70年代，互联网的诞生引领了当时新一轮的技术革命和技术进步，美国金融企业进行了大量的金融创新，货币市场基金（MMFs）应运而生。MMFs具有收益稳定、流动性强和资本安全性高等特点，适应了当时新一轮科技创新的要求，为美国科技创新主体提供了大量的资金支持，对互联网技术的更新和进步也起到了极大的推动作用。不仅如此，美国芯片、航天和生物制药等高技术产业的创新都离不开金融业的支持，金融业总能捕捉到前沿性技术创新，在推动科技创新的同时，也为金融业的发展赢得高回报率，实现了金融业与科技前沿的良好互动。此外，美国还专门出台了一系列的法律来推动金融业与科技前沿的融合，如美国于1992年出台了《加强小型企业研发与发展法》，1982年设立了直接财政计划"创新研究计划"（SBIR），2005出台了《国家创新法案》，均对金融业投资技术创新领域及其回报做了明确的规定，既引导金融业资源积极流向创新领域，也确保了金融资源的回报率，使得金融资源得到高效配置，降低了金融资源错配的可能性，实现了金融资源与技术创新资源的高效互动。

6.1.2 打造国际金融中心，汇聚全球高端金融资源

美国金融业能够高效地推动制造业技术升级，很大程度上得益于其超强的金融创新能力，使得金融业总能通过调整自身产品而为技术创新提供及时的服务。经过数十年的积累，美国已经打造了一个领先全球的国际金融中心——纽约，世界上绝大多数金融工具和金融衍生品都是由美国创造出来的，而这些金融产品往往都有纽约的身影。在20世纪四五十年代，美国通过构建布雷顿森林体系奠定了其在国际金融市场中

的地位，而此时纽约则通过其前期积累，稳坐美国国内国际金融中心的位置。经过美国金融业 60 多年的打造，纽约已经成为当之无愧的国际金融中心，这也使得大量金融资产和高水平金融企业汇集于此，资源和企业的聚集往往不仅意味着更多的金融创新，进而为制造业企业创新和发展提供更多的、更有特色的金融支持，从而助力制造业快速发展，还意味着金融资源和企业竞争的加剧，从而促使金融企业持续提升自身的配置效率，以更好地生存于国际金融市场，而金融资源配置效率较低的企业则会慢慢淡出历史舞台，从而推动金融业配置效率整体性提升。

6.1.3 加强金融监管，缔造相对科学高效的金融系统

金融业的快速和高效发展离不开有效的监督，美国不仅拥有闻名世界的金融公司（如摩根士丹利、花旗和高盛），还拥有完善的股票市场体系（四个全国性证券交易市场和五大区域性证券交易市场[①]）和发达的债券市场，高水平的公司和完善的金融体系为金融资源高效配置营造了良好的外部环境，使得金融资源能够与制造业高效融合，并能及时发现和嵌入制造业的高技术环节，推动制造业产品质量和技术水平快速升级。然而以金融资源高效配置著称的美国金融业离不开科学的监管体系，美国不仅拥有《联邦储备法》、《银行控股公司法》和《证券法》等金融监管与改革法案，还时常根据经济形势变化出台与新形势相适应的金融发展和监管法案，如：1999 年，美国为监管金融业混业经营出台了《金融服务现代化法》；2008 年次贷危机过后，美国出台了《多德 - 弗兰克法》，并成立了金融稳定监管理事会（FSOC）、信用评级办公室（OCR）、金融研究办公室（OFR）、消费者金融保护署（CFPA）等机构，以增强对系统性重要机构的监管和危机应对能力。动态跟进的监管机构和监管法律为美国金融资源高效配置提供了重要保障，也使得金融资源的不当行为

---

① 一般认为：美国全国性的证券市场主要包括纽约证券交易所（NYSE）、全美证券交易所（AMEX）、纳斯达克市场（NASDAQ）和招示板市场（OTCBB）；区域性的证券市场包括费城证券交易所（PHSE）、太平洋证券交易所（PASE）、辛辛那提证券交易所（CISE）、中西部证券交易所（MWSE）以及芝加哥期权交易所（CME）等。

能够得到持续纠正，推动了金融产业高质量发展。

6.1.4 培育高技术企业群体，营造金融业的高质量嵌入对象

嵌入制造业环节是金融业推动制造业发展的重要媒介（刘慧等，2016），而嵌入对象的技术水平和发展情况在很大程度上决定了金融资源配置效率的高低、竞争力的高低和成长步伐的快慢。细致梳理美国金融业的发展历史，我们可以发现：美国金融业拥有高配置效率和独步全球的竞争力，很大程度上得益于金融业能有足够多的高技术企业作为嵌入对象和服务对象，而这些高技术企业往往是所在领域世界性的"领头羊"。此外，美国不仅在高端制造业领域拥有大量高技术企业和世界知名企业，如飞机制造业领域的波音飞机，电气制造领域的通用电气，半导体领域的英特尔，汽车制造领域的福特、通用汽车和克莱斯勒，医药领域的强生和辉瑞。新兴领域也不断涌现高技术含量和高水平企业，如新能源汽车领域的特斯拉、手机操作系统领域的谷歌和苹果。这些企业均属于世界巨头，不仅技术领先于全球同行，产品质量和品牌也享誉全球，这既使得美国的金融业拥有他国无法媲美的匹配对象和嵌入对象，也使得美国金融业拥有较高的回报率和令世界他国羡慕的竞争力，更实现了金融资源与制造业的高效互促。为此，培育高技术企业群体可以成为减少生产性服务资源错配和提升生产性服务资源配置效率的重要手段。

6.1.5 持续的激烈竞争与创新，推动金融企业经营模式不断优化

竞争和创新是资源配置效率持续提升的重要途径（陈晓华等，2019），美国金融资源的高效配置不仅源于其有高质量的嵌入对象，还源于金融业内部激烈的竞争。美国不仅拥有规模巨大的金融产业，还拥有大量的金融巨头，如投资银行领域的高盛、摩根士丹利和美林等，保险证券领域的美国国际集团（AIG）和美国城市证券保险等，信用等级评价机构领域的穆迪、普惠和标普等，银行领域的花旗银行、美国银行和运通银行等。金融巨头间激烈的竞争倒逼金融企业自身进行持续的金融

创新，使得金融企业经营模式不断优化，金融衍生品持续更新，进而满足了制造业快速发展和创新水平持续提升的要求。如 20 世纪 90 年代美国通信、医药、电脑和电子等领域的飞速发展，很大程度上得益于美国的金融创新，其使得 1995—2000 年美国有超过 3000 家的科技企业通过 IPO（首次公开募股）的形式募资，从而在为制造业发展提供了源源不断资金的同时，也提升了金融资源的回报率。美国金融业的创新不仅体现于金融产品领域，还体现于新科技运用方面，如 20 世纪末期，美国率先将电子信息技术引入期货市场，在电子化信息支撑下，美国期货市场的运行效率明显优于同期国家。在持续竞争和创新的推动下，美国金融业不仅拥有了世界领先的交易平台和金融衍生产品市场，还拥有适应新时代、新技术需要的经营模式动态优化机制，更拥有了出众的配置效率和推动经济高质量发展的能力。

6.2 韩国航运产业发展的经验分析

韩国经济的快速发展始于 20 世纪 60 年代，其以出口为主导的经济发展战略取得了巨大的成功，这一模式甚至在一定程度上成了东亚地区经济发展的典范。韩国出口导向的经济政策不仅推动了自身的快速工业化，使得韩国从一个相对落后的农业国跻身发达的工业化国家，还推动了航运业的飞速发展。作为一个世界性贸易大国①，韩国的航运总运力已经达到了其海运贸易量的 110%，而同样作为贸易大国的中国和美国，这一比重仅为 70% 和 80%。根据韩国 2018 年 4 月 5 日发布的《韩国振兴航运五年计划（2018—2022）》，韩国计划于 2022 年将航运业国际竞争力提升至全球前五，航运收入达到 51 万亿韩元，船队总运力达到 1.004 亿载重吨，集装箱航运能力则达到 113 万 TEC，从而成为名副其实的航运大国。虽然韩国在 2017 年经历了最大航运公司韩进海运的破产事件，但韩国航运业在世界航运业中仍具有举足轻重的作用，与传统航运强国相

---

① 韩国 2019 年全年的贸易总额为 1.045 万亿美元，位居美国、中国、德国、英国、日本和法国之后，是世界第七大贸易国。

比，韩国的航运产业在相对短期内经历了从无到有和从弱到强的过程。为此，韩国航运业的发展经验对于多数生产性服务产业竞争力相对较弱的中国而言，具有较强的参考价值。综合梳理韩国航运业发展的历程，本书以为以下几个方面的经验可以为中国发展相关服务业提供较好的参考。

6.2.1 积极打造航运中心，推动外贸与航运协同发展

20 世纪，韩国依托外向型经济，不仅实现了经济发展水平的快速提升，还实现了工业化、科技进步、城市化、国际化和国民生活水平迅速提升，韩国经济和社会的飞跃式发展也被世界誉为"汉江奇迹"。以外向型经济为特征的"汉江奇迹"离不开韩国的航运业和港口建设，如韩国为了促进本国海运事业的发展专门成立了政府机构——韩国海运港湾厅，以专门管理其 27 个国际贸易港和 22 个国内贸易港（陈晓明，1996）。韩国政府在管理国际和国内贸易港的同时，还积极推动港口建设和基础投资，如：20 世纪 90 年代初期，韩国在釜山港、光阳港等地大力建设和优化集装箱港口（釜山港投资约 3910 亿韩元，光阳港投资约 3700 亿韩元），也开启了西海岸的港口开发业务；2016 年，韩国提出了在 2016—2020 年为港口投资约 122 亿韩元的基础建设计划。得益于政府的管理和投资支持，韩国逐步建成了一批以釜山港、仁川港、蔚山港和丽水光阳港为代表的航运中心。航运中心不仅吸引了大量的国际货轮停靠，也为韩国航运服务业的快速发展和竞争力攀升提供了极大的支撑，更为韩国制造业进出口贸易发展和制造业高质量发展开辟了全新的局面。

6.2.2 以高端造船业为依托，推动航运业国际竞争力持续提升

韩国的面积与中国浙江省差不多，在面积和资源相对有限的条件下，韩国能将航运做到世界前列离不开其强大的造船业支持，以三星重工、大宇造船和现代重工为代表的韩国造船业不仅为韩国航运业的发展提供了大量船只，也为世界航运业提供了船只支撑，这三大船企也长期位居全球船企前三。不仅如此，韩国的造船技术已经达到了全球领先的水平，

具有超强的全球接单能力，如：2019 年 10 月，韩国船企接获了全球 86% 的订单，订单量和订单金额达到了全球第一；2020 年 6 月，韩国三大造船厂成功拿下卡塔尔 100 艘液化天然气（LNG）船舶订单，总规模近 24 万亿韩元，折合人民币 1374 亿元。韩国的航运业通过与造船行业有效融合，既能不断获得功能多样化、服务适应性强的船只，也能为韩国航运业开拓国际市场和提高运行效率注入极大的活力。韩国航运业（生产性服务业）与造船业（高端制造业）的高效融合，不仅孕育了领先全球的造船业和航运业，还为韩国的进出口贸易和经济增长做出了巨大的贡献，更成了制造业和生产性服务业良性互动的典范。

6.2.3 构建航运公司与国内货主共生体系，确保航运公司的货源

航运业属于典型的服务型行业，嵌入制造业生产活动和为制造业提供运输服务是其成长壮大的关键所在。韩国为了确保其航运业的竞争力始终处于全球前列，采取了一系列的措施来确保航运公司的货源，具体有：①积极构建航运公司、货主和造船公司的利益共同体。韩国通过推进设立共生决策参考基金和专项基金的形式，将航运公司、货主和造船公司紧密地联系在一起，使得航运公司不仅能获得高技术含量的运输工具，还获得了稳定的货源，为航运业做大做强奠定了货源基础。韩国还成立专门委员会扩大进出口货物规模，并确保航运业货源。如韩国水产部与商会、贸易协会、船东协会三方通过签署共生协作备忘录的形式成立了海上进出口竞争力强化共生委员会，使得货主和船主共生共发展。②推崇国货国运，使国货与国内航运商紧密结合。如韩国计划将油船国货国运比例从 28.1% 提高到 33.8%，散货的这一比例从 72.8% 提高到 80.1%，还通过调整采购竞标制度的形式将最低价投标制度调整为综合审查竞标制度，以提高国货国运的可操作性。整体而言，航运公司与国内货主共生体系的构建，不仅确保航运公司有足够的货源，还使得货主（制造业）获得更为低廉的运输价格，同时提升了航运业和制造业的竞争水平，实现了生产性服务业和制造业的高质量协同发展。

6.2.4 多维政策支持，推动航运业发展水平持续提升

韩国航运产业发展水平和国际竞争力的持续提升还得益于其持续的政策支持，除了前文所提及的国货国运外，韩国还出台了一系列的政策来支持航运业的发展壮大和配置效率的提升。具体有：①金融政策支持，韩国出台了一个资金总额为27亿美元的船舶新造支援基金项目，并成立了船舶银行，船舶新造支援基金通过光船租赁的形式为新船订单提供支持，为造船企业和航运企业搭建了非常好的桥梁。韩国还通过整合韩国海洋保证保险和韩国海运交易信息中心等金融机构的资源对二手船、集装箱船均进行了金融支持，为航运产业做大做强奠定了扎实的金融基础。②补贴政策支持，如：2020年2月，韩国政府称将提供8200亿韩元（约合6.9亿美元）的补贴给航运业，以帮助航运产业更新老旧客轮和货轮；2020年4月，韩国产业通商资源部部长成允模表示，韩国决定成立40万亿韩元的基础产业稳定基金，扶持和补贴相关船企。补贴政策不仅有效地支持了航运业的发展，还使得韩国造船行业的新订单量更有保障，可谓一举两得。韩国还通过推出诸如《韩国振兴航运五年计划（2018—2022）》等对航运行业进行支持。上述举措有效地推动了韩国造船业和航运业的国际竞争力的飞速提升，实现了两者的高效互动。

6.3 美国信息服务产业发展的经验分析

在经济全球化背景下，信息技术不仅推动和引领了全球科技进步，还成了各国国民经济发展的重要支撑力量，更成了各国经济"量增"和"质提"的重要推动媒介，如信息产业已经成了中国改造传统制造业、实现中国制造向"中国智造"转变的关键工具。为此，世界各国及中国各省份均十分重视信息服务产业的发展，如浙江省甚至把以信息服务技术为代表的数字经济作为"一号工程"。美国的信息服务产业起源于20世纪，抓住了知识经济崛起的机遇，全面改革科技政策不仅使得美国信息服务和信息技术产业迅猛发展，还使得美国在信息技术领域始终处于世界领

先的地位，更为美国经济快速发展奠定了扎实的基础。综合梳理美国信息技术的发展历程，本书以为以下几点经验能为中国信息服务业的发展提供较好的参照。

6.3.1 注重基础性前沿技术和前沿产品的开发

一般而言，信息技术的软件和硬件是信息服务业发展的基础，与美国的信息服务业相比，中国的信息产业更注重应用，如基于国外软件平台开发应用软件、基于国外硬件组装信息技术硬件产品（如手机和电脑等），这种策略有点类似于将自己的大厦建立在他人的地基上，一旦地基供应者"断供"或关闭平台，则基于应用型的信息产业容易陷入窘境，美国对华为断供和对中国部分实体禁用 MATLAB 就很好地印证了这一点。美国信息产业的发展则非常注重基础性前沿技术和前沿产品的开发，如在软件领域，微软公司开发了电脑的操作系统，谷歌公司和苹果公司开发了手机操作系统，甲骨文提供企业应用软件开发的基础性软件。在硬件领域，英特尔和 AMD 开发了电脑的 CPU，苹果和高通开发了手机的 CPU，思科开发了数据传输设备。美国上述公司提供的产品在所属领域均为前沿技术产品，不仅为美国奠定了信息技术产业的"霸主"地位，还成了美国制衡信息产业全球价值链的重要工具。值得一提的是，美国在信息服务产业基础性前沿技术和前沿产品开发方面的巨额资金投入也为美国企业带来了丰厚的收益，形成了"基础性前沿领域高投入→基础性前沿领域技术领先→基础性前沿领域高回报→基础性前沿领域高投入"的良性循环。

6.3.2 拥有大量风险投资资本和企业家的支持

信息服务产业具有高投入和高产出的特点，并且容易形成"一家独大"的发展局面，如电脑操作系统里的微软、搜索引擎领域的谷歌和百度、办公软件领域的 office。"一家独大"能为先发企业持续提供高额利润，并为进一步研发提供强有力的资金支持，这使得信息服务产业在美国获得了大量风险投资资本和企业家的支持。美国出现这一机制的原因在于两个方面：一方面，美国拥有大量科技人才，这些科技人才在发明出新技术和新产品后，一般缺乏足够的资金来进行市场推广，更缺乏将产品做大的经营团队；另一方面，资本所有者和风险基金投资者希望获得较高的资本回报率，投资有市场前景的技术并将其妥善经营是获得高回报率的关键所在。也就是说，技术研发者对资金的诉求和资本拥有者对技术的诉求使得美国风险投资者与企业家以股权、债券、准股权等形式投资新技术企业，使得新技术巨头企业不断涌现（如 Facebook 和 Twitter 都是美国信息产业领域新技术巨头的代表性企业），大量资金与企业家的支持不仅提高了信息服务业资源的配置效率，更实现了信息服务产业的飞速发展。

6.3.3　以市场竞争与人才竞争为媒介推动信息技术持续更新

美国企业能够牢牢掌控信息产业领域的关键环节、制衡和影响信息产业全球价值链，原因不仅仅在于其对信息产业基础性前沿技术和产品的投资，还在于其人才领域的优势和国内激烈的市场竞争。一方面，美国拥有数量巨大的信息技术企业，这些企业在美国反垄断法的管理下进行着激烈的相互竞争，一些特定行业的巨头间也保持着高强度的市场竞争，如英特尔和 AMD 在计算机 CPU 领域的竞争、谷歌和苹果公司在手机操作系统领域的竞争以及高通和苹果公司在手机 CPU 领域的竞争。美国的信息企业也积极投身于世界市场的竞争，如高通、苹果公司与韩国三星、中国华为在手机 CPU 领域的激烈竞争，亚马逊、易趣网和阿里巴巴等在 B2C 领域的竞争。激烈的市场竞争倒逼美国信息技术企业不断进行技术创新，以巩固其在国际市场和国内市场中的地位，进而推动美国信息服务企业国际竞争力提升。另一方面，高素质人才是技术进步和企业成长的关键力量，也是一国产业参与全球价值链竞争的最基础性力量，美国在全球人才竞争中汇集了大量的全球性新兴技术人才，这使得其信息技术创新始终领先于同类竞争者。多年来，美国利用其移民和技术签证政策，吸引全球各地最优秀的高技术人才为其工作，如在美国硅谷，有大量来自中国和印度的顶尖科技人才为美国信息技术公司工作。不仅如此，美国还拥有培养大量全球顶尖人才的高等教育机构，如根据 US News 全球排行榜，全球顶尖的 10 所大学有 8 所在美国，全球排名前 100 的大学有 42 所在美国，这些大学为美国信息产业的发展输送了大量顶尖的科技人才。顶尖的人才往往能支撑起顶尖的技术和顶尖的企业，正因如此，美国信息技术企业始终能够拥有独步全球的技术和产品，并在国际市场中长期保持竞争优势。

6.3.4 以兼容和捆绑等方式构建极具垄断特征的技术生态圈

美国信息技术企业历来重视信息技术产业的基础性、前沿性环节，如电脑和手机的操作系统。美国企业往往通过这些基础性产品构筑同领域技术生态圈，以使得其竞争对手和合作者不得不嵌入其生态圈，并借助该生态圈以兼容和捆绑的形式挤出其他竞争对手。如微软公司通过技术创新的方式使得其操作系统能兼容各种硬件，从而备受各类硬件厂商欢迎，进而奠定了其在操作系统领域的领导地位，也形成了以微软操作系统为中心的软硬件生态圈，更抑制了其他操作系统厂商的壮大。微软借助其电脑操作系统，以捆绑的形式推广其浏览器和办公软件，也使浏览器和办公软件竞争对手的发展得到了抑制。为此，在当前的计算机领域，一旦微软对某家计算机企业"断供"操作系统，其可能无法生存于计算机领域。在手机领域也存在类似的情况，如谷歌公司通过开发和发布安卓系统（Android），兼容了大量的手机应用软件，形成了一个巨大的手机软件技术生态圈，一旦谷歌公司对特定手机厂商"断供"安卓系统和 Google Play 平台，该手机产商可能无法生存于欧美市场。为此，重视信息服务产业的基础环节，借助中国大市场优势搭建核心技术自控的信息技术生态圈，并将其推广至全球，可以成为中国信息技术产业高质量发展的重要支撑。

6.3.5 政府对信息服务业的科学引导和强有力的政策支持

在信息服务产业领域，美国可以称得上是制定国家层面战略最早、实施细分政策最多的国家，不仅如此，美国还把信息技术作为提高国家竞争力的关键支撑。美国通过立法、投资和标准制定等方式为信息服务产业构建基础设施，并积极引导研发项目的战略方向，优先支持信息产业项目，并推动信息技术快速扩散和应用。美国政府还借助发布战略计划、咨询报告、发展报告和政策评估等方式为信息技术企业的发展提供引导性建议，美国的司法机构也会通过立法的形式优先保障和引导先进信息技术的发展，以避免资源浪费。美国还大力支持信息技术企业对外并购，在做大做强自身企业的同时，消灭潜在的竞争对手。如20世纪90年代，美国Mcafee公司借助美国完善投融资市场成功收购欧洲的Dr. Solomon公司，成为世界知名反病毒厂商。此外，美国为保持其在信息技术领域的优势，不允许他国企业收购具有核心和敏感安全技术的本国信息企业，如限制华为收购美国的三叶系统公司云计算领域的技术。整体而言，引导与支持相结合的方法不仅为美国公司在信息技术领域持续领先营造了良好的政策环境，还使得美国在信息技术领域长期保持竞争优势。

6.4　本章小结

　　本章细致分析了美国金融业、韩国航运产业和美国信息服务业的发展经验，综合分析国际经验的基本结论，我们可以得到如下启示：一是生产性服务业应重视自身行业和制造业的基础性环节，美国信息服务业能牢牢掌控全球价值链高端环节，跟其重视基础性环节密不可分，如其牢牢掌控着软件领域的操作系统平台，以及硬件领域的处理器生产；二是生产性服务业要嵌入制造业的高端环节，并不断地自我革新以跟上高端环节创新的步伐，美国金融业能够领先于全球，与其能不断发现科技新的增长点，并不断进行金融创新以满足高技术创新密不可分；三是寻求高端制造业与国家政策支持，韩国在造船领域超强的国际竞争力为其航运服务业的发展壮大奠定了扎实的基础，在得到高端制造业支持的同时，韩国政府还通过"国货国运"和船只更新补贴等方式对航运业进行多方面支持，进而推动了韩国航运业的蓬勃发展。

7

结论与政策启示

前文在细致梳理生产性服务业、资源错配和生产环节偏好三个方面文献的基础上，结合生产性服务资源的产业特点，首先在拓展 Antràs et al.（2012）研究的基础上，构建了基于嵌入环节视角的生产性服务资源错配测度方法，并从跨国和省际双层面细致剖析了生产性服务资源错配的演进机理；其次基于中国生产性服务资源演进机制的机理与实证结论，从跨国和省级区域双层面剖析了生产性服务资源错配的经济效应；最后总结和归纳美国金融产业、韩国航运业和美国信息服务业的发展经验。本部分在综合测度结果分析（特征分析）、演进机理实证分析、演进经济效应分析和国际经验所得结论的基础上，勾勒出本书的基本结论和提升中国生产性服务资源配置效率的基本路径与策略。

7.1 主要结论

第一，中国生产性服务资源存在较为严重的错配，这一错配多表现为过于偏好制造业上游环节，这不仅使得制造业核心环节未能得到足够的生产性服务资源支持，还造成了生产性服务资源的低效使用和浪费。为此，减少和消除生产性服务资源错配已迫在眉睫。修正 Antras et al.（2012）模型后的测度结果表明：中国生产性服务资源环节错配系数在样本国中是最高的，1999—2011 年，其嵌入制造业环节偏好上游度指数均值是美国的约 1.6 倍，在发展中样本国中也属最高，1999—2011 年错配系数上升了 12.06%。这一结果表明：一方面中国生产性服务资源错配呈现出略微的加剧趋势，另一方面中国生产性服务业具有一定的上游偏好型特征。中国产业和区域层面的测度结果也表明：中国生产性服务资源环节错配有略微加剧的趋势，生产性服务资源过于偏好上游环节则意味着高技术中游生产环节的生产性服务资源将被"挤占"，从而得不到足够的生产性服务资源支持，进而减缓了其技术升级和技术改造的步伐。这不仅不利于制造业生产技术的整体性提升，还造成了一定的资源浪费，不利于生产性服务资源配置效率的提升。为此，迫切需要扭转中国生产性服务资源错配这一不利局面，从而使得生产性服务资源在中国经济增长和质量提升中发挥更大的作用。值得欣慰的是：虽然中国工业水平相对较高区域的生产性服务资源嵌入上游生产环节的偏好相对明显，生产性服务资源错配的情况较为严重，但这些区域的环节错配情况有所改变，在产业层面环节错配系数持续增大的背景下，这些区域生产性服务资源环节错配情况能略微有所改变已是不易。这在一定程度上表明：这些区域的生产性服务业已经走上了错配程度逐步降低、增长质量持续提升的发展之路。

第二，经济发展水平、出口增长、出口技术复杂度、外国直接投资和经济效率的提升有助于生产性服务资源错配程度的降低。上述结论在跨国层面、以美国和德国为参照的省级区域层面与以京沪为参照层面的实证检验中均稳健成立。基于上述结论，我们还可以得到如下推论：一是中美经济、技术摩擦等会对中国经济增长和出口产生不利冲击的外部因素，可能会加剧生产性服务资源错配；二是美国技术封锁引致的中国部分产业技术研发停滞（如华为海思芯片）等不利于中国出口技术复杂度升级的外部冲击，也会加剧中国生产性服务资源错配；三是消除经济运行机制中有碍于经济效率提升的制度，有助于生产性服务资源配置效率的提升；四是提高劳动者素质和技能有助于生产性服务资源配置效率的提升。综合经济发展水平、出口增长、出口技术复杂度和经济效率的特征我们还可以发现，**提升经济增长速度和质量均有助于生产性服务资源配置效率的提升**。这也印证了中国当前以"稳经济、提质量"为目标经济政策的科学性。

第三，资源禀赋和工业规模扩大会加剧生产性服务资源错配。该结论在以美国和德国为参照的实证估计与以京沪为参照的实证估计中均稳健成立，这一现象出现的原因在于：资源禀赋优势和工业经济规模扩大均会吸引大量的生产性服务资源流向制造业上游原料环节，从而提升一国生产性服务资源的上游环节偏好度，进而加剧一国生产性服务资源的错配。资源禀赋具有负效应很大程度上表明"资源诅咒"存在于生产性服务资源错配领域，对于资源优势地区而言，大力发展非资源禀赋依赖型产业有助于减少其生产性服务资源的错配。工业规模所具备的负效应也在很大程度上解释了中国东部地区经济发展水平高和生产性服务资源错配程度高并存的原因，即工业规模扩大所引致的生产性服务资源错配加剧效应大于经济发展水平引致的生产性服务资源错配减少效应。为此，逐步淘汰落后产能、淘汰僵尸企业和优化原料依赖型产业增长方式不仅有利于工业发达地区经济增长质量提升，还有助于其生产性服务资源配置效率的提升。

第四，提升人力资本水平可以成为提升生产性服务资源配置效率的重要手段。机理模型求偏微分分析结果表明：在开放型国家中，熟练劳动力的比例增加可能会对生产性服务资源配置效率产生正效应，从而降低生产性服务资源错配程度。跨国和省级层面的实证结果均表明高等教育会对生产性服务资源错配产生显著的负效应，由此我们可以确定熟练劳动力比例的上升将对生产性服务资源错配起到显著的减少作用。人力资本是一个国家（地区）参与国际竞争的核心竞争力，也是先进生产技术和先进文化的缔造者与传播者，熟练程度越高的劳动力，其整合与配置资源的能力越强，从而越有助于提升生产性服务资源配置效率。然而令人遗憾的是：与美、日、欧等发达国家和地区相比，中国在制造业和生产服务业领域相对缺乏高端人才，特别是真正具有产业带动能力强的顶尖人才，人才的匮乏不仅难以满足中国经济增长质量提升和经济发展方式转型的需求，还使得中国生产性服务资源配置效率偏低，甚至呈现出较为严重的错配。为此，迫切需要提高中国的人力资本水平。

第五，嵌入制造业高技术环节和提升高技术企业数量（比例），有助于生产性服务资源配置效率提升。 从经济发展水平、工业规模、出口技术复杂度和经济效率的实证结果与生产性服务资源嵌入制造业环节偏好经济效应的实证结果，可以很明显地推断出：提升生产性服务业融入对象（制造业企业）的质量有助于实现生产性服务资源配置效率的提升。这一现象出现的原因可能在于：嵌入高技术含量企业（生产环节）时，生产性服务资源相当于与高技术企业（生产环节）合作，其发挥的效应明显优于与低技术企业（生产环节）合作，从而提升其配置效率。与发达国家相比，中国的高技术企业数量（比例）明显偏低，高技术生产环节明显偏少。由此可见，缺乏高技术含量的企业和生产环节也是中国生产性服务资源配置效率偏低的原因之一。为此，加大高技术企业和生产环节的培养和引进力度可以成为减少中国生产性服务资源错配、提高生产性服务资源配置效率的重要途径。

第六，生产性服务资源错配不利于经济增长，生产性服务资源配置效率与经济增长的部分支撑因素的关系呈现出"一荣俱荣，一损俱损"特征。 省级层面生产性服务资源错配经济效应的实证结果表明：生产性服务资源对出口、经济发展水平、外国直接投资和物质资本积累具有显著的负效应，而出口、外国直接投资和物资资本积累均属于经济增长的重要推动力量。为此，减少生产性服务资源错配不仅有利于生产性服务资源的高效利用，还会对经济增长产生显著的促进作用。结合生产性服务资源错配影响因素的理论与实证研究结论，我们发现出口、外国直接投资和经济发展水平降低也会加剧生产性服务资源错配，可见生产性服务资源与出口、外国直接投资和经济发展水平之间存在"一方改进推动相互改进，一方恶化推动相互恶化"的"一荣俱荣，一损俱损"特征，如出口减少会加剧生产性服务资源错配，而生产性服务资源错配会进一步推动出口减少，出口增加会提升生产性服务资源配置效率，而生产性服务资源配置效率提升则会促进出口。为此，通过提升出口、外国直接投资和经济发展水平可以实现经济增长与生产性服务资源配置效率提升的良性互动。

第七，生产性服务资源错配不利于高技术产品出口。发展中国家样本的实证结果表明：生产性服务资源错配对高技术产品出口具有倒 U 形的影响机制，即嵌入制造业过于上游环节和过于下游环节均不利于高技术产品出口，而嵌入中游高技术产品环节则能最大化促进高技术产品出口，这一结论在分位数回归、控制内生性、分时间段和分产业等条件下依然稳健。高技术产品出口占比不仅是一国国际竞争力的体现，也是一国经济增长质量的体现。为此，我们可以推定：生产性服务资源错配不利于一国经济增长质量的提升，而提高生产性服务资源配置效率则可以成为经济增长质量提升的重要手段。由第 3 章中国生产性服务资源错配系数的测度结果可知，中国生产性服务资源所嵌入环节的情况对高技术产品出口的负向效应是最大的，这一现象出现的根源是：中国生产性服务资源过于偏向上游原料环节，使得其对高技术产业发展的促进作用处于偏离最优值较远的低效扭曲使用状态，这不仅造成了生产性服务资源的"浪费"，还使得中国扭转生产性服务资源错配的压力远大于其他国家。

第八，生产性服务资源错配会加剧中间品进口依赖。跨国层面的经验研究结论表明：生产性服务资源环节偏好对中间品进口占比的作用轨迹呈 U 形，即过于偏好上游生产环节或过于偏好下游生产环节均会加剧中间品进口依赖。在考虑贸易地理优势、经济增长动静态影响和金融冲击的情况下，U 形轨迹依然稳健成立，而根据生产性服务资源环节偏好指数与生产性服务资源错配系数间的关系，生产性服务资源错配程度越高，中间品进口依赖程度则越高。我们还发现：发展中国家生产性服务资源融入制造业环节多偏向上游和下游，而发达国家多位于中游区域，这使得发达国家生产性服务资源有效地发挥促进本国中间品发展壮大的功能，即发展中国家生产性服务资源的错配程度高于发达国家，而中国生产性服务资源环节偏好指数是最高的。可见，生产性服务资源错配也是中国中间品较为依赖进口的重要原因之一。中间品进口依赖使得中国制造业高端环节受制于外部力量，甚至出现因外部力量牵制而无法继续产业研发的情况（如华为海思处理器），这给中国经济科学健康发展带来了极大的不确定性，也是中国提出"补短板，强弱项"目标的重要出发点。由此可见，降低生产性服务资源错配程度不仅有助于中国经济增长质量的提升，还有助于中国削弱中间品进口依赖，推动中国制造业全球价值链分工地位的攀升。为此，迫切需要优化生产性服务资源与制造业的耦合模式，以使得生产性服务资源为经济增长质量提升发挥更大的推动作用。

第九，生产性服务资源错配不利于中间品出口技术复杂度升级。生产性服务资源嵌入制造业生产环节对中间投入品出口技术复杂度的作用机制呈倒 U 形，生产性服务资源嵌入制造业过于上游生产环节和过于下游生产环节时，会对中间投入品出口技术复杂度升级产生不利影响，而嵌入制造业中游环节是制造业的最优选择，其对中间投入品出口技术复杂度升级的促进效果是最大的。结合生产性服务资源环节偏好指数与生产性服务资源错配系数间的关系可知：生产性服务资源错配不利于中间品出口技术复杂度的提升。这一机制表现出非常显著的稳态性，不仅在 OLS、2SLS 和联立方程中稳健成立，在增长率变迁冲击、税赋变迁冲击和金融冲击条件下依然稳健成立。因此，在新冠肺炎疫情冲击和中美贸易摩擦背景下，制定中间投入品技术复杂度提升和消除生产性服务资源错配方面的政策仍需遵循上述机制。中间品出口技术复杂度提升是中国转变经济增长方式、摆脱国外高技术公司"卡脖子"和实现经济高质量增长的关键途径。为此，提升生产性服务资源配置效率对中国具有非常高的现实价值，其对中间品生产不仅具有"量增"功能，还具备显著的"质提"功能。我们可以推定：生产性服务资源错配不利于中国经济增长质量的提升。

第十，生产性服务资源集聚、生产性服务业与高端制造业联盟式发展有助于生产性服务资源配置效率和增长质量提升。本书基于物流服务业的调研结果表明：生产性服务业集聚能有效地促进生产性服务资源配置效率的提升。其原理在于：生产性服务业集聚会使得生产性服务业的共性要素形成共享模式，这不仅有助于衍生共性要素的专门提供商，还降低了生产性服务企业成本，从而促进生产性服务资源配置效率提升。部分学者的研究也证实了这一结论［如（刘慧等，2020）］。为此，鼓励生产性服务资源集聚可以成为减少生产性服务资源错配的重要途径。值得一提的是：生产性服务资源和制造业耦合性集聚也能较好地促进生产性服务业、制造业配置效率提升。韩国航运业与其极具竞争力造船业的联盟式发展模式不仅为航运业提供了大量的高端船只，还为造船业提供了大量的订单，推动了造船业和航运业良性互促型发展。此外，美国高端制造业与生产性服务企业的合作也印证了这一点，如美国谷歌和高通在手机领域的合作不仅促使双方进一步做大做强，还使得潜在竞争对手的成长面临更大的压力。可见高水平制造业与生产性服务业联盟式发展可以成为破解生产性服务资源错配难题的重要途径。

第十一，企业在高端基础性环节形成优势，不仅有助于生产性服务资源配置效率提升，还有助于企业自身成为同行业的领头羊。学界对制造业的研究表明：企业控制了制造业基础性高端环节就占据了全球价值链的高端，也可以成为制衡全球价值链的"链主"企业，如：高通掌握了手机 CPU 生产技术，其经营策略将对手机产业链产生巨大影响；ASML 掌握了芯片生产的基础性环节——光刻机生产，影响了整个 CPU 生产产业乃至以芯片为基础的手机产业。而前文国际经验分析表明：企业一旦掌握了生产性服务业的基础性环节，就能使得自己成为生产线服务业全球价值链的"链主"。除了前文所提及的国际经验外，还有很多的类似经验与案例，如通信服务领域手机的安卓操作系统和苹果操作系统、计算机信息服务领域的操作系统等。中国生产性服务业错配严重，在很大程度上是因为其追求短期回报，如上游原料产业高回报率引致大量的生产性服务资源流向上游环节，实际上基础性环节是一个产业生存和发展的根本，离开了这个根本，产业的发展举步维艰，如谷歌对华为手机停止 Google Play 服务后，华为手机在欧美市场几乎无法生存。为此，应更多地鼓励中国生产性服务企业从事本产业的基础性环节，逐渐将生产性服务业企业从外力束缚中解脱出来，并逐步发展成行业"独角兽"、领军企业，甚至"链主"。

7.2 提升中国生产性服务资源配置效率的策略分析

生产性服务资源错配不仅造成已稀缺的生产性服务资源的浪费，更使得制造业未能得到生产性服务资源足够的支持，不利于制造业的发展壮大，进而成为中国发展生产性服务业和打造制造业强国的"绊脚石"。为此，亟须扭转中国生产性服务资源错配的不利局面。基于中国经济当前发展实际和中央发展经济的部署，结合机理分析、特征分析、计量分析、国际经验和中国企业调研分析的结论，本书以为可以从以下几个方面着手，改变中国生产性服务资源错配的尴尬局面。

第一，引导生产性服务资源流向制造业高技术含量的中游环节，以逐步消除中国生产性服务资源上游偏好型错配。中国生产性服务资源存在较为严重的错配特征，与美、德等生产性服务资源高效配置国家相比，中国生产性服务资源嵌入制造业时，过于偏好上游环节，从而使得生产性服务资源呈现出一定的错配特征。生产性服务资源错配经济效应的实证结论也表明，嵌入制造业高技术含量的中游环节有利于提升一国高技术产品出口占比和中间品出口技术复杂度，也有利于降低一国中间品进口依赖程度。为此，引导中国生产性服务资源流向中游环节可以成为改变生产性服务资源错配现状的重要途径。一方面应对制造业高技术中游环节的生产性服务业给予政策支持，如给予与高技术生产环节配套的服务业税收优惠、土地优惠和利息优惠等，使得服务于高技术生产环节的生产性服务资源的回报率得以提升，从而使更多的生产性服务资源流向该环节，进而逐步扭转中国生产性服务资源环节错配的不利局面；另一方面要做精、做强上游原料行业，提升上游原料行业生产性服务资源的服务水平，从而将部分上游环节的生产性服务资源（如金融资本和金融人才等）"释放出来"，使得这些资源能流向中游高技术生产环节，进而改变生产性服务资源过于偏好上游的错配情况。

第二，培养引进更多高技术企业，鼓励传统优势制造业蛙跳介入高技术复杂度生产环节或高技术新兴行业，以为生产性服务资源配置效率

提升提供更多的优质嵌入对象，形成生产性服务资源与高技术企业（生产环节）的良性互动机制。高技术复杂度生产环节和高技术企业既是一国经济高质量增长的核心力量，也是支撑生产性服务资源高效配置和减少生产性服务资源错配的"利器"。然而中国以低成本优势嵌入全球价值链低端环节，多从事技术含量偏低的生产环节，在高端生产环节方面的生产能力和竞争力相对有限，因而高技术企业和高技术复杂度环节在中国属于"稀缺资源"，这也是中国生产性服务资源低效配置乃至错配的重要原因之一。首先，应培育和引进更多的高技术企业，通过税收等政策优惠和土地供应优惠等政策营造高技术企业成长的优质"温床"型环境，从而使得高技术企业能够在中国生根、成长和壮大。其次，应鼓励传统优势企业蛙跳介入高技术复杂度生产环节，以高技术复杂度生产环节支撑生产性服务业，从而实现传统企业全球价值链分工地位和生产性服务业配置效率协同提升。最后，应鼓励传统制造业优势企业以传统优势为跳板，蛙跳介入新兴产业，以"弯道超车"的方式缔造新兴产业先发优势，如本书在调研中发现海宁成如旦有限公司属于成功从传统制造业（土工布、无纺布）蛙跳到新兴产业（新能源材料）领域，并成为该领域领军企业的典型成功案例。上述三种做法能为生产性服务资源提供更多的优质嵌入对象，提高生产性服务资源的配置效率，生产性服务资源的嵌入也能够促进高技术企业、高技术生产环节和新兴企业以更优的方式增长，进而实现生产性服务资源与高技术企业（生产环节）的良性互动。

第三，逐步淘汰落后产能和优化原料依赖型企业运转模式，实现产业结构、制造业增长效率和生产性服务资源配置效率同步提升。前文研究表明：工业规模越大的省份，其生产性服务资源错配程度越高，这也在一定程度上导致了东部经济发达地区生产性服务资源存在较为严重的错配。基于实证分析所得结论，本书以为：一方面应大力淘汰落后产能，提升中国整体性产能效率。为落后产能提供支持的生产性服务业，其配置效率往往低于先进产能。为此，淘汰落后产能有助于释放出这一领域的生产性服务资源，从而使得这些生产性服务资源为先进产能提供更多的支持，既提高生产性服务资源的配置效率，也推动先进产能以更快的速度和更优的质量发展。另一方面应逐步优化原料依赖型企业的运转模式，制造业高度依赖上游原料也是中国生产性服务资源错配的重要原因。为此，应大力改进原料依赖型企业运行模式，以提高原料的配置效率，与此同时，积极鼓励企业向非原料型行业转型，进而逐步降低企业对原料的依赖程度，也减少原料对生产性服务资源的"侵占"，为中游高技术环节赢得更多的生产性服务资源，最终实现生产性服务资源配置效率与产业结构、制造业效率同步提升。

第四，以制造业和生产性服务业高质量发展为出发点，加大高素质、专业化人才的引进和培养力度，为生产性服务业与制造业良性互动机制的构建提供强大的人才支撑。实证分析结论表明：人力资本既是推动生产性服务资源高效配置的核心力量，也是推动生产性服务业和制造业高质量发展的关键因素。然而高技术人才一直是中国生产性服务业和制造业发展的短板，本书以为可以从以下几个方面着手进行弥补：一是加大教育投入，鼓励国内大学新设或优化与高端生产性服务资源密切相关的专业，吸引国外高端生产性服务业领域研究人才和企业人才进入国内高校，鼓励国外在生产性服务人才领域具有培育优势的高校与中国高校联合办学，甚至在中国设立校区。二是鼓励企业引进生产性服务领域的高水平人才，政府则通过提供人才津贴和税收优惠等减少企业成本。此外，企业还可以通过全团队引进和收购对方公司的形式使国外高端人才为我所用，通过鼓励中国生产性服务企业与国外高水平企业形成合作联盟的形式为中国企业生产性服务业人才提供交流性成长平台。高素质、专业化人才的出现不仅能推动生产性服务资源的高端化，还能使生产性服务资源更好地促进制造业发展，进而推动生产性服务业和制造业良性互动式发展。

第五，充分发挥政府的"引路人"功能，引导生产性服务业优势企业专攻行业发展的基础性环节和高技术环节，既推动中国生产性服务资源从低效率环节向高效率环节转变，也推动中国生产性服务业从全球价值链的尾随者向主导者转变，助力以国内大循环为主体、国内国际双循环相互促进的新发展格局。近年来，虽然中国生产性服务业的国际竞争力得到了较大的提升，如在 5G 信息服务领域中国甚至做到了世界领先，然而中国生产性服务业还存在以下两个较为严峻的困境：一是多数生产性服务企业处于低技术环节；二是高端生产性服务业的基础性环节多依赖国外跨国公司，如信息服务业的操作系统、数据库的基础软件均依赖国外跨国公司。这两个困境使得中国生产性服务业多跻身于价值链的低效率环节，甚至出现错配的窘境。对于中国而言，通过自由竞争的形式走出上述窘境可能需要比较漫长的时间，漫长的时间会给中国经济增长质量的提升带来极大的不确定性。为此，迫切需要探寻相对短期的破解路径。综合中国经济发展实际和生产服务资源发展的国际经验，本书以为可以充分发挥中国的举国创新体制来缩短走出上述两大困境的时间，充分发挥中国能够"集中力量办大事"的制度优势，通过政策倾斜、加大投资等方式发挥政府的"引路人"功能，引导优势企业专攻基础性和高技术环节，使得中国能以更快的速度在上述环节形成自身的竞争优势，从而逐步走出生产性服务资源错配窘境，并跻身生产性服务资源高技术、高附加值环节，扭转生产性服务业对外部力量过度依赖的被动局面，形成中国制造业和生产性服务业高质量发展的内生动力，助力以国内大循环为主体、国内国际双循环相互促进的新发展格局。

第六，以国内国际双循环新发展格局为契机，以国内大市场为依托，推动中国生产性服务业基础性环节和高技术环节做大做强。 基础性环节和高技术环节对生产性服务业至关重要，特别是信息技术服务业，基础性环节出问题犹如大厦之地基不牢，整个产业将犹如大厦倒塌。如微软将操作系统将特定软件设置成不兼容，这使得该软件可能无法在计算机领域生存。生产性服务业高技术环节的"断供"与基础环节"断供"有异曲同工之效。为此，对于中国而言，在基础性环节和高技术环节构建自身优势显得十分重要，不仅如此，在基础性环节和高技术环节构建自身优势还是经济安全的重要保障。当前中央提出了构建以国内大循环为主体、国内国际双循环相互促进的新发展格局，而在基础性环节和高技术环节逐步形成优势是打造国内大循环这一主体的关键支撑。为此，可以以国内国际双循环新发展格局为契机，加大基础性环节和高技术环节的投资力度，推动基础性环节和投资环节快速成长。然而中国企业在这些领域刚推出产品时，因竞争力有限，很难在短时间内打开国际市场，需求的缺乏将使得企业难以得到进一步的发展。值得庆幸的是：中国不仅是一个人口 14 亿多的大国，也是一个有 1.7 亿受过良好教育的各类人才和 4 亿多中等收入群体的超大规模市场（钱学锋和裴婷，2020）。为此，可以适当出台一些类似于韩国航运业"国货国运"的政策，鼓励国内企业购买国内生产性服务企业基础性环节和高技术环节的产品，为中国企业在这些领域建立优势提供强大的市场支持。

第七，大力搭建生产性服务资源集聚区，推动生产性服务企业与制造业企业以联盟的形式发展，推动生产性服务业与制造业融合型集聚区建设，为生产性服务资源高效率配置提供高水平的集聚型平台支持。生产性服务资源集聚能有效地提高生产性服务资源的配置效率，美国信息服务业和韩国航运业的发展经验表明：制造业和生产性服务业融合联盟型发展模式能有效地推动生产性服务业的发展壮大。为此，本书以为构建生产性服务资源集聚区、生产性服务业和制造业联盟式发展模式、生产性服务业与制造业协同集聚区可以成为生产性服务资源配置效率提升和生产性服务业做大做强的重要支撑。一方面，应鼓励生产性服务行业优势企业介入制造环节，鼓励制造业优势企业介入生产性服务环节，鼓励同领域生产性服务业与制造业形成联盟，以提高生产性服务业与制造企业协作效率，进而提高生产性服务资源的配置效率；另一方面，要为生产性服务资源集聚区和生产性服务资源与制造业资源融合型集聚区提供土地、资金和政策方面的优惠，推动集聚区成长、发展与壮大，使得生产性服务资源配置效率通过共性要素共享和更便利协作的方式得以提高。集聚区的形成不仅有助于生产性服务资源和制造业资源的集聚，往往还会带来高端人才的集聚、资金的集聚和高技术的集聚，这些集聚均有助于生产性服务资源配置效率的提升，从而使集聚区成为推动生产性服务资源配置效率和增长质量提升的重要支撑性平台。

第八，营造良好的出口环境，助力生产性服务资源配置效率提升。实证分析所得结论表明：出口扩大能有效地促进生产性服务资源配置效率提升。为此，扩大出口可以成为推动生产性服务资源配置效率提升的重要途径。首先，可以通过与更多国家和地区签署自贸区协议的形式为中国出口营造更便利的环境，自贸区协议的签订能降低国际贸易的"冰山成本"，从而推动出口规模的扩大，推动生产性服务资源配置效率提升。其次，要为高质量、高技术、低原料依赖型产品出口提供更为便利的环境和更多的政策支持，从而推动中国制造业出口贸易方式的优化和出口贸易增长方式优化，进而在为生产性服务资源提供更多高质量匹配对象的基础上，减少上游原料对生产性服务资源的侵占，从而推动生产性服务资源配置效率提升。最后，应不断改革和优化国内出口贸易的政策与制度，以为出口贸易营造更为优质的内部环境。值得一提的是：根据企业异质性理论，出口企业的要素资源配置效率往往高于非出口企业。为此，可构建出口企业和非出口企业的合作联盟，从而将出口企业的高效率运转模式传递给非出口企业，进而提高中国制造业的整体性配置效率，使之更好地与生产性服务业协作，从而提升生产性服务业配置效率。

第九，立足稳增长，着眼提质量，努力推动经济平稳高质量发展。前文经验研究表明：经济增长规模的扩大和增长质量的提升均有助于提升生产性服务资源配置效率与减少生产性服务资源错配，为此，可以通过稳增长和提质量的方式来强化经济增长对生产性服务资源配置效率的提升作用。当前，中国正处于新旧动能转换和产业转型升级的关键期，传统产业对经济增长的带动力正逐步减弱，新兴产业和高技术产业对经济增长的推动能力正快速形成和壮大。可以通过适当加大投资、激励消费、积极推进收入递增计划和适当减税费等方式进一步激发经济增长潜能，确保经济平稳增长。还可以通过鼓励制造业和生产性服务业专攻高技术环节与关系本产业发展的基础性环节，在持续提升生产性服务业和制造业国际分工地位的基础上，为产业发展提供更为扎实的关键性环节支持力量，此外还应紧跟全球科技革命的步伐，大力发展新兴产业，以在新兴产业形成竞争优势，进而推动中国经济增长质量稳步提升，最终推动生产性服务资源配置效率提升。根据生产性服务资源错配影响效应的实证结果，生产性服务资源配置效率提升有助于经济增长质量和发展水平的提升，由此可见，上述策略有助于促进经济增长质量、水平与生产性服务资源配置效率形成良性互动机制。

第十，以生产性服务资源与制造业良性互动为出发点，借助高端生产性服务业对高技术制造业过程进行优化升级，实现高技术产业从"中国制造"向"中国智造"转变，以高端生产性服务业为支撑，构建和形成主导性产业国内生态体系，推动制造业从外源动力依赖型赶超向内源动力依赖型赶超转变，推动制造业和生产性服务业配置效率协同提升。一方面以制造业转型升级、智能化改造和提质增效为主线，运用大数据等高端生产性服务业智能优化制造业生产网络，推进制造业自动化、智能化和数字化改造，积极引导企业实施"设备换芯"、"生产换线"和"机器换人"等措施，既推动制造业向智能化、知识化和精细化转变，提升企业核心竞争力，也更好地发挥生产性服务业在高端制造业发展中的促进作用，在提高生产性服务资源配置效率的基础上，逐步实现两者的良性互动。另一方面着眼建链、补链、强链和强基础、补基础，促进生产性服务业和制造业主导产业关联发展与链式发展，以高端生产性服务业推动主导产业技术工艺革新、补短板、强弱项，培育形成一批主导产业的"专精特新"隐形冠军，形成主导产业完善的国内价值链和产业生态体系，降低主导性产业的国外依赖程度，逐步构建规模体量大、科技含量高、发展能级强和核心关键环节自主可控的主导产业，实现国内高端制造业与高端生产性服务业的高效融合。

参考文献

[1]   Andrea R, Alejandro M, 2012. Productivity, misallocation and the labor market[R]. Las Condes Santiago: Adolfo Ibáñez University.

[2]   Antràs P, Chor D, 2013. Organizing the global value chain[J]. Econometrica (6): 2127-2204.

[3]   Antràs P, Chor D, Fally T, Hillberry R, 2012. Measuring the upstreamness of production and trade flows[J]. American Economic Review (3): 412-446.

[4]   Bartelsman E, Haltiwanger J, Scarpetta S, 2013. Cross-country differences in productivity: The role of allocation and selection [J]. American Economic Review (1): 305-334.

[5]   Beverelli C, Fiorini M, Hoekman B, 2017. Services trade restrictiveness and manufacturing productivity: The role of institutions[J]. Journal of International Economics (1): 166-182.

[6]   Bhagwati J, Ramaswami V K, Srinivasan T N, 1969. Domestic distortions, tariffs, and the theory of optimum subsidy: Some further results[J]. Journal of Political Economy (6): 1005-1010.

[7]   Browning H L, Singelmann J, 1975. The Emergence of A Service Society: Demographic and Sociological Aspects of the Sectorial Transformation of the Labor Force in the USA [M]. Springfield:

National Technical Information Service: 76-79.

[8]   Coffey W J, Polèse M, 1989. Producer services and regional development: A policy-oriented prespective[J]. Papers in Regional Science: 67.

[9]   Daly D J, Grubel H G, Walker M A, 1990. Service industry growth: Causes and effects[J]. Canadian Public Policy (1): 12-17.

[10]   David J M, Hopenhayn H A, Venkateswaran V, 2016. Information, misallocation, and aggregate productivity[J]. The Quarterly Journal of Economics (2): 943-1005.

[11]   Ellison G, Edward Glaeser, 1997. Geographic concentration in U.S. manufacturing industrial clusters: A dartboard approach [J]. Journal of Political Economy (5): 889-927.

[12]   Eswaran M, Kotwal A, 2002. The role of the service sector in the process of industrialization[J]. Journal of Development Economics (2): 401-420.

[13]   Fally T , Hillberry R, 2015. A coasian model of international production chains[Z]. NBER Working Paper.

[14]   Francois J, Hoekman B, 2009. Services trade and policy[J]. Journal of Economic Literature (3): 642-692.

[15]   Garciacia D, Hsieh C, Klenow P J, 2019. How destructive is innovation? [J]. Econometrica (4): 87-121.

[16]   Guner N, Ventura G, Xu Y, 2008. Macroeconomic implications of size-dependent policies[J]. Review of Economic Dynamics (4): 721-744.

[17]   Hanson G H, 2001. Scale Economics and the geographic concentration of industry[J]. Journal of Economic Geography (3): 255-276.

[18]   Horstmann I J, Markusen J R, Robles J, 2005. Issue linking in trade negotiations: Ricardo revisited or no pain no gain[J]. Review of International Economics (2): 185-204.

[19]   Hsieh M, Klenow P J, 2009. Misallocation and manufacturing TFP in

China and India[J]. Quarterly Journal of Economics (4): 1403-1448.

[20] Javorcik B, Arnold J M, Lipscomb M, et al, 2016. Services reform and manufacturing performance: Evidence from India[J]. Economic Journal (590): 1-39.

[21] Johnson R C, Noguera G, 2012. Accounting for intermediates: Production sharing and trade in value added[J]. Journal of International Economics (2): 224-236.

[22] Jones R W, Kierzkowski H, Leonard G, 1988. Fragmentation and intra-industry trade[M]. New York: Palgrave Macmillan.

[23] Jovanovic B, 2014. Misallocation and growth[J]. American Economic Review (4): 1149-1171.

[24] Jovanovic B, Petreski M, 2014. Monetary policy, exchange rates and labor unions in SEE and the CIS during the financial crisis[J]. Economic Systems (3): 309-332.

[25] Kao, Chiang, 2000. Labour standards and international competitiveness[J]. International Journal of Manpower: 327.

[26] Kolko J, 2007. Agglomeration and co-agglomeration of services industries[D]. California: Public Policy Institute of California.

[27] Krugman P, 1991. Increasing returns and economic geography [J]. Journal of Political Economy (12): 483-499.

[28] Levinsohn J, Petrin A, 2003. Estimating production functions using inputs to control for unobservable[J]. Review of Economic Studies (2): 317-341.

[29] Lileeva A, Trefler D, 2010. Improved access to foreign markets raises plant-level productivity for some plants [J]. Quarterly Journal of Economics (3): 1051-1099.

[30] Machlup F, 1962. The production and distribution of knowledge in the United States [M]. New Jersey: Princeton University Press.

[31] Macpherson A, 2008. Producer services linkages and industrial

innovation: Results of a 12 year tracking study of New York State manufacturers[J]. Growth and Change (1): 1-23.

[32] Markusen J R, 1989. Trade in producer services and in other specialized inputs[J]. American Economic Review (1): 85-95.

[33] Markusen J, Rutherford T F, Tarr D, 2005. Trade and direct investment in producer services and the domestic market for expertise[J]. Canadian Journal of Economics (3): 758-777.

[34] Marshall A, 1920. Principles of economics: An introductory volume[M]. New York: Macmillan.

[35] Micucci G, Di Giacinto V, 2009. The producer service sector in Italy: Long-term growth and its local determinants[J]. Spatial Economic Analysis (4): 391-425.

[36] Ramasamy B, Yeung M C H, Au A K M, 2010. Consumer support for corporate social responsibility (CSR): The role of religion and values[J]. Journal of Business Ethics (1): 61-72.

[37] Restuccia D, Rogerson R, 2008. Policy distortions and aggregate productivity with heterogeneous plants[J]. Review of Economic Dynamics: 707-720.

[38] Rodrik D, 2006. What's so special about China's exports?[J]. China & World Economy (5): 1-19.

[39] Shearmur R, Doloreux D, 2008. Urban hierarchy or local milieu? High-order producer service and (or) knowledge-intensive business service location in Canada[J]. Professional Geographer (3): 333-355.

[40] Syrquin M, 1984. Resource Reallocation and Productivity Growth in Economic Structure and Performance [M]. Pittsburgh: Academic Press.

[41] Syrquin M, 1984. Resource reallocation and productivity growth[J]. Economic structure and performance: 75-101.

[42] Taylor P J, Derudder B, Hoyler M, et al, 2013. New regional geographies of the world as practiced by leading advanced producer

service firms in 2010[J]. Transactions of the Institute of British Geographers (3): 497-511.

[43] Thibault F, 2011. On the Fragmentation of Production in the US[D]. Colorado: University of Colorado.

[44] Wolfmayr Y, 2008. Producer services and competitiveness of manufacturing exports[R]. FIW Research Reports series.

[45] Wu G, 2018. Capital misallocation in China: Financial frictions or policy distortions?[J]. Journal of development Economics (1): 203-223.

[46] Yang F F, Yeh A G O, Wang J J, 2018. Regional effects of producer services on manufacturing productivity in China[J]. Applied Geography: 263-274.

[47] 艾小青，张雪薇，2019. 交通基础设施、生产性服务业发展与经济集聚——基于空间杜宾模型的实证研究 [J]. 中南财经政法大学学报（8）：1–13.

[48] 蔡昉，2011. 中国的人口红利还能持续多久 [J]. 经济学动态（6）：3–7.

[49] 曹聪丽，陈宪，2018. 生产性服务业集聚、城市规模与经济绩效提升——基于空间计量的实证研究 [J]. 中国经济问题（2）：34–45.

[50] 曹洪波，2010. 中钢集团与国机集团并购管理能力比较研究 [D]. 北京：北京交通大学.

[51] 陈建军，陈国亮，黄洁，2009. 新经济地理学视角下的生产性服务业集聚及其影响因素研究——来自中国 222 个城市的经验证据 [J]. 管理世界（4）：83–95.

[52] 陈建军，刘月，邹苗苗，2016. 产业协同集聚下的城市生产效率增进——基于融合创新与发展动力转换背景 [J]. 浙江大学学报（人文社会科学版）（3）：150–163.

[53] 陈乐一，黄青青，杨云，2016. 劳动力错配对中国工业行业出口净技术复杂度的影响 [J]. 贵州社会科学（5）：119–126.

[54] 陈明，韦琦，邝明源，2019. 生产服务业开放对中国产业生产率的影响及其国际比较 [J]. 广东财经大学学报（1）：4–13.

[55] 陈启斐，刘志彪，2014. 生产性服务进口对我国制造业技术进步的实证分析 [J]. 数量经济技术经济研究（3）：74–88.

[56] 陈晓华，范良聪，2011. 要素密集度偏向型出口技术结构升级的收入分配效应——基于我国省级动态面板数据的 GMM 方法 [J]. 国际贸易问题（7）：102–115.

[57] 陈晓华，黄先海，刘慧，2019. 生产性服务资源环节错配对高技术产品出口的影响分析 [J]. 统计研究（1）：65–76.

[58] 陈晓华，黄先海，刘慧，2011. 中国出口技术结构演进的机理与实证研究 [J]. 管理世界（3）：44–57.

[59] 陈晓华，刘慧，2014. 要素价格扭曲、外需疲软与中国制造业技术复杂度动态演进 [J]. 财经研究（7）：119–131.

[60] 陈晓华，刘慧，2015. 外需疲软、生产技术革新与制造业劳动力价格扭曲 [J]. 统计研究（10）：47–55.

[61] 陈晓华，刘慧，2016. 生产性服务业融入制造业环节偏好与制造业出口技术复杂度升级——来自 34 国 1997–2011 年投入产出数据的经验证据 [J]. 国际贸易问题（6）：82–93.

[62] 陈晓华，刘慧，蒋丽，2019. 生产性服务资源环节偏好与中间品进口——来自 34 国 1997—2011 年投入产出数据的经验证据 [J]. 财贸经济（3）：101–115.

[63] 陈晓明，1996. 韩国的港口管理与建设 [J]. 中国港口（3）：40.

[64] 陈永伟，2013. 资源错配：问题、成因和对策 [D]. 北京：北京大学.

[65] 陈勇兵，仇荣，曹亮，2012. 中间品进口会促进企业生产率增长吗——基于中国企业微观数据的分析 [J]. 财贸经济（3）：76–86.

[66] 戴翔，2020. 制造业服务化与价值链攀升：来自中国经验证据 [J]. 西安交通大学学报（社会科学版）（5）：37–52.

[67] 戴小勇，2016. 要素错配、企业研发决策与全要素生产率损失 [D]. 大连：大连理工大学.

[68] 房子琳，余丽斌，2017. 金融错配与企业技术创新模式选择 [J]. 中国商论（26）：44–45.

[69] 盖庆恩，朱喜，史清华，2013. 劳动力市场扭曲、结构转变和中国劳动生产率 [J]. 经济研究（5）: 87–97，111.

[70] 高觉民，李晓慧，2011. 生产性服务业与制造业的互动机理: 理论与实证 [J]. 中国工业经济（6）: 151–160.

[71] 高凌云，苏庆义，2015. 中国参与构建合理有效全球经济治理机制的战略举措 [J]. 国际贸易（6）: 13–17.

[72] 葛继红，2012. 农民收入与文化消费牵扯: 江苏 364 个样本 [J]. 改革（3）: 84–89.

[73] 顾雪芹，2020. 中国生产性服务业开放与制造业价值链升级 [J]. 世界经济研究（3）: 121–134，137.

[74] 关爱萍，陈锐，2014. 产业集聚水平测度方法的研究综述 [J]. 工业技术经济（12）: 150–155.

[75] 郭凯明，黄静萍，2020. 劳动生产率提高、产业融合深化与生产性服务业发展 [J]. 财贸经济（11）: 112–125.

[76] 韩峰，王琢卓，阳立高，2014. 生产性服务业集聚、空间技术溢出效应与经济增长 [J]. 产业经济研究（2）: 1–10.

[77] 韩峰，阳立高，2020. 生产性服务业集聚如何影响制造业结构升级? ———一个集聚经济与熊彼特内生增长理论的综合框架 [J]. 管理世界（2）: 72–94，219.

[78] 韩民春，樊琦，2007. 国际原油价格波动与我国工业制成品出口的相关关系研究 [J]. 数量经济技术经济研究（2）: 64–72.

[79] 韩增林，杨文毅，郭建科，2018. 供给侧视角下中国生产性服务业集聚对城市全要素生产率的影响 [J]. 首都经济贸易大学学报（2）: 72–82.

[80] 何祚宇，代谦，2016. 上游度的再计算与全球价值链 [J]. 中南财经政法大学学报（1）: 132–138.

[81] 贺正楚，吴艳，陈一鸣，2015. 生产服务业与专用设备制造业耦合发展研究 [J]. 系统管理学报（5）: 778–783.

[82] 黄先海，陈晓华，刘慧，2010. 产业出口复杂度的测度及其动态演

进机理分析——基于 52 个经济体 1993—2006 年金属制品出口的实证研究 [J]. 管理世界（3）: 44–55.

[83] 黄先海，金泽成，余林徽，2018. 出口、创新与企业加成率: 基于要素密集度的考量 [J]. 世界经济（5）: 125–146.

[84] 黄先海，宋学印，2017. 准前沿经济体的技术进步路径及动力转换——从"追赶导向"到"竞争导向"[J]. 中国社会科学（6）: 60–79，206–207.

[85] 惠宁，周晓唯，2016. 分项生产性服务业集聚与产业结构升级——来自省级经济数据的实证分析 [J]. 西北大学学报（哲学社会科学版）（4）: 94–99.

[86] 吉亚辉，李岩，苏晓晨，2012. 我国生产性服务业与制造业的相关性研究——基于产业集聚的分析 [J]. 软科学（3）: 15–19，38.

[87] 纪雯雯，赖德胜，2015. 人力资本、配置效率及全要素生产率变化 [J]. 经济与管理研究（6）: 45–55.

[88] 蒋含明，2013. 要素价格扭曲与我国居民收入差距扩大 [J]. 统计研究（12）: 56–63.

[89] 金碚，2017. 基于价值论与供求论范式的供给侧结构性改革研析 [J]. 中国工业经济（4）: 7–18.

[90] 靳来群，胡善成，张伯超，2019. 中国创新资源结构性错配程度研究 [J]. 科学学研究（3）: 545–555.

[91] 靳来群，林金忠，丁诗诗，2015. 行政垄断对所有制差异所致资源错配的影响 [J]. 中国工业经济（4）: 31–43.

[92] 康志勇，2014. 金融错配阻碍了中国本土企业创新吗？[J]. 研究与发展管理（5）: 63–72.

[93] 柯丽菲，2016. 新经济地理学视角下生产性服务业集聚影响因素的国际比较研究 [J]. 学术论坛（10）: 48–52，86.

[94] 李德山，邓翔，2018. 价格扭曲、资源错配是否抑制了我国创新生产率？[J]. 科学学研究（4）: 654–661，683.

[95] 李海舰，陈小勇，2011. 企业无边界发展研究——基于案例的视角

[J]. 中国工业经济（6）：89-98.

[96] 李江帆，蓝文妍，朱胜勇，2014. 第三产业生产服务：概念与趋势分析 [J]. 经济学家（1）：55-64.

[97] 李静，彭飞，毛德凤，2012. 资源错配与中国工业企业全要素生产率 [J]. 财贸研究（5）：46-53.

[98] 李力行，黄佩媛，马光荣，2016. 土地资源错配与中国工业企业生产率差异 [J]. 管理世界（8）：86-96.

[99] 李青原，李江冰，江春，Huang K X D，2013. 金融发展与地区实体经济资本配置效率——来自省级工业行业数据的证据 [J]. 经济学（季刊）（2）：527-548.

[100] 李欣泽，陈言，2018. 金融摩擦与资源错配研究新进展 [J]. 经济学动态（9）：100-114.

[101] 李勇，邹荣，王满仓，2017. 行政垄断、要素错配与自主创新 [J]. 人文杂志（12）：106-114.

[102] 李勇刚，罗海艳，2017. 土地资源错配阻碍了产业结构升级吗？——来自中国 35 个大中城市的经验证据 [J]. 财经研究（9）：110-121.

[103] 林伯强，杜克锐，2013. 要素市场扭曲对能源效率的影响 [J]. 经济研究（9）：125-136.

[104] 刘慧，陈晓华，蒋墨冰，2020. 生产性服务资源嵌入制造业生产环节的最优选择——基于中间投入品出口技术复杂度升级视角 [J]. 财经研究（7）：154-168.

[105] 刘慧，陈晓华，吴应宇，2016. 金融支持上游度对高技术产品出口的影响研究 [J]. 科学学研究（9）：1347-1359.

[106] 刘慧，彭榴静，陈晓华，2020. 生产性服务资源环节偏好与制造业出口品国内增加值率 [J]. 数量经济技术经济研究（3）：86-104.

[107] 刘慧，杨君，吴应宇，2019. 生产性服务资源集聚模式会影响制造业资本回报率吗？[J]. 商业经济与管理（7）：75-87.

[108] 刘慧，叶宏伟，沈成燕，2015. 经济增长、出口与出口技术复杂度——基于互动机制解析视角的协整检验 [J]. 中南财经政法大学学

报（1）：88-97.

[109] 刘建丽，2020. 大变局下中国工业利用外资的态势、风险与
"十四五"政策着力点 [J]. 改革（10）：50-62.

[110] 刘军跃，王敏，李军锋，王伟志，2014. 生产性服务业集聚研究综
述 [J]. 重庆理工大学学报（社会科学）（7）：34-39.

[111] 刘满凤，刘熙，徐野，邓云霞，2019. 资源错配、政府干预与新兴
产业产能过剩 [J]. 经济地理（8）：126-136.

[112] 刘书瀚，于化龙，2018. 生产性服务业集聚与区域经济增长的空间
相关性分析——基于中国 285 个地级城市的实证研究 [J]. 现代财经
（天津财经大学学报）（3）：67-81.

[113] 刘伟，2017. 现代化经济体系是发展、改革、开放的有机统一 [J].
经济研究（11）：6-8.

[114] 刘奕，夏杰长，李垚，2017. 生产性服务业集聚与制造业升级 [J].
中国工业经济（7）：24-42.

[115] 刘志彪，2015. 从全球价值链转向全球创新链：新常态下中国产业
发展新动力 [J]. 学术月刊（2）：5-14.

[116] 刘竹青，佟家栋，2017. 要素市场扭曲、异质性因素与中国企业的
出口 - 生产率关系 [J]. 世界经济（12）：76-97.

[117] 鲁晓东，2008. 金融资源错配阻碍了中国的经济增长吗 [J]. 金融研
究（4）：55-68.

[118] 吕越，陈帅，盛斌，2018. 嵌入全球价值链会导致中国制造的"低
端锁定"吗？[J]. 管理世界（8）：11-29.

[119] 吕越，罗伟，包群，2020. 企业上游度、贸易危机与价值链传导的
长鞭效应 [J]. 经济学（季刊）（3）：875-896.

[120] 罗军，2020. 生产性服务 FDI 对制造业出口技术复杂度的影响研究
[J]. 中国管理科学（9）：54-65.

[121] 罗良文，张万里，2018. 资源错配与制造业技术创新 [J]. 财政监督
（9）：109-116.

[122] 马风涛，2015. 中国制造业全球价值链长度和上游度的测算及其影

响因素分析——基于世界投入产出表的研究 [J]. 世界经济研究（8）：3-10.

[123] 马红旗，2017. 产能利用率、企业性质与经营效益——基于钢铁企业的实证分析 [J]. 上海财经大学学报（6）：31-45.

[124] 马述忠，吴国杰，2016. 中间品进口、贸易类型与企业出口产品质量——基于中国企业微观数据的研究 [J]. 数量经济技术经济研究（11）：77-93.

[125] 马述忠，张洪胜，王笑笑，2017. 融资约束与全球价值链地位提升——来自中国加工贸易企业的理论与证据 [J]. 中国社会科学（1）：83-107，206.

[126] 马颖，何清，李静，2018. 行业间人力资本错配及其对产出的影响 [J]. 中国工业经济（11）：5-23.

[127] 马兹晖，2008. 中国地方财政收入与支出——面板数据因果性与协整研究 [J]. 管理世界（3）：40-48，57，186-187.

[128] 毛海涛，钱学锋，2018. 企业异质性、贸易自由化与市场扭曲 [J]. 经济研究（2）：170-184.

[129] 聂辉华，贾瑞雪，2011. 中国制造业企业生产率与资源误置 [J]. 世界经济（7）：27-42.

[130] 钱学锋，裴婷，2021. 国内国际双循环新发展格局：理论逻辑与内生动力 [J]. 重庆大学学报（社会科学版）：1-13.

[131] 邱斌，唐保庆，孙少勤，刘修岩，2014. 要素禀赋、制度红利与新型出口比较优势 [J]. 经济研究（8）：107-119.

[132] 邱瑾，张灿灿，2015. 长三角经济区服务业发展影响因素实证研究——基于空间面板固定效应计量模型 [J]. 福建江夏学院学报（6）：1-7.

[133] 人力资本结构研究课题组，2012. 人力资本与物质资本的匹配及其效率影响 [J]. 统计研究（4）：32-38.

[134] 沈鸿，向训勇，顾乃华，2019. 全球价值链嵌入位置与制造企业成本加成——贸易上游度视角的实证研究 [J]. 财贸经济（8）：85-101.

[135] 盛斌，毛其淋，2017. 进口贸易自由化是否影响了中国制造业出口技术复杂度 [J]. 世界经济（12）：52–75.

[136] 盛丰，2014. 生产性服务业集聚与制造业升级：机制与经验——来自 230 个城市数据的空间计量分析 [J]. 产业经济研究（2）：32–39，110.

[137] 施炳展，冼国明，2012. 要素价格扭曲与中国工业企业出口行为 [J]. 中国工业经济（2）：47–56.

[138] 宋马林，金培振，2016. 地方保护、资源错配与环境福利绩效 [J]. 经济研究（12）：47–61.

[139] 苏晶蕾，陈明，银成钺，2018. 生产性服务业集聚对制造业升级影响的机理研究 [J]. 税务与经济（2）：41–47.

[140] 孙耀吾，翟翌，顾荃，2013. 服务主导逻辑下移动互联网创新网络主体耦合共轭与价值创造研究 [J]. 中国工业经济（10）：147–159.

[141] 谭洪波，2015. 生产者服务业与制造业的空间集聚：基于贸易成本的研究 [J]. 世界经济（3）：171–192.

[142] 谭洪波，2015. 中国要素市场扭曲存在工业偏向吗？——基于中国省级面板数据的实证研究 [J]. 管理世界（12）：96–105.

[143] 唐海燕，张会清，2009. 产品内国际分工与发展中国家的价值链提升 [J]. 经济研究（9）：81–93.

[144] 唐红祥，2018. 西部地区交通基础设施对制造业集聚影响的 EG 指数分析 [J]. 管理世界（8）：178–179.

[145] 唐荣，顾乃华，2018. 上游生产性服务业价值链嵌入与制造业资源错配改善 [J]. 产业经济研究（3）：13–26.

[146] 唐晓华，张欣钰，李阳，2018. 制造业与生产性服务业协同发展对制造效率影响的差异性研究 [J]. 数量经济技术经济研究（3）：59–77.

[147] 王国静，田国强，2014. 金融冲击和中国经济波动 [J]. 经济研究（3）：20–34.

[148] 王金亮，2014. 基于上游度测算的我国产业全球地位分析 [J]. 国际

贸易问题（3）：25-33.

[149] 王晶晶，张昌兵，2015. 新经济地理学视角下服务业 FDI 对服务业集聚的影响——基于面板分位数回归方法分析 [J]. 国际贸易问题（11）：109-120.

[150] 王宁，史晋川，2015. 中国要素价格扭曲程度的测度 [J]. 数量经济技术经济研究（9）：149-161.

[151] 王恕立，刘军，2014. 中国服务企业生产率异质性与资源再配置效应——与制造业企业相同吗？ [J]. 数量经济技术经济研究（5）：37-53.

[152] 王文，牛泽东，2019. 资源错配对中国工业全要素生产率的多维影响研究 [J]. 数量经济技术经济研究（3）：20-37.

[153] 王湘君，2018. 土地资源错配、政府补助与企业创新关系研究——基于沪深两市 A 股上市公司的实证分析 [J]. 中国物价（9）：24-26.

[154] 谢众，李童，李世军，2018. 生产性服务业集聚与我国制造业生产效率——基于微观企业层面的经验研究 [J]. 金融与经济（4）：70-77.

[155] 熊萍萍，王邹辉，2017. 我国服务业集聚水平的测度及影响因素——基于 2003-2015 年行业面板数据 [J]. 企业经济（11）：118-124.

[156] 徐晓慧，黄先海，李杰，2017. 目标市场负向需求冲击影响企业跨国并购的机理与实证 [J]. 经济理论与经济管理（3）：85-100.

[157] 宣烨，2012. 生产性服务业空间集聚与制造业效率提升——基于空间外溢效应的实证研究 [J]. 财贸经济（4）：121-128.

[158] 宣烨，陈启斐，2017. 生产性服务品进口技术复杂度与技术创新能力——来自全球高科技行业的证据 [J]. 财贸经济（9）：79-95，128.

[159] 宣烨，余泳泽，2017. 生产性服务业集聚对制造业企业全要素生产率提升研究——来自 230 个城市微观企业的证据 [J]. 数量经济技术经济研究（2）：89-104.

[160] 杨高举，黄先海，2013. 内部动力与后发国分工地位升级——来自中国高技术产业的证据 [J]. 中国社会科学（2）：25-45，204.

[161] 杨高举，黄先海，2014. 中国会陷入比较优势陷阱吗？ [J]. 管理世界（5）：5-22.

[162] 杨汝岱，姚洋，2008. 有限赶超与经济增长 [J]. 经济研究（8）：29-41，64.

[163] 杨轶波，2020. 中国分行业物质资本存量估算（1980-2018 年）[J]. 上海经济研究（8）：32-45.

[164] 易信，刘凤良，2015. 金融发展、技术创新与产业结构转型——多部门内生增长理论分析框架 [J]. 管理世界（10）：24-39，90.

[165] 于斌斌，2016. 中国城市生产性服务业集聚模式选择的经济增长效应——基于行业、地区与城市规模异质性的空间杜宾模型分析 [J]. 经济理论与经济管理（1）：98-112.

[166] 于斌斌，2018. 生产性服务业集聚与能源效率提升 [J]. 统计研究（4）：30-40.

[167] 于斌斌，2019. 生产性服务业集聚如何促进产业结构升级？ ——基于集聚外部性与城市规模约束的实证分析 [J]. 经济社会体制比较（2）：30-43.

[168] 余淼杰，李乐融，2016. 贸易自由化与进口中间品质量升级——来自中国海关产品层面的证据 [J]. 经济学（季刊）（3）：1011-1028.

[169] 余泳泽，宋晨晨，容开建，2018. 土地资源错配与环境污染 [J]. 财经问题研究（9）：43-51.

[170] 袁志刚，饶璨，2014. 全球化与中国生产服务业发展——基于全球投入产出模型的研究 [J]. 管理世界（3）：10-30.

[171] 袁志刚，解栋栋，2011. 中国劳动力错配对 TFP 的影响分析 [J]. 经济研究（7）：4-17.

[172] 原毅军，郭然，2018. 生产性服务业集聚、制造业集聚与技术创新——基于省级面板数据的实证研究 [J]. 经济学家（5）：23-31.

[173] 曾庆均，王纯，张晴云，2019. 生产性服务业集聚与区域创新效率的空间效应研究 [J]. 软科学（1）：24-28.

[174] 曾艺，韩峰，刘俊峰，2019. 生产性服务业集聚提升城市经济增长

质量了吗？ [J]. 数量经济技术经济研究（5）：83–100.

[175] 詹浩勇，冯金丽，2016. 西部生产性服务业集聚对制造业转型升级的影响——基于空间计量模型的实证分析 [J]. 技术经济与管理研究（4）：102–109.

[176] 张建忠，刘志彪，2011. 知识产权保护与"赶超陷阱"——基于GVC 治理者控制的视角 [J]. 中国工业经济（6）：58–68.

[177] 张杰，周晓艳，李勇，2011. 要素市场扭曲抑制了中国企业 R&D？[J]. 经济研究（8）：78–91.

[178] 张军，吴桂英，张吉鹏，2004. 中国省际物质资本存量估算：1952—2000[J]. 经济研究（10）：35–44.

[179] 张佩，马弘，2012. 借贷约束与资源错配——来自中国的经验证据[J]. 清华大学学报（自然科学版）（9）：1303–1308.

[180] 张少军，刘志彪，2017. 全球价值链与全球城市网络的交融——发展中国家的视角 [J]. 经济学家（6）：33–41.

[181] 张雄，张安录，邓超，2017. 土地资源错配及经济效率损失研究 [J]. 中国人口·资源与环境（3）：170–176.

[182] 张志斌，公维民，张怀林，王凯佳，赵航，2019. 兰州市生产性服务业的空间集聚及其影响因素 [J]. 经济地理（9）：112–121.

[183] 张卓元，2017. 新时代经济改革若干新举措 [J]. 经济研究（11）：8–11.

[184] 赵伟，郑雯雯，2011. 生产性服务业 - 贸易成本与制造业集聚：机理与实证 [J]. 经济学家（2）：67–75.

[185] 赵伟，郑雯雯，2011. 市场重心变化与制造业空间重构：小企业视点的分析与实证 [J]. 国际贸易问题（11）：157–167.

[186] 赵颖，2016. 员工下岗、家庭资源与子女教育 [J]. 经济研究（5）：101–115，129.

[187] 周卫强，2016. 金融错配对公司创新的影响研究——基于合意贷款规模管制的背景 [J]. 山东纺织经济（12）：11–13.

[188] 周新苗，钱欢欢，2017. 资源错配与效率损失：基于制造业行业层面的研究 [J]. 中国软科学（1）：183–192.

[189] 诸竹君，黄先海，余骁，2018. 进口中间品质量、自主创新与企业
出口国内增加值率 [J]. 中国工业经济（8）: 116–134.

[190] 祝树金，赵玉龙，2017. 资源错配与企业的出口行为——基于中国
工业企业数据的经验研究 [J]. 金融研究（11）: 49–64.

[191] 祝树金，钟腾龙，李仁宇，2018. 中间品贸易自由化与多产品出口
企业的产品加成率 [J]. 中国工业经济（1）: 41–59.

后　记

　　生产性服务业是中国制造业实现产业基础高级化和产业链现代化的重要支撑，提高生产性服务资源配置效率对中国经济高质量增长、"补短板，强弱项"目标和国内国际双循环新发展格局都具有重要的现实价值。这一出发点激发了笔者对该领域的研究兴趣，在过去的很长一段时间内，笔者通过大量时间投入和大量的思考努力，使得本书得以成型。本书的部分内容收录于《数量经济技术经济研究》、《财贸经济》、《统计研究》、《国际贸易问题》、《财经研究》、《中国社会科学报》等国内高水平期刊，笔者不仅将研究的理论与经验结论发表于国内的重要期刊，还将一些研究观点和研究发现呈交政府参考，多次获得政府部门的批示采纳。也算学有所用，甚为欣慰，感谢团队的努力。

　　特别感谢浙江省自然基金重点项目（LZ21G030003）、教育部人文社科基金项目（22YJC790016）、国家社会科学基金一般项目（18BJY107）、浙江理工大学基本科研业务费专项资金（22096208-Y、22096201-Y、2021Y007）和浙江省高校重大人文社科攻关计划（2021QN057）对本书研究的支持。通过上述研究项目的细致研究，笔者得以将生产性服务、资源错配和制造业与生产性服务业互动等相对分散的研究热点有效地衔接起来，也使得笔者对生产性服务资源错配的认识更为清晰。为此，对这些项目的支持表示深深的感谢。

　　特别感谢浙江大学副校长黄先海教授、中国药科大学总会计师吴应宇教授和浙江金融职业学院校长郑亚莉教授在本书写作过程中给予的帮助与指导，三位教授在选题、方法构建、框架设计和政策启示等方面都提出了十分有价值的建议。感谢浙江理工大学各位领导与同事给予的支持与帮助，感谢浙江省委党校各位领导与同事给予的支持，感谢岑家辉、张爽、王秋阳、李兴彩、潘梦琴、邓贺、姜雄庭、孔文丽、周琼和曹泽民等研究生所做的各项工作。

　　长期以来，学界对制造业资源错配进行了大量而深入的研究，也得到了一些非常有价值的研究结论。虽然学界也意识到生产性服务资源领域也存在错配，但是生产性服务资源错配的研究并不多见，更无系统的研究。生产性服务业和制造业存在较大的差异，制造业资源错配结论对生产性服务业的参考价值相对有限，生产性服务资源错配研究的缺乏使得学界在促进生产性服务业发展领域略显困惑。为此，本书首次系统地研究生产性服务资源错配的形成机理与经济效应，在一定程度上弥补了该领域的研究缺憾。本书的成型虽然意味着一项工作告一段落，但同时也意味着一个新的开始，我们将继续努力，对该领域进行更有深度的研究，以使得该领域的研究边界更为深远、研究方法更为科学有效、研究内容更为全面细致。

2022 年 12 月